JUAN ANTONIO RIVERA

CARTA ABERTA DE WOODY ALLEN PARA PLATÃO

CINEMA E FILOSOFIA

JUAN ANTONIO RIVERA

CARTA ABERTA DE WOODY ALLEN PARA PLATÃO

CINEMA E FILOSOFIA

TRADUÇÃO
SANDRA MARTHA DOLINSKY

1ª reimpressão

Planeta

Título original: *Carta Abierta de Woody Allen a Platón*
Revisão: Tulio Kawata
Diagramação: SGuerra Design
Capa: Osmane Garcia Filho e Mauro C. Naxara
Imagem da capa: Getty Images

CIP-BRASIL. CATALOGAÇÃO-NA-FONTE
SINDICATO NACIONAL DOS EDITORES DE LIVROS, RJ

R522c

Rivera, Juan Antonio, 1958-
Carta aberta de Woody Allen para Platão / Juan Antonio Rivera ; [tradução Sandra Martha Dolinsky]. - [2.ed.]. - São Paulo : Planeta, 2012.
256p. : 23 cm

Tradução de: Carta abierta de Woody Allen a Platón
ISBN 978-85-422-0004-1

1. Cinema - Aspectos morais e éticos. 2. Filosofia no cinema. I. Título.

12-6984. CDD: 791.43653
CDU: 791.2

25.09.12 11.10.12
039410

2013

EDITORA PLANETA DO BRASIL LTDA.
Avenida Francisco Matarazzo, 1500 – 3º andar – conj. 32B
Edifício New York
05001-100 – São Paulo-SP
www.editoraplaneta.com.br
atendimento@editoraplaneta.com.br

Para minha mãe,
Florentina Rivera Iglesias;

e em memória de meu pai,
Juan Rivera Sandín

SUMÁRIO

Sala de espera

De Richard Feynman, prêmio Nobel de Física em 1965, contam-se muitas e muito divertidas histórias. Uma delas é relatada por David Goldstein, seu colega no Instituto Tecnológico da Califórnia (Caltech):

> *Feynman foi um professor realmente grande. Orgulhava-se de saber explicar aos principiantes até mesmo as ideias mais profundas. Em certa ocasião, eu lhe disse: "Dick, explique-me por que as partículas de* spin *1/2 obedecem à estatística de Fermi-Dirac, só pra eu saber". Como conhecia seu público, respondeu: "Prepararei uma aula elementar sobre o tema". Mas, ao fim de alguns dias, aproximou-se e me disse: "Não posso. Não consigo reduzir o tema ao nível dos estudantes do primeiro ano. O que significa que, na realidade, não o entendo".*[1]

Eu não vou explicar nada que tenha a ver com o *spin* 1/2, embora quisesse; mas, na falta dos supremos conhecimentos de Física de Richard Feynman, o que gostaria de adotar é sua saudabilíssima atitude, e reconhecer explicitamente, e a partir deste momento, que, se você não entender algo do que for escrito nestas páginas, pode atribuir isso não tanto a sua falta de preparo, mas ao fato de eu não ter entendido totalmente as coisas que me aventuro a contar. "A clareza é a cortesia do filósofo", dizia José Ortega y Gasset, e acredite se lhe digo que procurei extremar minha cortesia com você nesse sentido; afinal de contas, é o mínimo que lhe devo por ter investido desatinadamente seu dinheiro neste livro.

Talvez devesse esclarecer a relação desta obra com outras duas também escritas por mim. Por um lado, este texto constitui uma extensão de *O que Sócrates diria a Woody Allen*, embora tenha sido redigido de tal modo que você possa entendê-lo mesmo sem ter lido esse outro título. Mas, como lá, segui o mesmo sistema de tentar reunir profundidade e entretenimento, recorrendo a exemplos tomados do cinema (embora não somente do cinema), para alinhavá-los, depois, com meditações filosóficas; também aproveitei novamente o formato aparentemente inocente de um livro sobre Filosofia – com um título, aliás, excessivamente festivo para quem tiver gostos sóbrios – para contar coisas que não podem, em absoluto, ser consideradas de domínio público, nem sequer entre a maior parte dos que escrevem ou leem Filosofia Política. Pois este é um livro de Filosofia Política, embora seja também um pouco mais e um pouco menos que isso; tão enigmática declaração, quem ler o livro entenderá.

Procurei assinalar a continuidade entre este livro e o que antes dediquei às relações entre Cinema e Filosofia principalmente no primeiro capítulo, que inclui uma carta apócrifa (evidentemente) de Woody Allen para Platão. E isso me leva a comentar o próprio título do livro: Carta aberta de Woody Allen para Platão. Embora me apresse em admitir que desejo deixá-lo em guarda contra a hipnose secular que exerceu e ainda exerce sobre uma enormidade de pensadores o formigueiro platônico (apresentado como utopia social), existem muitas outras partes da obra platônica de merecida e menos inquietante fama: a *Apologia de Sócrates*, o *Banquete*, o mito do auriga e os dois cavalos do *Fedro*, o crepitante colóquio entre Cálicles e Sócrates que vemos no *Górgias* e, por que não, certas passagens menos tenebrosas da própria *República.*

Mas, como veremos no primeiro capítulo, nesse último livro, o mais famoso de todos os que escreveu, Platão faz afirmações que beiram o desvario, se é que não estão totalmente imersas nele; e aqui não sabemos de que nos admirarmos mais: se desses categóricos e chatos disparates platônicos ou da mentalidade servil e temerosa com que são repetidos, quase como revelação divina, por tantos e tantos professores de Filosofia. Mas, aqui, o melhor não é que você prescinda de Platão, mas que o visite, com cortesia e curiosidade, pegando uma boa edição de *A República*, e tire depois suas próprias conclusões.

Recentemente publiquei outro livro, também dedicado à teoria política, *Menos utopía y más libertad*[2] [Menos utopia e mais liberdade], no qual discuto de maneira um pouco mais acadêmica (também não muito mais, não se engane) algumas das questões aqui tratadas.

Isso que acabo de dizer não significa, e é coisa que me interessa destacar, que no livro que você tem agora em suas mãos as matérias tenham sido abordadas de maneira mais superficial, escondendo suas complexidades; ao contrário, pude comprovar novamente, para minha surpresa e satisfação, que o uso do cinema como meio de exemplificação de temas filosóficos permite algumas vezes até mesmo chegar mais fundo, de forma extremamente natural, e devido ao inestimável auxílio que representa relatar casos específicos, sequências de filmes, para, a partir deles, entrar na reflexão filosófica; a qual fica, desse modo, alentada e enriquecida pela atenção prestada antes aos detalhes. Uma boa confirmação disso proclamava Kant: "Os conceitos sem intuições são vazios; as intuições sem conceitos são cegas". A combinação de Cinema e Filosofia permite evitar tanto a vacuidade quanto a cegueira.

Coisa que o convido a comprovar a partir daqui.

NOTAS

1 Relatado em David e Judith Goldstein (ed.), *La conferencia perdida de Feynman*, Barcelona, Tusquets Editores, 1999, p. 54 e 55.

2 Publicado por Tusquets Editores, 2005.

CARTA ABERTA DE WOODY ALLEN PARA PLATÃO

FormiguinhaZ

Estamos em uma data qualquer em meados do século XXI, e vemos Woody Allen viajando pela Espanha na turnê promocional de seu septuagésimo filme. O verdadeiramente chocante é que não observamos um ancião decrépito batendo recordes de longevidade, mas um Woody Allen de aspecto extraordinariamente juvenil, como o que aparece em *Sonhos de um Sedutor* ou *Um Assaltante Bem Trapalhão*; talvez até mesmo com um pouco mais de cabelo.

Para entender o que está acontecendo, é melhor seguirmos o fio dos próprios pensamentos de Woody Allen:

> Você não devia ter jantado leitão assado. Sim, eu sei, estamos na Segóvia e aqui se come com vontade; mas, que diabos, você é judeu! E, embora não seja um judeu praticante nem crente e tenha debochado dos judeus ortodoxos em muitos de seus filmes, não vejo por que tinha que desafiar a sorte. Já se esqueceu de que Jeová decretou, em um momento da história que ninguém nunca foi capaz de precisar, que a carne de porco era proibida para nós? Você nunca acreditou nessas bobagens, mas, ao que parece, esta noite Jeová vai fazê-lo pagar de uma única vez todos os seus anos de descrença.

Enfim, terei que voltar a me enfiar em uma oficina de recauchutagem. Engraçado o nome, "oficinas de recauchutagem": é assim que as pessoas chamam os Centros de Renovação Celular (CRC) que começaram a funcionar nos anos vinte deste século, quando eu já era quase nonagenário. No começo era um luxo que só os muito ricos podiam se permitir, e, além do mais, só substituíam as células de certos tecidos e órgãos; mas, hoje em dia, as oficinas de recauchutagem fazem parte dos serviços de Saúde Pública. Os políticos não tiveram outra alternativa senão "democratizar" esse tipo de prestação de serviço: hoje, qualquer um pode entrar em uma oficina de recauchutagem e, quase literalmente, sair novo de lá, seja qual for o problema de saúde. Acabou a velha moda das dietas, do exercício físico, da comida saudável! Hoje, todos nos entregamos com impunidade a excessos que há poucas décadas teriam deixado qualquer um de cabelos em pé. Como eu, que ultrapassei qualquer limite com o leitão desta noite. Pois, então, terei que tornar a visitar uma dessas oficinas de recauchutagem; já perdi a conta das vezes que passei por elas. Ainda bem que a operação é totalmente indolor. Não há muito que dizer: sem essas benditas oficinas eu já não estaria aqui, com meu filme número setenta debaixo do braço e com o roteiro do seguinte – que com certeza vai se chamar *O pederasta arrependido* – já concluído.

As oficinas de recauchutagem mudaram nossa vida, disso não resta dúvida; e não somente dos vivos, mas também dos não nascidos, que cada vez sofrem mais. Com esse negócio de retardar o envelhecimento indefinidamente, ninguém se resigna mais a morrer; e, como os vivos querem estender a existência cada vez mais, o planeta está congestionado de velhos com aparência cada vez mais juvenil (como eu mesmo), e agora é fortemente penalizado quem traz crianças ao mundo. Como são as coisas! Antes o aborto era ilegal, e agora o que é ilegal é dar à luz: as mães, nessa hora, têm que recorrer a clínicas clandestinas para trazer novos rebentos ao mundo. Se alguém tinha alguma dúvida, o egoísmo dos seres humanos ficou retratado de uma vez por todas: ninguém mais deseja sacrificar sua vida (uma vida de qualidade, ainda por cima) para dar passagem a novas vidas.

E, agora, o último grito em tecnologia é o correio intertemporal. Há alguns meses, uma empresa começou a oferecer esse surpreendente serviço. Muito mais surpreendente, inclusive, que o correio eletrônico, que fez furor no começo do século. Ao que parece, agora você pode se corresponder não só com pessoas de seu tempo, mas também com os humanos do passado que quiser, e, o que é mais assombroso ainda, com os humanos do futuro. Como já não nasce quase ninguém, o que a maior parte dos que se dispõem a essa possibilidade está fazendo é, quase com toda certeza, enviar cartas a si mesmo ou a seus parentes e amigos; cartas que receberão dentro de alguns anos. Embora a invenção tenha sido um sucesso e as pessoas tenham começado a escrever cartas intertemporais com frenesi, a verdade é que para mim tudo isso parece uma completa enganação. De fato, não se sabe de ninguém que tenha recebido respostas a essas cartas (apesar do que diz a propaganda da empresa). Acontece que as pessoas são verdadeiramente crédulas, até beirar a idiotice: como diabos alguém que ainda não existe vai responder do futuro, ou que, está bem, existe sim, mas *agora*, em vez de ser essa mesma pessoa no porvir, depois de vinte ou trinta recauchutagens? A propósito, trata-se realmente da mesma pessoa, após passar por tantas regenerações celulares, e vivendo *com a mesma aparência física*, em ambientes futuros tão diferentes do presente e até mesmo inimagináveis? Eis aqui uma boa questão filosófica.

Isso de escrever cartas para o passado é outra questão. Também ninguém responde – certamente porque não havia os meios para escrever esse tipo de carta então –, mas pelo menos nessas cartas é admissível imaginar que haja um receptor que pegue o recado, talvez em seus sonhos. Talvez o que fazemos quando dormimos seja sonhar com as cartas que pessoas que nunca chegaremos a conhecer andaram nos enviando de outras épocas, cartas onde nos contam suas manias ou suas frustrações. Antes que eu me esqueça, anotarei isso como possível ideia para um novo roteiro; sim, já sei que, como teoria, não vale nem o papel em que estou escrevendo, mas tenho que ouvir do meu psicanalista coisas tanto ou mais estranhas e descaradas todas as semanas, ainda por cima pagando por isso. Por outro lado, que diabos, a arte não tem que se preocupar com a verdade, só com a verossimilhança.

É preciso ser muito inocente ou muito crédulo, mas talvez valha a pena tentar. De qualquer maneira, vou aproveitar esta indigestão que está me matando para fazer uma coisa que ando remoendo desde que li o livro desse velho liberal austríaco do século passado, Karl Popper, que se chamava, se bem me lembro, *A sociedade aberta e seus inimigos*. Ando pensando nisso há muito tempo, e agora vou fazer: escrever uma carta a ninguém menos que Platão. Sim, esse grande filósofo ateniense do século IV a.C., o mais famoso e aclamado de todos os discípulos de Sócrates. Eu teria feito isso antes, quando estava procurando documentação para o roteiro de *O pederasta arrependido* (já se sabe que Platão foi um ilustre pederasta, que parece que desmentiu suas inclinações nos últimos anos de sua vida), mas na época não pude entrar em contato com ele por não existir ainda esse negócio de correio intertemporal. Então vou aproveitar agora que sinto que a musa me visita, e assim, de quebra, consigo me distrair da dor de estômago e de minhas vísceras revoltadas. Na verdade, não importa se essa missiva se perder no ciberespaço-tempo; pelo menos terei conseguido esquecer de meus males e terei dito meia dúzia de coisas que trazia faz tempo guardadas a essa ilustre figura do passado desde que li sua obra mais famosa, *A República*.

Nesse ponto, Woody Allen, visivelmente pálido, com a mão esquerda sobre o estômago e um pouco dobrado sobre si mesmo, dirige-se à pia do banheiro para tomar um par de comprimidos e, assim, aliviar sua dor de estômago. A água que sai da torneira não parece incolor, inodora e insípida. "Meu Deus!", exclama. "Que água marrom! Como nos meus filmes, a mesma coisa que nos meus filmes. Evidentemente, parece que a realidade imita a ficção ou, pelo menos, *minhas* ficções. Bem, é melhor fechar os olhos, tampar o nariz e engolir as pílulas." Woody Allen vai fazendo o que pensa e, uma vez feito, e ainda bastante pálido, encaminha-se a uma mesa onde há um *laptop* de última geração, no qual começa a digitar o seguinte:

Querido Platão (bem, querido é modo de dizer, como irá percebendo por si mesmo se ler esta carta que lhe envio do século XXI, de um futuro tão distante, cuja aparência você nem sequer chegou a conjeturar):

A primeira coisa que quero lhe comunicar é que seu famoso Mundo das Ideias continua sem aparecer, e que, pior ainda, hoje já quase ninguém acredita que exista. Faz alguns meses que li seu livro mais conhecido, *A República*, procurando inspiração para o roteiro de meu último filme. Caso você não saiba, hoje existe o cinema (algo muito parecido, verdade, a esse teatro de sombras que você descreve no "mito da caverna"), e eu sou um dos diretores mais reconhecidos na Europa e nos... (bem, na Europa está bom). Confesso, sem mais demora, que seu livro não é como eu esperava, ou melhor, não tem quase nada a ver com a fama de que essa obra gozou durante séculos entre filósofos e intelectuais. Sim, concordo, o lance do mito da caverna é muito bom, e também tem sua graça o mito de Er com o qual você encerra a obra. Mas você diz coisas nela sem que, aparentemente, sua voz trema que achei francamente repulsivas e, evidentemente, vistas sob a perspectiva do século XXI (uma perspectiva da qual você, claro, não desfrutava), totalmente equivocadas.

Não entendo, para começar, como essa obra gozou do título de progressista desde sempre entre os círculos da esquerda igualitária. Se há algo pouco igualitário é justamente esse esboço do Estado ideal que você nos deixou em *A República*. A divisão da população em três classes lembrou-me imediatamente uma que podia ser vista em um filme de animação feito em 1998, *FormiguinhaZ*, dirigido por Eric Darnell e Tim Johnson, no qual eu emprestava a voz ao protagonista, uma formiga chamada Z, individualista, muito na dela, que não teria durado dois dias em sua cidade ideal, onde parece que pensar por conta própria e conceber planos de vida válidos para um só são coisas que você detestava profundamente. Sua sociedade utópica está estruturada como o formigueiro de *FormiguinhaZ*: há trabalhadores, soldados e, por último, na cúspide, estão os mandachuvas.

A utopia coletiva como superorganismo

Z é uma formiga trabalhadora *macho* com alguns problemas psicológicos: claustrofobia, ansiedade, rejeição do trabalho em equipe. Não entende especialmente o conceito de "superorganismo", que se resume no lema "Tudo pela colônia". Resiste a ser insignificante nessa pululante comunidade de milhões de formigas, onde o comportamento de cada um é geneticamente pautado e é como uma estrada de ferro da qual ninguém sai, não deseja e nem sequer pensa que seja possível sair.

Como em sua cidade perfeita, Platão, exatamente igual, as formigas são classificadas como trabalhadores ou soldados ao nascer, desde quando são larvas. Você justificava essa classificação em seu livro recorrendo ao "mito dos metais", um mito que podia perfeitamente ter sido ouvido no formigueiro em que Z mora:

> *Vós, todos que habitais o Estado, sois irmãos – você proclamava. – Mas o Deus que vos modelou pôs ouro na mistura com o qual aqueles de vós que são capazes de governar foram gerados, fato pelo qual são os que mais valem; prata, por outro lado, na dos guardas, e ferro e bronze na dos lavradores e demais artesãos.*[1]

Você mesmo esclarece que todo esse negócio dos metais é uma mentira necessária, "uma mentira nobre" para fazer que, dentro da cidade ideal, cada um se conforme com sua sorte e não anseie pelo que não lhe corresponde. Aqui, não sei o que admirar mais: se sua audácia ou seu cinismo, esse desembaraço com que sacrifica a verdade pela conquista de um pretenso bem comum. Mas, de qualquer maneira, podemos apostar que Z não teria acreditado em toda essa balela dos metais: pelo que vemos no filme, ele quer vencer, ter sucesso, e não se conforma sem mais nem menos com seu triste destino de trabalhador (ou de "engenheiro de recolocação de solo", que é como gosta de chamar a si mesmo quando quer impressionar uma garota trabalhadora). O acaso fica a seu lado e o faz conhecer, em um baile de trabalhadores, a formosa princesa Bala (voz de Sharon Stone), que aparece por lá incógnita, entediada com o ambiente rígido e muito cerimonioso para seu gosto que se respira entre a classe governante do formigueiro. Dançando, nasce o amor, e Z logo perde a cabeça pela doce e atraente princesa Bala.

Tenho que reconhecer imediatamente que alguns dos que mandam no formigueiro não se parecem em nada com a imagem idealizada do governante que você propõe em *A República.* O que você sugere é que à frente do Estado estejam os mais sábios e os de mais impecável virtude, reis-filósofos de mente esclarecida e entregues ao serviço da comunidade.

Isso me lembra, por contraste, um filme que fiz em 2010, *A Candidata Negra* (há um sutil jogo de palavras no título que, como você não sabe latim nem pode saber, não me deterei a explicar). Pois bem, nesse filme acontecia o contrário a essa seleção meritocrática para o governo que você propõe. Em meu país, Estados Unidos, chegara até o frenesi a defesa do que, nessa linguagem ensaboada dos políticos e teóricos da política, se chamava "ação afirmativa": que as minorias historicamente prejudicadas fossem compensadas pelos agravos que seus antepassados haviam sofrido, tornando-lhes a vida mais fácil; dando-lhes, por exemplo, certas prerrogativas para chegar a postos de poder político. A protagonista da história é uma mulher negra, de condição social humilde, muçulmana, mãe solteira, com inclinações lésbicas tardiamente descobertas e cega. Com uma perspicácia demoníaca para explorar a hipocrisia da esquerda bem-pensante de meu país, faz uma exibição permanente de seus *handicaps*, de toda essa penca de desvantagens (na realidade, do que teriam sido desvantagens só poucas gerações atrás), e decide, com uma determinação feroz, explorar sua "má sorte". Atravessando com uma espécie de martelo pneumático o sentimento de culpa acumulado pelos brancos, anglo-saxões, ricos e protestantes que tradicionalmente integraram as elites política, cultural e econômica de meu país, a candidata negra se apresenta como vítima de uma sociedade machista, racista, capitalista, discriminadora dos incapacitados e antimuçulmana. Exige, e consegue, ser compensada por tantos agravos, reais e imaginários, que ela e seus ancestrais possam ter sofrido. E não só pede dinheiro para bancar o aluguel de um luxuoso apartamento em Manhattan (isso é merreca para alguém que sofre a ponto de acalentar "fome e sede de justiça"), mas também que reservem para ela, "por serdes vós quem sois", cotas de poder, tanto no mundo econômico quanto no religioso. Chega a ser presidente da General Motors e a dirigir a principal mesquita de Nova York. Por último, a manipulação habilidosa de suas "incapacidades" (as reais e as imaginárias) prepara-a para o assalto ao poder político: chega, com efeito, à Casa Branca e se torna a primeira mulher presidente dos Estados Unidos, negra, lésbica, muçulmana etc. No dia de sua eleição, metade da nação está emocionada até as lágrimas pela demonstração de jogo limpo dos votantes; só nos Estados Unidos poderia haver acontecido uma coisa assim. Após ter tirado todo o partido possível com as vantagens de suas desvantagens, a nova presidente impulsiona uma política abertamente antimeritocrática: os que tiram boas notas na escola são expulsos, ficam proibidos os casamentos entre pessoas bonitas, só os baixinhos podem jogar basquete, os disléxicos são as novas estrelas da televisão, e os que fazem sucesso no mundo da música acabam de sair de clínicas de foniatria e logopedia. E assim com todo o resto. "Abaixo a boa sorte!" é o lema favorito da presidente, que agora pode dar rédea solta ao ressentimento, acumulado durante toda sua vida, contra os mimados pela sorte, e fazê-los pagar por todas as humilhações (reais ou imaginárias, como sempre) que sofreu até então. Mas, como costuma acontecer nesses casos, e após os primeiros momentos de euforia, há "igualitaristas" mais radicais que começam a "acusar" a presidente de não ser manca, nem anã, de não sofrer de fibrose cística nem de nenhuma das doenças hereditárias consideradas graves. Começa a ser vista como uma privilegiada que merece o que tem e que, portanto, não deveria ter. A ação afirmativa não chegou longe o bastante, proclamam. Nas eleições presidenciais seguintes, os candidatos parecem saídos de *Monstros*, de Tod Browning.

Em *FormiguinhaZ* também não triunfa a aristocracia do espírito, embora o fracasso obedeça a causas diferentes das que eu mostrava em *A Candidata Negra*. No pináculo do poder dentro do formigueiro, o que se observa é uma luta surda entre o ambicioso general Mandíbula (voz de Gene Hackman) e a rainha das formigas (voz de Anne Bancroft). O general Mandíbula, que, a propósito, é o prometido da princesa Bala, é um militarista sem escrúpulos que decidiu empreender um ataque preventivo a uma colônia de cupins. Aproveitando a oportunidade, Z vale-se da guerra que se avizinha para se fazer passar por soldado, ocupando o posto de seu corpulento amigo Weaver (voz de Sylvester Stallone). Destaco que você, Platão – e isso é digno de nota –, não desaprovaria essas trocas entre classes sociais (que um trabalhador se transforme em soldado e vice-versa), mas não, evidentemente, por impulsos românticos – que são os que movem Z –, afirmando que no Estado ideal cada um deve ocupar a casta a que sua qualidade genética o destina. De modo geral, você pensa que a qualidade genética – da qual fala com enorme desfaçatez em seu mito dos metais – é herdada, e que os filhos manterão as qualidades de seus pais. Mas admite a possibilidade de exceções e pensa que o Estado não pode cair nas mãos de ineptos simplesmente pelo fato de serem filhos de governantes. Com um discurso eugenista mal encoberto, você mesmo expõe esses planos de ocasional recolocação social das pessoas de acordo com seu nível inato de excelência:

> *Posto que todos sois congêneres, a maioria das vezes engendrareis filhos semelhantes a vós mesmos, mas pode acontecer que de um homem de ouro seja engendrado um filho de prata, ou de um de prata um de ouro, e de modo análogo entre os diversos homens. Em primeiro lugar e principalmente, o deus ordena aos governantes que de nada sejam tão bons guardiões e nada vigiem tão intensamente quanto aquele metal que se mistura na composição das almas de seus filhos. E até mesmo se seus próprios filhos nascerem com uma mistura de bronze ou de ferro, de maneira nenhuma tenham compaixão, mas que, estimando o valor adequado de suas naturezas, os lancem entre os artesãos ou lavradores. E, se desses, por sua vez, nascer algum com mistura de ouro ou prata, após avaliar seu valor, os ascenderão entre os guardiões ou os guardas, respectivamente, tendo em mente que existe um oráculo segundo o qual o Estado sucumbirá quando for custodiado por um guardião de ferro ou bronze.*[2]

Felizmente, no caso de Z e de seu amigo Weaver, eles trocam suas ocupações e castas sociais por causas românticas, como já disse, e não por maior glória do Estado ou do formigueiro. Não é que Z queira se transformar em soldado por um ataque repentino de ardor guerreiro, mas só para tornar a ver a princesa na revista de tropas que a Casa Real prevê efetuar. Nessa parada militar, o general Mandíbula incita seus militares assim: "O soldado sabe que a vida de uma formiga individual não importa; o que importa é a colônia. Deve viver pela colônia, lutar pela colônia, *morrer* pela colônia". Tenho quase certeza, admirado Platão, de que você teria chacoalhado a cabeça em assentimento diante de um discurso coletivista de tal índole. O respeito pela vida e dignidade individuais nunca foi seu forte.[3] Como dizem ironicamente os mirmecologistas Bert Holldobler e Edward O. Wilson, "a vantagem competitiva que levou ao auge das formigas como grupo dominante em escala mundial é sua existência colonial, muito desenvolvida e com capacidade de sacrifício. Parece que o socialismo realmente funciona em determinadas circunstâncias. Só que Karl Marx se enganou de espécie".[4]

Após a batalha com os cupins, o único soldado sobrevivente é Z, que, apesar de não ter feito nada de proveitoso na contenda, é recebido como herói de guerra e apresentado como tal à rainha e à princesa. Esta última desmascara sem querer a verdadeira condição de trabalhador – não de militar – de Z ao lembrar em voz alta que dançara com ele na noite anterior em um bar da casta inferior. Para fugir das represálias por ter substituído um soldado sem sê-lo, Z se vê forçado a abandonar o formigueiro, raptando a princesa Bala. Em sua peregrinação fora do formigueiro e suas fronteiras, ambos – Bala e Z – descobrem Insetopia, um mundo de opulência material, de aspecto capitalista e que, no conjunto, se parece com os restos abandonados de um piquenique campestre humano. A verdade é que Z, quando ainda estava no formigueiro, já ouvira um veterano soldado um tanto bêbado falar sobre Insetopia nesses termos: "Lá se pode ter identidade, e ninguém nos diz o que temos que fazer. Não há guerras nem colônia". Z não levou muito a sério o que parecia parte do delírio etílico do experiente militar, mas agora descobre que Insetopia não é uma ficção. Você não acha curioso, Platão? A formiga Z, que vive em um mundo que se parece muito com sua utopia, toma por utópica e mais desejável a vida fora desse superorganismo coletivo no qual até então transcorreu sua existência.

A utopia platônica: entre o nazismo e o comunismo

Continuei lendo sua obra magna e fui notando, em certos momentos, que a indignação me dominava. Imagine a mim, que sou tão dado às brincadeiras e a ver o lado jocoso das coisas! Mas algumas das afirmações que você faz e algumas das coisas que julga convenientes para montar seu Estado ideal tive que ler duas vezes para me convencer de que não eram ideias de um lunático insensível e carente de humanismo. Como isso de que os cidadãos bem constituídos serão devidamente atendidos pelos médicos, mas, "quanto aos outros, deixar-se-ão morrer aqueles que forem mal constituídos fisicamente; e os que tiverem uma alma perversa por natureza e incurável serão condenados à morte".[5] Ao ler isso, veio-me à mente que Hitler não só exterminou muitos milhões de judeus, ciganos, eslavos e homossexuais durante a Segunda Guerra Mundial, mas também muitos milhares de doentes psíquicos. Em uma carta ditada por Hitler a uma de suas secretárias, datada de 1º de setembro de 1939, pode-se ler isto: "Encarrega-se o *Reichsleiter* Bouhler e o doutor em medicina Brandt da responsabilidade de ampliar a autoridade de certos médicos de maneira que, após avaliação crítica do estado dos considerados doentes incuráveis, eles possam receber uma morte misericordiosa".[6] Por trás dessa missiva aparentemente inocente escondia-se a autorização para acabar com a vida dos pacientes mentais, e também de pessoas com males hereditários ou incuráveis, para, assim, aliviar a carga do Estado. Esse criminoso programa de extermínio tinha sua base de operações em uma modesta *villa* de Berlim-Charlottenburg, localizada na Tiergartenstrasse, 4; por isso o programa era conhecido com o nome cifrado de "ação T4". Quando, em agosto de 1941, deu-se o fim do programa, tendo-se cumprido e ultrapassado os macabros objetivos determinados, calcula-se que haviam morrido entre 70 e 90 mil pacientes.[7] Pergunto-me – e não é uma pergunta inocente, você deve imaginar – o que você teria dito de uma aplicação tão literal de suas ideias e em tamanha escala.

Mas deixemos já essa área especialmente tenebrosa de seu projeto político. Um amigo professor de Filosofia – que evidentemente conhecia seu livro e que, para meu espanto, havia tempos me recomendava insistentemente que o lesse – havia me antecipado que eu adoraria quando chegasse à parte em que você fala da celebração de festivais erótico-religiosos. Imaginei que esse amigo, que conhece bem minhas muito queridas perversões, acertaria em cheio e que um pouco de diversão me aguardava. Deveras, Platão, esperava momentos felizes e uma demonstração de seu pensamento mais lascivo, mais sagaz e afetuoso. Mas, quando cheguei a essas páginas, encontrei um panorama tétrico. Que horror, pensei, que loucura! Você começa com sua bendita mania racista de dar vantagens aos melhores física e intelectualmente. Serão eles a ter mais oportunidades de copular e deixar descendência. Sem morder a língua, compara essa seleção com a que os criadores de animais fazem para melhorar a raça dos descendentes mediante cruzamentos cuidadosamente escolhidos. E não é só isso: como você prevê que essa forma de seleção por motivos raciais ou de qualidade física ou intelectual não será bem acolhida pela população, sugere – em um alarde de descaro e obscenidade capaz de deixar qualquer um chocado – que os governantes, que são os sumos sacerdotes desses rituais religioso-sexuais, disponham tudo de modo que cada um dos participantes do festival tenha a impressão de que seu parceiro sexual lhe coube por sorteio. Mas será um sorteio manipulado, forjado pelos próprios governantes! Você diz: "é necessário que os melhores homens se unam sexualmente às melhores mulheres na maior parte das vezes; e o contrário, os piores com as piores; e é preciso criar os filhos dos primeiros, não os dos segundos, para a excelência do rebanho".[8] Embora não entre em detalhes, eu imagino da seguinte forma: haverá duas urnas, uma com bolinhas de madeira com nomes de mulheres, e outra com nomes de homens. Os exemplares humanos mais agraciados terão seu nome escrito em muitas bolinhas, haverá os que constem em uma única bolinha e quem não tenha seu nome escrito em nenhuma; de modo que as oportunidades de procriar estarão diretamente relacionadas à aparência física e à potência intelectual de cada um e cada uma. A seguir, procede-se à retirada de uma bolinha de cada urna, e as pessoas cujos nomes constem das bolinhas formam parceria sexual. Imagino, Platão, qual seria sua decisão se me visse, com minha figura subdesenvolvida e meu cabelo cor de cenoura; quase uma extravagância de fealdade, reconheço. Tenho certeza de que não me deixaria sequer entrar em um desses distorcidos festivais; e também, não é que eu morra de vontade de participar. Para começar, parece-me uma enorme violência à intimidade que homens e mulheres, elas e eles, não possam escolher livremente, seguindo seus gostos e paixões, a quem se juntar, e que seja uma vergonhosa loteria manipulada que os substitua em decisões tão cruciais para sua felicidade futura. A pouca consideração que demonstra pelas pessoas, Platão, fica evidente em detalhes como esse. Como costuma ocorrer, os maiores amantes da humanidade são os que mais menosprezam os indivíduos de carne e osso que respiram a seu lado.

Mas as obscenidades não acabam aí. Com descuido e escárnio flagrantes pelos mais profundos sentimentos humanos, propõe como epílogo a esse triste e miserável festival erótico-religioso que os progenitores que tenham participado dele considerem "filhos" todos os descendentes que tenham surgido desse cruzamento sexual de gado humano; e cada um desses "filhos" chamará, por sua vez, de "pai" e "mãe" a todos os que participaram do festival, sem saber nunca com certeza quem são verdadeiramente seus pais e mães biológicos. Nem sequer as mães chegarão a conhecer seus rebentos, pois, assim que nascerem, lhes serão arrebatados e confiados a outras mulheres, que farão as vezes de babás estatais. Com os peitos cheios de leite, as mães darão de mamar aos bebês de raça superior sem saber, insisto, se são seus filhos verdadeiros ou não. Quanto aos bebês defeituosos, você mesmo tem a solução: "serão escondidos em um lugar não mencionado nem manifesto, como corresponde".[9] Assusta pensar o que você tinha na cabeça quando escreveu esse sinistro "como corresponde". Está claro que, para você, a família e os vínculos de amor que nela se criam não importam, e que está disposto a sacrificar os indivíduos e suas famílias pela grandeza do Estado. Você não pode ser acusado, evidentemente, de não ser claro em seus proclamas: "A mulher, a partir dos vinte anos e até os quarenta, parirá para o Estado; e o homem procriará para o Estado depois de ultrapassar a culminação de sua velocidade na corrida até os 55 anos".[10] As piadas involuntárias são as mais divertidas, e quase rolei de rir ao ler esse negócio de que as mulheres deverão "parir para o Estado" até os quarenta anos. Se eu não houvesse lido antes outra obra sua, o *Banquete*, teria pensado que você desconhece o que é a paixão amorosa e que ninguém que esteja sob sua ação a encara em termos industrial-patrióticos, como um meio para engendrar filhos para o Estado.

Estou assombrado; de verdade, não entra em minha cabeça que os filósofos continuem considerando você quase como seu santo padroeiro depois de ler tamanho rosário de atrocidades, e que meu próprio amigo professor de Filosofia explique suas ideias em suas aulas, com uma veneração que beira a beataria, a jovens que, é de se esperar, serão mais sensatos que você, menos socialmente empreendedores.

O mal dos iluminados é que querem fazer os outros comungarem com seus delírios, e às vezes esses outros são multidões. Já comentei que algumas das coisas que você diz me lembram os nazistas, mas outras me trazem à memória os comunistas, que também perpetraram massacres no século XX em nome de ideias sublimes. A ideia dos experimentos sexuais, o controle sem resquícios da educação e a separação dos filhos de seus pais naturais eram práticas levadas a cabo em Estados de inspiração marxista. Uma outra ideia que é muito sua também tem um forte ar marxista, *avant la lettre*, a de que os intelectuais hão de ter as mãos livres para desmontar a sociedade corrupta que herdaram e recriá-la desde o quilômetro zero.[11] Você falava de limpar a sociedade recebida de seus maus hábitos e instituições para pintar, depois, sobre ela, a nova ordem social, e Mao Tse-tung, o "grande timão" da revolução comunista chinesa, dizia em seu indigesto estilo poético: "Uma folha de papel em branco não tem borrões, por isso nela as mais novas e belas palavras podem ser escritas, nela podem ser desenhadas as imagens mais formosas".[12] Essa mesma obsessão compartilhada de recuperar uma suposta pureza social primitiva levou-o a afirmar mais uma aberração: que era preciso expulsar do Estado ideal a ser construído toda pessoa com mais de dez anos. Os *designers* intelectuais do Estado hão de ser também engenheiros de almas, e é preferível para eles trabalhar com "homens novos", com seres psicologicamente virgens, nos quais fiquem mais indelevelmente marcados os princípios compartilhados da convivência em coletividade.[13]

Atrever-me-ei a dissentir de você e de seu imponente magistério? Ousarei, porventura, erguer minha aflautada voz contra um dos machos alfa de maior destaque da história do pensamento? Pode apostar que sim (principalmente agora que você está há séculos comendo capim pela raiz e não pode me contradizer). Acho que o principal erro de sua fantasia utópica, Platão, como também das tentativas reais de construir sociedades "racionais" durante o século XX, é que uma sociedade não é planejada nem construída como um edifício, pois é – fundamental, embora não exclusivamente – uma ordem por trás da qual não há uma mente ordenadora, nenhum plano intelectual. Esse é o ponto que para você deve ser mais difícil de entender: nem tudo o que os homens conseguem o fazem porque traçaram previamente um plano explícito para fazê-lo. Lembro de ter feito um filme, *Trapaceiros*, no qual mostrava que há momentos em que os objetivos das pessoas são mais bem obtidos por uma via indireta, não os perseguindo por meio de um plano premeditado. Gostaria que você assistisse a ele! Acho realmente que esse filme teria quebrado essa garra mental que parece ter se apoderado de você e de quem, como você, pensa que só fazemos bem aquilo sobre o que meditamos morosamente, cuidando com mimo de cada detalhe. Uma sociedade não se *faz* desse modo; mais ainda, acho que uma sociedade não se faz absolutamente: não se deve deixar ninguém dirigir sua construção, mas permitir que vá se ajeitando pouco a pouco e por si mesma. Agora que estou pensando, não sei muito bem o que quero dizer com tudo isso, mas me soa profundo e interessante. A você não?

Enfim, acho que a queimação no estômago está passando e, com ela, também minha inspiração. Não sei se minhas mal alinhavadas divagações farão você introduzir algum retoque em sua próxima "edição" de *A República*, meu muito estimado Platão (muito, acho que não), mas, de qualquer maneira, aqui acaba a carta que lhe envia do século XXI este que é

Woody Allen

NOTAS

1 *República*, 415a-b, Madri, Gredos, 1986, p. 197 [Edição brasileira: *A república*, São Paulo, Martin Claret, 2002].

2 *República*, 415a-c, op. cit.

3 A falta de sensibilidade para as liberdades e direitos individuais não é privativa de Platão. A integração dos indivíduos em pequenas comunidades políticas (as cidades-estado) fazia que, entre os gregos da época clássica, o que se entendia por "liberdade" fosse, afinal de contas, a liberdade política da comunidade, sua capacidade de autogoverno. A concepção moderna da liberdade, como liberdade *individual*, começou a se mostrar entre os romanos da era republicana. Veja o livro de Fareed Zakaria, *El futuro de la libertad*, Madri, Taurus, 2003, p. 32 e 33 [Edição em língua portuguesa (Portugal), *O futuro da liberdade: a democracia liberal nos Estados Unidos e no mundo*, Lisboa, Gradiva, 2005].

4 B. Hölldobler e E. O. Wilson, *Viaje a las hormigas* [Viagem às formigas], Barcelona, Crítica, 1996, p. 22.

5 *República*, 410a, op. cit., p. 188.

6 I. Kershaw, *Hitler 1936-1945*, Barcelona, Península, 2000, p. 259.

7 Ibidem, p. 266 e 267.

8 *República*, 459d-e, op. cit., p. 261.

9 *República*, 460c, op. cit., p. 262.

10 *República*, 460e, op. cit., p. 262.

11 Ibidem, 501a, op. cit., p. 320.

12 Cit. por Steven Pinker, *La tabla rasa*, Barcelona, Paidós, 2003, p. 237 [Edição brasileira: *Tábula rasa*, São Paulo, Companhia das Letras, 2004]. O próprio Pinker diz, um pouco mais adiante (p. 239): "Os Estados marxistas do século XX não eram só ditaduras, mas ditaduras *totalitárias*. Tentavam controlar todos os aspectos da vida: a educação dos filhos, o modo de vestir, o lazer, a arquitetura, as artes, até a alimentação e o sexo. Os autores da União Soviética eram obrigados a se tornar 'engenheiros das almas humanas'. Na China e no Cambodja, os refeitórios comunais obrigatórios, os dormitórios para pessoas adultas do mesmo sexo e a separação dos filhos de seus pais eram experimentos recorrentes (e odiados)".

13 *República*, 540e-541a, op. cit., p. 376 e 377.

O PAPEL DAS CONVENÇÕES NA VIDA SOCIAL
Loucuras de Milionário

A fim de destacar a importância das convenções na vida humana, começarei concentrando-me em uma instituição social tão detestada quanto desejada: o dinheiro. Recorrerei, para isso, a um filme dirigido por Ronald Neame em 1953, *Loucuras de Milionário.*

Uma aposta

Dois ricos irmãos de mais de meia-idade, propensos a enrolar um ao outro e a fazer caprichosas apostas entre si, estão retirando do Banco da Inglaterra uma nota promissória com uma cifra incomum estampada nela: um milhão de libras esterlinas. Um desses alegres irmãos multimilionários, Roderick Montpelier (Wilfrid Hyde-White), lê o texto da nota: "Prometo pagar ao portador desta nota a quantia de um milhão de libras". A *magia* do papel reside nessa promessa e na solvência (não sujeita a dúvidas) da instituição bancária que a apoia. Esse pedaço de papel, que – não obstante suas generosas dimensões e a delicada textura da celulose que a forma; coisas sobre as quais insiste, com ênfase, o representante do Banco da Inglaterra que faz a entrega – mal tem o valor intrínseco de uma fração de libra (o custo do material, celulose e tintas), representa, para seu portador, o equivalente em ouro a um milhão de libras. Para todos os efeitos, é como se quem colocasse essa nota no bolso de seu casaco estivesse guardando a quantidade de ouro correspondente..., só que sem os incômodos que representaria carregar um milhão de libras em ouro.[1]

Na sequência seguinte vemos o herói de nossa história, o capitão Henry Adams (Gregory Peck), de nobres feições, mas vestido de maneira um tanto andrajosa e com um jeito de quem não come há dias. Dirige-se ao consulado dos Estados Unidos em Londres em busca de ajuda econômica para sanar o que, ao que tudo indica, é uma situação de necessidade extrema; levada, isso sim, com muita dignidade.

No consulado, um subalterno se desfaz de uma – para eles – rotineira solicitação de auxílio de um pedinte a mais, que só parece se diferenciar do resto pela distinção de seu porte e seus muito gentis modos. De novo na rua, Henry Adams tenta pegar – sem chamar a atenção – uma pera madura que uma criança deixara cair enquanto passeava. Sua pretensão tem como testemunhas os irmãos Montpelier, que lhe fazem sinais (muito divertidos com o que estão vendo) e o convidam a visitar sua suntuosa mansão, na qual Henry (que não tem coisa melhor para fazer) entra guiado por um cerimonioso mordomo de peruca, libré e polainas.

Henry Adams conta aos irmãos Montpelier (e a nós) as anômalas circunstâncias que o levaram a Londres. Ele é oriundo da Nova Inglaterra (Estados Unidos), onde trabalhava em uma construtora naval, e lá estava certo dia comandando um pequeno barco de quatro metros de comprimento um mês antes, quando foi surpreendido por um forte vendaval, que o arrastou mar adentro pelo resto do dia e durante toda a noite. Quando já não mais esperava encontrar ajuda, foi resgatado por um bergantim que rumava à Inglaterra, e nele trabalhou pelo preço da passagem. Isso explica tanto seu deplorável estado material e financeiro quanto sua primeira visita acidental ao Reino Unido.

Os irmãos Montpelier mostram-se regozijados ao ouvir as desventuras de Henry, mas, para compensar o que parece, de sua parte, um gesto de inescusável insensibilidade, entregam-lhe uma misteriosa carta que contém uma quantidade indefinida de dinheiro (que terá que devolver depois de um mês), mas com a condição de que não a abra até as duas horas da tarde; "nem um minuto antes", insiste Oliver Montpelier (Ronald Squire). Henry rejeita, no início, o que parece ser uma demonstração de caridade, ofensiva para seu orgulho, e pede aos sorridentes e endinheirados irmãos Montpelier apenas algo que parece ser muito fácil para eles: conseguir-lhe um trabalho honrado. Mas os irmãos insistem para que fique com a carta e também na condição de não abri-la antes das duas horas da tarde, dentro de uma hora apenas.

No restaurante e na alfaiataria

Henry Adams despede-se, finalmente, dos simpáticos milionários e decide passar essa hora do melhor modo que conhece: se fartando em um restaurante. Quando acaba de comer o que pediu, é só uma e meia; por isso, e porque suas tripas continuam rugindo, pede que lhe sirvam outro tanto da mesma coisa. Após ter dado conta da segunda remessa de pratos e cerveja, o garçom recita, com voz de ferro, o total do muito ingerido nessa hora de suprema entrega aos simples prazeres da vida; tudo isso diante do olhar desconfiado dos donos do restaurante, que havia tempo não viam alguém tão mal vestido e comendo com tanto afinco. A questão é que ainda faltam cinco minutos para as duas da tarde, e Henry, já totalmente reconciliado com o mundo e seus habitantes, solicita uma pequena prorrogação para pagar: só cinco minutos, o tempo indispensável para entrar no estado de beatitude subsequente ao início de tão promissora digestão. Mas o dono do estabelecimento, incapaz de conter por mais tempo suas crescentes suspeitas, decide assumir o assunto e exigir o valor da conta sem mais delonga de quem cada vez mais lhe parece um cliente inadimplente e de descarada fleuma.

Henry, considerando que os poucos minutos que faltam para abrir a carta à hora combinada não podem ser tão importantes, decide-se e rasga o envelope. Ele fica tão estupefato quanto o proprietário do local ao ver seu conteúdo: essa nota de um milhão de libras que os irmãos Montpelier acabaram de retirar dos cofres do Banco da Inglaterra. A comoção contagia o resto da clientela, que suspende toda atividade que não seja olhar e tornar a olhar o que, com toda a certeza, só terão oportunidade de ver uma vez na vida. Um cliente especialista certifica a autenticidade da nota e sugere que seu proprietário poderia ser um "excêntrico milionário americano". Bem, eis aqui a fórmula mágica que resolve todo o enigma: faz parte da sabedoria popular o fato de que um excêntrico milionário americano pode decidir fazer as coisas mais insuspeitas, como ir almoçar mal vestido em um restaurante meia-boca e lá efetuar, em condições extremas, uma exaustiva comprovação da hospitalidade inglesa; e mais, *espera-se* que faça tais coisas. Todos, proprietário e clientes, mostram-se encantados por constatar que essas lendas têm uma base real e por estarem participando de uma delas. Parece, aliás, que no caixa do restaurante não há troco, e com isso Henry sai do estabelecimento copiosamente satisfeito, sob os salamaleques do dono e de sua senhora e sem ter pago nada pelo que consumiu.

Com algumas variantes, a mesma sequência de acontecimentos repete-se em uma alfaiataria, na qual Henry entra para comprar um terno; o seu, de marinheiro, parece o de um esfarrapado. E, com efeito, é tratado de início como um desagradável mendigo em tão elegante e séria casa comercial, que displicentemente, com desconfiança, tenta dar-lhe mercadoria de baixa qualidade e fora de moda. Quando, finalmente, mostra a nota de um milhão de libras para pagar, a disposição do dono e dos vendedores muda de repente; um dos empregados chega a romper em lágrimas ao ver esse símbolo de riqueza inacessível aberto diante de seus olhos. A partir desse ponto tudo é gentileza, ternos caros e sob medida, crédito ilimitado. O proprietário não só lhe oferece uma quantidade exorbitante de roupas – Henry continua insistindo em que só precisa de um terno –, mas também admite de bom grado, e até insistindo, que a leve sem pagar nem um tostão. Leva sua deferência até a recomendação do Bumbles, um hotel de luxo gerido por um parente seu. Assim que Henry sai de sua loja, apressa-se a telefonar para o Bumbles para avisar o gerente da iminente chegada do milionário e de sua maneira pouco usual de proceder.

No Bumbles

Já estamos no Bumbles. O gerente mobilizou boa parte do pessoal do hotel para preparar uma cerimônia de boas-vindas discreta e, ao mesmo tempo, proporcional à dignidade de tão honorável hóspede; tomou, inclusive, a liberdade de desalojar da suíte nupcial do primeiro andar o duque de Frognell (A. E. Matthews), para arranjar um lugar no quarto mais elegante do hotel para o portador da nota mágica. O duque leva mortalmente a mal o despejo, principalmente ao saber que é em favor de um milionário americano desprovido de linhagem, um *parvenu*, exatamente o tipo de indivíduo que mais detesta neste mundo. Mas o ofendido aristocrata inglês começa a ver toda a situação sob outra ótica ao constatar as mil graças naturais que adornam a nova criada que designaram para seu serviço e, bem ou mal, parece se conformar com a troca de quarto.

Um pouco antes de Henry Adams, aparece no Bumbles um indivíduo forte, com chapéu coco, um feroz bigode e uma mala aparatosamente oblonga que contém umas anilhas de levantador de peso de circo. Esse visitante tão extravagante é tomado pelo milionário americano cuja chegada foi anunciada. O fornido proprietário do chapéu coco, do bigode e dos pesos não faz nada para desfazer o engano, em parte por puro pasmo diante da forçada gentileza com que está sendo acolhido (e à qual não deve estar muito acostumado), em parte porque é mudo... Quando, finalmente, Henry Adams chega, o erro que tanto o gerente do hotel quanto seus ajudantes cometeram torna-se evidente, e, sem cuidado, desaparece toda essa doce gentileza no trato com o forçudo de circo, que é, inclusive, tachado de "impostor", e pedem-lhe que abandone imediatamente o estabelecimento. Pelo que se vê, a nota não tem somente o poder simbólico de representar uma quantidade fabulosa de dinheiro em metal, mas também transforma em símbolo o próprio portador acidental. Quem a carrega já não é Henry Adams ou Rock (que é como se chama o robusto levantador de pesos, papel interpretado por Reginald Beckwith), mas o proprietário ambulante de uma riqueza estremecedora que provoca reações de servil reverência em todos que entram em contato com ele.

Diante de demonstração tão crua da capacidade do dinheiro para modular a gentileza no tratamento, Henry Adams decide emprestar seu guarda-chuva protetor ao simpático forçudo, convida-o a dividir sua quilométrica suíte e resguarda-o de toda displicência do oportunista gerente do hotel e seu bando. Além disso, Henry oferece a Rock um trabalho: ser seu guarda-costas e garantir a integridade da fascinante nota durante um mês, ao fim do qual a nota regressará – conforme o combinado – às mãos dos malucos irmãos Montpelier, os milionários de verdade, que criaram toda essa situação em parte por diversão, mas também para comprovar empiricamente (quase como observadores científicos) as alterações no comportamento humano que a posse de tão fabulosa quantidade de dinheiro é capaz de provocar, e não só em quem a carrega, mas também em quem o cerca.

Henry acaba, com efeito, vendo o lado divertido do papel que os irmãos Montpelier lhe ofereceram em sua comédia mundana fronteiriça ao experimento antropológico: "Durante um mês", diz sorridente ao rochoso Rock, "serei Henry Adams, o milionário americano." E diz isso, claro, com um jeito bem de nobre romano: vestindo um confortável roupão e mordiscando, indolente, um cacho de opulentas uvas pretas.

Henry tem oportunidades de sobra para constatar que, com efeito, o papel-moeda não é apenas um símbolo; transforma em símbolo quem o porta. No consulado de seu país em Londres, recebem-no agora com modos ensebados e dispõem-se a fazer tudo que estiver a seu alcance, sendo que, quando Henry visitou o local pela primeira vez pedindo ajuda (que *então* realmente precisava com urgência), livraram-se rapidamente de sua desagradável presença. Agora é o próprio embaixador que o atende pessoalmente, oferece-lhe charutos selecionados e um pouco de dinheiro em espécie para gastos diários. Além desses detalhes, o embaixador oferece-se para abrir a seu abastado compatriota "algumas portas".

Em Hampshire House

Pouco tempo depois, com efeito, é convidado à recepção da duquesa de Cromarty (Joyce Grenfell) na muito chique mansão de Hampshire House. Lá o paciente Henry vê-se submetido a um carrossel de apresentações: todos estão ávidos para conhecer a celebridade do momento, especialmente as jovens casadouras, e mais ainda suas mães. Os anfitriões, o duque e a duquesa de Cromarty, encarregam-se intencionalmente de fazer que Henry mal tenha tempo de iniciar uma conversa com um círculo de desconhecidos, arrancando-o dele e deixando-o aterrissar em outro círculo de pessoas igualmente desconhecidas, com as quais tem os segundos contados para entabular conversas sobre assuntos de absurdo crescente. Acabam apresentando-o a um babaca especialista em genealogia, disposto, a qualquer custo, a encontrar os antepassados de sangue azul de Henry antes do fim da noite.

Por sorte, para Henry, as coisas mudam rapidamente para melhor quando o duque de Cromarty (Hugh Wakefield) lhe apresenta, no jardim da casa, sua encantadora sobrinha, Portia Lansdowne (Tane Griffiths), a primeira pessoa com quem consegue manter uma conversa sensata, com pés e cabeça, em parte também porque o tio de Portia os deixa a sós. É preciso dizer, em honra à verdade, que, de início, Portia vê Henry como uma imensa vaca leiteira de raça Hereford – apesar da fama das Hereford –, da qual pretende ordenhar uma boa quantidade de libras para obras beneficentes; especificamente, acontece que o Lar Cromarty, uma instituição para crianças órfãs à frente da qual se encontra sua tia, precisa das doações de um mecenas disposto.

Henry, que acha Portia a garota mais bonita da festa, não tem escapatória nem deseja ter, de modo que, na cena seguinte, vemos, como se podia prever, Henry tirando uma foto após a outra com crianças órfãs e choronas no colo e matronas felizes às suas costas. Mas o pior não é isso, claro; é que, após a sessão de fotos, acontece um leilão beneficente, e Henry se vê forçado – diante dos olhares alentadores e irresistíveis de Portia – a dar um lance por um anódino vaso e acabar pagando por ele a absurda quantia de cinco mil libras. A partir daí, começam a chover por todos os lados pedidos de ajuda financeira para associações beneficentes de todo tipo. Henry começa a tomar consciência de "como é caro ser milionário" (em suas palavras), um pesadelo do qual decide fugir procurando um refúgio escondido, a salvo de pedintes. Quando está prestes a ir embora do hotel com o fiel Rock, recebe uma carta da muito gentil Portia, que o convida para outra festa, dessa vez com menos gente, em Hampshire House. Henry muda de planos e decide, ainda, aproveitar a oportunidade para revelar seu segredo a Portia: que ele não é milionário nem coisa que o valha, que nem sequer é dono da camisa que usa. Como é frequente nesses casos (e como acontece em outros filmes: *Adorável Pecadora*, de George Cukor, ou *Orgulho e Preconceito*, de Robert Z. Leonard), Henry deseja comprovar se Portia está interessada "nele" ou só fascinada pela aura de prestígio e poder que o milhão de libras lhe confere. Os milionários não estão só preocupados em verificar que suas notas e saldos bancários contam como dinheiro sonante, mas também em confirmar que eles mesmos, como pessoas, *não* contam como isso, especialmente diante de criaturas tão celestiais como Portia Lansdowne.

Quando está prestes a contar tudo a Portia, irrompe na sala, onde está acontecendo uma patética noite musical, o embaixador norte-americano em Londres (a quem Henry já conhece, o dos charutos selecionados) acompanhado por um enigmático senhor Lloyd Hastings (George Devine), que insiste em se apresentar como um velho amigo de Henry e até do pai de Henry, mas a quem Henry (e certamente seu pai, se ainda estiver vivo) não conhece.

Mas deixemos, por ora, esse pretenso velho amigo, porque Henry, após a interrupção e de uma forma ou de outra, conseguiu fazer um aparte para ficar a sós com Portia no jardim. Embora esteja resolvido a contar toda a verdade a Portia, é preciso reconhecer que ela não lhe facilita muito as coisas, pois antecipa-se a declarar seu amor por ele e prefere, como é muito natural, que Henry lhe dê beijos, não explicações. Henry começa a ver as coisas da mesma forma, e seríamos extremamente rigorosos com ele se o culpássemos por não cumprir, afinal, seus bons propósitos de se abrir com Portia; mais ainda se repararmos no estado emocional em que o deixaram os beijos e outras efusivas demonstrações da bela Portia.

Henry volta a seu hotel, o Bumbles, acompanhado do autoproclamado "velho amigo" Lloyd Hastings, que rapidamente lhe pede que o tire de apuros, pois fizera um grande investimento em uma mina de ouro, a Boa Esperança, mas precisa de uma ampliação de capital, e é aí que espera que Henry faça sua parte. Perdido em seus próprios sonhos de felicidade futura ao lado de Portia, na verdade Henry nem o ouve; de modo que, já no saguão do hotel, Hastings tem que tornar a contar toda a história da mina de ouro desde o começo.

Na Bolsa

Na realidade, o pilantra oportunista do Hastings, mais do que o dinheiro de Henry, quer poder usar seu "nome", o do milionário da moda. Bastará que Henry faça uma compra simbólica de ações da mina para que elas subam como espuma e haja gente disposta a comprar novas ações, e, com isso, conseguirá cobrir a ampliação de capital. Eis aqui o poder simbólico do dinheiro em estado quase quimicamente puro: o dinheiro não apenas simboliza a quantidade que se pode comprar com ele, mas também, como já disse, transforma seus portadores, e até o nome de seus portadores, em símbolos. Quando, na Bolsa de Londres, fica-se sabendo que Henry Adams está prestes a comprar vinte mil ações dessa mina de ouro à beira do colapso, dá-se o terremoto financeiro prognosticado pelo astuto Hastings: as ordens de compra se multiplicam como uma epidemia e o valor das ações sobe como o mercúrio do termômetro em um dia de calor.

Enquanto isso, onde está Henry Adams? Está também perdido no turbilhão dos agentes da Bolsa da *City* londrina? Não; longe disso, está dando um romântico passeio de barco com Portia, a quem, finalmente, conta que a famosa nota não lhe pertence, que está em seu bolso por tempo limitado e, principalmente, pelo arbítrio de dois irmãos milionários.

– Na realidade, não há nada que eu possa dizer que seja meu – confessa Henry.
– Oh, pobre, pobre cordeirinho! – responde Portia, encantada diante do que ela vê como mais uma nova e elegante excentricidade de seu prometido. – [...] Quer dizer que você se hospeda na suíte nupcial do Bumbles sem pagar?
– Exatamente – reconhece Henry.
– E não lhe custa nada comer e beber?
– Exatamente.
– E o alfaiate, por pura bondade de coração, vestiu-o com toda essa finura?

Henry assente novamente, mas Portia, que no começo estava se divertindo muito com a brincadeira de Henry, acha que já é hora de parar. O bom Henry insiste que não se trata de brincadeira alguma, mas da pura verdade. Portia acaba por mostrar-se ofendida, interpretando as palavras de Henry como uma estúpida maneira de pôr à prova seu amor. "Não me importa que você seja pobre ou rico", diz-lhe, "mas sim que você pense que isso muda alguma coisa." Henry, ao ouvir isso, abraça e gira sua namorada no ar, definitivamente apaixonado por ela.

Enquanto isso, o frenesi na Bolsa atinge seu clímax: todo mundo que pôde comprou ações da Boa Esperança, a vaporosa mina de ouro de Hastings. Quando, por sua vez, Henry conseguiu convencer Portia de que não estava brincando e que é tão pobre (mas honrado) quanto lhe diz, aparece o esperto do Hastings para contar – na frente de Portia – sobre o negócio que ambos fizeram em um único dia: dezesseis mil libras, pela revalorização meteórica das vinte mil ações compradas por Henry. Portia fica escandalizada e só pode interpretar as notícias que o alvoroçado Hastings traz de uma maneira: Henry empregou de modo fraudulento sua fortuna com data de vencimento para tornar-se rico de verdade e em longo prazo. A verdade é que não faz muito sentido, aqui, sermos severos com Henry, que, absorto em seus assuntos sentimentais, mal prestou atenção aos negócios em que Hastings o meteu e limitou-se a fazer seu jogo para que o deixasse em paz para continuar cortejando Portia em liberdade. Agora comprova seu erro. Compreende rápido e sem esforço que Portia tenha se afastado dele, enojada por quem agora lhe parece um aventureiro sem muitos escrúpulos; e entende, também, embora o lamente, que Portia se negue a recebê-lo para que possa explicar o acontecido. Com uma explicação que – verdade seja dita – é, por ora, tão delicada quanto papel de seda.

Na ruína

Mas as nuvens negras se fecham ainda mais à distância para Henry. O duque de Frognell, de quem quase nos tínhamos esquecido, torna a aparecer em cena para exigir, diante do gerente do Bumbles, que lhe devolvam sua suíte nupcial, que lhe foi tirada para instalar nela o novo rico, o arrivista ianque. O gerente se nega, mas o duque de Frognell insiste em que todo esse negócio do milhão de libras pode ser uma mentira interesseira, por trás da qual não haja nada consistente. Conta, aliás, ao gerente um detalhe realmente inquietante: que o indivíduo tão abastado, esse fantoche ianque, foi incapaz, durante todo esse tempo em que está no hotel, de dar uma única gorjeta à "pobre Renie", a graciosa camareira que também está a serviço do duque de Frognell. E o duque, se tem certeza de alguma coisa neste mundo, é de que Renie merece todas as gorjetas imagináveis.

O aristocrata despeitado não está disposto, dessa vez, a retroceder em seu empenho e convence Renie (Ann Gudrun), a criada, a lhe fazer um trabalhinho, uma brincadeira inocente: surrupiar a célebre nota de um milhão de libras; coisa que, efetivamente, Renie faz, aproveitando certo descuido de Rock, o guarda-costas: tira-a do bolso da jaqueta de Henry e esconde-a debaixo do tapete, aos pés da cama. Para Renie, isso tudo não é mais que uma pequena travessura, uma brincadeira "um tanto atrevida"; mas, para o duque de Frognell, é outra coisa muito diferente: a oportunidade de se vingar do humilhante tratamento que vem recebendo nas últimas semanas por parte do gerente do Bumbles, e do qual Henry é o causador involuntário. O duque não perde tempo e começa a espalhar pelo hotel o sopro da calúnia: Henry não é milionário nem coisa que o valha; a história da nota não é mais que um boato, uma armadilha para incautos. No boca a boca, o sopro da calúnia logo adquire a corpulência de um furacão e o mesmo poder de devastação: em questão de horas, todo mundo sabe que Henry Adams é um impostor. Até um jornalista do *Daily News* aparece na suíte nupcial para perguntar a Henry o que há de verdade nesses estranhos rumores que correm sobre a autenticidade da nota. Para livrar-se dessa nova inclemência (que em seu ânimo mal pesa, comparada com a ruptura com Portia), e um tanto farto de seu papel de milionário circunstancial, Henry dirige-se a seu guarda-roupa em busca da nota. Que não está, claro. Rock não sabe nada sobre o assunto. E tudo isso acontece diante do ladino e satisfeito olhar do jornalista, que está vibrando antecipadamente com a matéria exclusiva sobre o escândalo que ele assinará no dia seguinte.

Sem o milhão de libras em sua jaqueta, Henry Adams deixa de ser socialmente quem era. Os sedosos modos de todos se retraem, e em seu lugar aparecem arestas e espinhos por todos os lados: os duques de Cromarty, o alfaiate obsequioso, o muito bajulador gerente do Bumbles..., todos começam a mostrar suas garras escondidas nas luvas de pelica. Só o fiel Rock fica a seu lado. E Portia, que troca sua zanga por preocupação, vendo a tempestade que se acumula sobre a cabeça de Henry, e corre para lhe prestar apoio (sinal de seu amor por ele), ou melhor, tenta, pois sua tia, a duquesa de Cromarty, tranca-a em seu quarto para impedir que cometa tamanha "insensatez".

Nem é preciso dizer que os rumores de que a fortuna de Henry Adams é uma fraude chegam aos corretores da Bolsa, que têm ouvidos de tuberculoso para essas coisas. Todo mundo quer se desfazer das participações na propriedade dessa nebulosa mina de ouro que tem o muito apropriado nome de "Boa Esperança". A esperança é um gás muito volátil na Bolsa, e o valor das ações da mina desaba em segundos. Henry, que confiava nessas ações para sair de seus apuros econômicos mais imediatos – seus muitos credores o pressionam *agora* para que salde suas dívidas –, vê que essa parte de seu patrimônio é tão volátil quanto a escorregadia nota de um milhão de libras. Em poucas horas, das dezesseis mil libras ganhas no dia anterior, não resta nada, foram roídas até os ossos pelos especuladores da Bolsa. Quando Henry aparece no edifício da Bolsa para se explicar, expulsam-no. E no hotel esperam-no os muitos pequenos aplicadores que foram à ruína por comprar ações da mina.

No saguão do hotel

Como incurável ingênuo que é em assuntos econômicos, Henry desconhece o poder simbólico do dinheiro e acredita que a mina Boa Esperança continua sendo tão rentável quanto era antes do contratempo financeiro, que há nela tanto ouro hoje quanto ontem e que, se se dirigir aos pequenos acionistas irados que o aguardam no Bumbles e lhes contar coisas tão sensatas quanto isso com o coração na mão e apelando para o bom senso das pessoas, tudo voltará ao normal.

Mas não; Henry Adams é tão inocente quanto uma donzela. As aparências, no mundo das finanças, podem ser tão sólidas quanto as realidades e acarretar seus mesmos efeitos: as coisas valem o que uns e outros, compradores e vendedores, fazem que valham com as iniciativas que empreendem. Nas circunstâncias mostradas no filme, o valor das participações na propriedade da mina está, pelo menos em curto prazo, não tanto na quantidade de metal precioso que possa produzir (uma incógnita que nunca se esclarece em todo o longa-metragem) mas no fato de um homem com uma nota de um milhão de libras ter comprado um substancial lote de ações dela. Se não há o milhão de libras, todo o resto é fumaça.

> *– Você é milionário ou não? – pergunta sem mais rodeios um dos impacientes acionistas da Boa Esperança apinhados no saguão do hotel.*
> *– Ser milionário ou não, não é a questão – defende-se Henry na escadaria.*
> *– Muita gente investiu na Boa Esperança só por sua recomendação – insiste outro.*
> *– Por favor, por favor, senhoras e senhores – continua dizendo Henry. – Se quiserem me ouvir um instante, em vez de se deixar dominar pelo pânico, comprovarão que fizeram um bom investimento.*

> *– Isso quer dizer que encontrou a nota? – pergunta um terceiro, com a mesma ideia fixa que os outros [...]*
> *– Bem, o que não é razoável é que prefiram jogar baseando-se mais em minha reputação do que nas grandes possibilidades de encontrar ouro.*
> *– O senhor é o jogador – replica, muito irritado, alguém do público.*
> *– E o que importa o que eu sou, se encontrarmos ouro na mina!*

Tudo o que Henry diz soa sensato, mas ele ignora que quem joga na Bolsa o faz com outro tipo de sensatez. A mina Boa Esperança tem o valor que as marés de compra e venda de ações decidem que tenha em cada momento, não o do ouro que possa esconder em seu interior. Henry esforça-se por convencê-los de algo inútil: o valor objetivo da mina dependente do valor que as operações intersubjetivas de compra e venda de ações conferem à propriedade.[2]

> *– Bem – continua Henry, falando em defesa própria –, parece-me que houve muita histeria por algo que, afinal de contas, não é nada além de um pedaço de papel. Estou disposto a apostar minha reputação; de fato, dou-lhes minha palavra de honra de que, se além de ficar com as ações, comprarem mais algumas, serão todos recompensados...*

É interessante perceber que essa última afirmação de Henry é totalmente certa (se os acionistas, em vez de venderem desesperadamente as ações que ainda lhes restam, as conservassem e comprassem mais algumas, *todos* as veriam aumentar de preço e seriam beneficiados). Mas, naquelas circunstâncias, cada um deles vai se precipitar e vender, e isso prejudicará a todos. Depois de mais alguns capítulos entenderemos por que os encolerizados proprietários da Boa Esperança estão dispostos a fazer algo (vender) que, *se só eles fizessem, tudo bem; mas, se, pelo contrário, todos fizerem, representará uma perda para todos* (especialmente para os últimos a vender, evidentemente). Essa descontinuidade entre o que é bom para um e o que é bom para o conjunto está no próprio coração da política, e dedicaremos a ela muita atenção depois, toda a que de fato o assunto merece. Por ora, bastará saber que os descontentes proprietários da mina têm uma razão adicional para não seguir o conselho de Henry de manter suas participações na propriedade, pois veem passar diante de seus narizes a comitiva de empregados da alfaiataria levando tudo o que Henry comprou a crédito.

Em tão delicadas circunstâncias para o herói desta história, o duque de Frognell demonstra que não é um desalmado: ele não pretendia levar as coisas tão longe; só dar um puxão de orelhas nesse arrogante ianque que o expulsou (é o que ele acredita) de sua suíte de luxo com o brilho de sua riqueza, mas sem linhagem alguma em que se amparar. Quando se dá conta das dimensões que sua brincadeira tomou, das consequências desastrosas que está trazendo consigo, decide que é chegado o momento de desfazer a confusão: é preciso restaurar a honra de quem, afinal de contas, mostrou tê-la. Quando Henry está trocando socos com um dos proprietários enganados da Boa Esperança, o duque de Frognell toca uma corneta e mostra em sua mão direita "a maldita nota".

– Onde estava? – pergunta Henry, um pouco descabelado pela briga recém-começada.
– Debaixo de seu tapete, por ordens minhas – reconhece sem rodeios o duque.
– E por que você fez uma coisa dessas?
– Não gosto de ianques, não gosto do que fazem com o dinheiro. Mas as coisas que nós fazemos são muito piores. O senhor tem o direito de me desafiar para um duelo – diz o aristocrata inglês, aceitando o fato de que a ofensa recebida dá direito a Henry de exigir uma reparação.
– Bem, como não tenho luva para desafiá-lo, terei que aceitar suas desculpas.
– O senhor é um cavalheiro – diz Frognell de boa vontade enquanto lhe aperta a mão. – Começo a gostar do senhor.

A nota recuperada age como um bálsamo; diante de seus olhos, as iras se acalmam, os protestos se calam, os gestos se tornam conciliadores, multiplicam-se as desculpas. E ainda falta meia hora para a Bolsa fechar! Comprar, comprar: essa é a nova ordem que se espalha como rastilho de pólvora. Com a avalanche compradora que se avizinha, a mina Boa Esperança valerá, dentro de meia hora, muito mais do que vale agora. E isso, independentemente do ouro que realmente tiver! Os vaivéns da Bolsa da Boa Esperança são um bom exemplo do que em Sociologia se conhece como "profecia autorrealizável": em um determinado momento (quando Henry adquiriu seu lote de ações), todos preveem que essas ações valerão mais em breve e, comprando guiados por esse palpite, *fazem* que valham mais, cumprindo-se, assim, seus vaticínios. No dia seguinte – quando se torna público que Henry perdeu sua nota –, todos passam a acreditar que as ações cairão e, correndo para vendê-las, conseguem fazer que, efetivamente, caiam, tornando os prognósticos novamente corretos. As profecias autorrealizáveis mostram que a realidade social, é feita de uma matéria diferente da realidade física, onde essas coisas não são possíveis. Na realidade social, são, pois os que esperam que o futuro seja de uma certa forma são também os que configuram esse futuro, e, em alguns casos – quando os presságios são as causas de suas ações, e estas contagiam uns e outros –, as ações configuram de fato o futuro pressagiado; às vezes involuntariamente e até contra os desejos dos envolvidos.

A turba que invade o saguão do Bumbles corre atropeladamente para a Bolsa para dar vida e verdade à nova profecia autorrealizável que se apoderou da mente deles; só uma pessoa vai em direção contrária: Portia, que, ao que parece, fugiu da prisão improvisada que sua tia lhe havia preparado e fundiu-se em um apertado abraço com Henry, que bem o mereceu.

Na mansão dos Montpelier

Quando a nota volta às mãos dos brincalhões irmãos Montpelier, Henry Adams quer saber a razão de a terem entregado a ele.

> *– Pois bem – explica Oliver Montpelier –, eu afirmava que, dada a atitude das pessoas diante do símbolo da riqueza, basta possuir um pequeno pedaço de papel, sem trocá-lo, para ter o que se queira [...].* (Seu irmão Roderick afirmava outra coisa, e foi isso que levou à aposta que fizeram para ver qual dos dois tinha razão.)
> *– Posso dizer uma coisa? – intervém a bela Portia, ali presente. – Admito que a nota tem muito poder, mas não é certo dizer que pode tudo. Vejam, eu amo Henry porque é Henry.*

– Na verdade, ela me deixou quando pensou que eu fosse rico – corrobora Henry, apoiando sua amada – e voltou para mim quando descobriu que era realmente pobre. Nesse caso, a nota foi um problema.

Os irmãos Montpelier, dados a manter gentis litígios entre si, começam a discutir a exatidão da última declaração e, com efeito, há muito que dizer a respeito. Restam poucas dúvidas de que com o dinheiro é possível conseguir muitas coisas, salvo aquelas que o filósofo norueguês Jon Elster chamou de "subprodutos"; coisas como o amor, a autoestima, a admiração dos outros, a naturalidade de caráter etc. Se nos propusermos todas essas coisas como objetivos a vencer, seremos vencidos por eles. Os subprodutos não se deixam alcançar racionalmente, mas como efeito colateral do que fazemos orientados por *outros* fins.[3] Diz Elster que "todas as coisas boas da vida são essencialmente subprodutos. Mais especificamente, os subprodutos estão ligados ao que vem a nós em virtude do que *somos*, como coisa diferente do quanto podemos conquistar por esforço ou desejo".[4]

Quando Portia declara "Eu amo Henry porque é Henry" (não por seu milhão de libras, entende-se), está evidentemente confirmando o ponto de vista de Elster; mas, não duvide disso – e por mais que Henry acredite no contrário –, a nota não foi um obstáculo para o despertar desse amor.

A condição simbólica do papel-moeda

As notas têm o valor que representam por acordo ou convenção entre todos aqueles que as utilizam para comprar e vender. Parecem um exemplo bastante diáfano de instituição social que funciona por convenção, e sua presença servirá de apoio a todos que sustentarem a ideia de que as instituições e normas da ordem social se baseiam em convenções ou acordos entre os que integram essa ordem. De qualquer maneira, embora a convenção seja explícita na origem, o normal é que as pessoas deixem de pensar nela e logo a percam de vista. Como explicava Friedman, aceitamos as notas porque comprovamos que os outros também as aceitam como meio de câmbio nas transações. O papel-moeda goza de legitimidade *tácita*, a mais poderosa forma de legitimidade, que consiste em nem sequer pensar em questionar se esses pedaços de papel estão respaldados por alguma autoridade monetária. Como diz de modo mais que expressivo John Kenneth Galbraith: "Quando o dinheiro é ruim, as pessoas querem que seja melhor. Quando é bom, as pessoas pensam em outras coisas".[5]

Seriam exatamente essas convenções ou acordos que fariam que determinadas coisas, como o dinheiro, tivessem uma realidade social *diferente* de sua realidade física. É isso o que destaca, de uma maneira completamente acertada, o filósofo John Searle: o fato de um pedaço de papel *contar como* dinheiro em uma situação determinada é o que faz que certos *fatos institucionais* não sejam redutíveis a *fatos físicos*. Nenhuma explicação física pode explicar por que um pedaço de papel manchado com várias tintas conta como dinheiro de circulação legal. Há várias coisas que não são estritamente materiais nesse pedaço de papel e em sua capacidade para representar dinheiro:

- As circunstâncias em que é usado: o dinheiro confederado deixou de contar como dinheiro nos Estados Unidos a partir do momento em que os confederados foram derrotados pelas tropas federais na Guerra de Secessão; e isso apesar de o suporte físico do dinheiro confederado não ter mudado.
- Muitos suportes materiais podem servir como dinheiro: cheques, cartões magnéticos, cigarros, conchas etc.[6] O que permite que algo faça as vezes de dinheiro não são suas propriedades físicas.
- Para que um pedaço de papel conte como dinheiro precisa ser aceito como tal por todos os seus usuários. Sem esse acordo, tácito ou expresso, o papel volta a ser apenas papel.

A realidade social tem, por isso, uma textura específica, diferente da realidade física e não redutível a ela. A realidade social é construída com realidades corpóreas, mas, quando possui caráter *simbólico*, transcende-as e não se assimila completamente a elas. A fórmula geral de um fato simbólico é: "Esta coisa conta como esta outra neste determinado contexto". Este pedaço de papel conta como uma nota de cinco euros desde o primeiro trimestre do ano de 2002, por exemplo. O pedaço de papel e a nota de cinco euros são, no aspecto material, a mesma coisa, e a transição de pedaço de papel a nota não é uma transformação física, mas a atribuição simbólica de um *status* ao pedaço de papel: a condição de dinheiro de circulação legal (que esse pedaço de papel ainda não tinha em 2001, por exemplo).[7] Essa concessão de *status* simbólico ao papel-moeda é outorgada por uma autoridade reconhecida por todos para efetuar esse ato institucional; no caso, a autoridade é o Banco Central Europeu, que declarou ser de circulação legal as notas denominadas euro desde 1º de janeiro de 2002. A partir desse momento (mas não antes), as notas de cinco euros passaram a representar riqueza material, e pouco tempo depois as notas de mil pesetas (e outras similares) tornaram-se celulose incinerável. Sua função simbólica, para espanto de muitos, havia caducado.

Um comentário sobre a psicologia do valor simbólico do dinheiro

É muito possível que o valor simbólico do dinheiro seja – como pretende John Searle – um acontecimento inefável do ponto de vista físico, mas não o é do ponto de vista psicológico. O fato de uma coisa contar como outra é algo bastante fácil de explicar na psicologia por meio do condicionamento de Pavlov. A base desse condicionamento é que o uso reiterado de dois estímulos (o som de uma campainha e um pedaço de carne) faz um deles (o som da campainha) adquirir propriedades que, a princípio, eram privativas do outro estímulo: o som da campainha acaba provocando salivação nos cães de Pavlov, quando essa reação só ocorria, em um primeiro momento, quando viam o pedaço de carne. Para os cães assim condicionados, o som da campainha conta como a antecipação (real ou não) da presença iminente da comida.

Em psicologia, o dinheiro é considerado um *reforçador condicionado generalizado*. É um reforçador condicionado porque adquire suas qualidades reforçadoras (ou de recompensa) pelo contato com outros estímulos que já são por si só reforçadores (a carne, no caso dos cães). Se dermos a uma criança uma nota de quinhentos euros, ela não prestará atenção ou brincará com ela um pouco, e talvez assistamos estarrecidos à trituração da nota diante dos nossos olhos. A nota de quinhentos euros (ou, para sermos realistas, alguma outra de valor inferior) só adquirirá propriedades reforçadoras quando a criança aprender a relacioná-la a coisas que já são reforçadoras para ela: guloseimas, brinquedos etc. Quando comprovar repetidamente que pode trocar a nota por esses bens e serviços, ela começará a contar, para ele, como símbolo de algumas das coisas boas que há na vida. Além disso, o dinheiro é um reforçador condicionado *generalizado*, pois pode ser usado para adquirir uma ampla variedade desses bens e serviços atraentes (embora entre eles não estejam, como já é desnecessário acrescentar, as coisas mais importantes da vida).

Como fazer coisas com palavras

Em um grupo humano pululam muitas outras convenções.[8] Em 1962, um importante filósofo analítico, John Langshaw Austin, publicou um livro que era já memorável no título: *How to do things with words* [Como fazer coisas com palavras]. Coisas podem ser feitas – como certificar que uma pessoa é licenciada em Filosofia – com palavras, desde que essas palavras sejam as protocolares, emitidas e assinadas pela autoridade competente, e estampadas em um pedaço de papel preparado para recebê-las. Seguindo esse rastro, John Searle, discípulo de Austin, demonstrou que também atos institucionais podem ser realizados utilizando como "matéria-prima" certos atos físicos. Por exemplo, algo conta como um casamento católico se houver um oficiante na cerimônia que reúna em sua pessoa certas qualificações (que o habilitem como sacerdote ativo), dois contratantes, a pronúncia de certas palavras e a execução de certos gestos em uma ordem precisa, e tudo isso geralmente em uma igreja ou em outro recinto sagrado. Se todo o ritual não for seguido escrupulosamente, o ato pode ser declarado nulo. Quando certos atos físicos, se forem realizados de maneira estritamente pautada e seguindo uma convenção, representam outra coisa, o que acontece (um casamento católico) é um ato institucional que excede os movimentos físicos que ali foram realizados, e não é redutível a uma descrição desses movimentos, por mais detalhada que seja. Parece que fica além do alcance da Física a compreensão de acontecimentos *simbólicos*.

Mas Searle esclarece que o fato de um objeto físico contar como dinheiro não requer, necessariamente, um ato institucional explícito levado a efeito por uma autoridade com capacidade normativa para isso (e, embora sua origem houvesse sido essa, o dinheiro acabaria sendo aceito pelos usuários sem que fosse necessário recordar a cada passo a autoridade monetária que o criou nem o momento em que o fez). Pelo contrário, admite de boa vontade que "o dinheiro evoluiu gradualmente por vias das quais não temos consciência".[9] Com isso, deixa aberta uma interessante possibilidade, a de que uma instituição como o dinheiro (*em uma forma talvez diferente do papel-moeda*) tenha surgido evolutiva e espontaneamente ao longo do tempo, sem ter sido respaldada nem delineada em suas normas de funcionamento por alguma autoridade em um momento específico da história. Se quiser, voltaremos a isso mais adiante.

Quatro maneiras diferentes de entender a ordem social

No capítulo "Carta aberta de Woody Allen para Platão" já vimos, embora só de passagem, duas das quatro concepções principais acerca da origem e validade das normas e instituições sociais.

Pode-se afirmar que essas normas são de origem divina e que, consequentemente, gozam de uma validade eterna e inquestionável. O tabu alimentar que proíbe os judeus de comer carne de porco (e que tanto parecia preocupar Woody Allen quando ia escrever para Platão) é entendido por quem observa os preceitos dessa religião como uma norma desse tipo, emanada de Jeová em algum momento perdido na noite dos tempos. Em *Os Dez Mandamentos*, de Cecil B. DeMille (versão muda ou sonora), o próprio Deus escreve com seu dedo ígneo as leis para o povo judeu nas tábuas de pedra, que depois Moisés leva consigo para mostrá-las aos escolhidos ao pé do monte Sinai. Por provirem diretamente de Deus, essas leis são um tesouro de sabedoria infrangível e seria uma blasfêmia pretender que mãos humanas pusessem seus indignos dedos sobre elas com intenção de modificá-las.

Outra possibilidade, cujo primeiro e mais insigne defensor foi Platão, é exigir que essas normas sociais sejam elaboradas expressamente, para o resto da comunidade, pelos indivíduos mais dotados dela, tanto no aspecto intelectual quanto no moral (em Platão, uma coisa leva à outra: a inteligência predispõe à virtude). Os que defendem um planejamento racional da sociedade e de suas normas de funcionamento como passo prévio antes de executá-lo e erguer um edifício social seguindo sua inspiração são os partidários da transformação da sociedade em uma utopia coletiva. Como vimos no capítulo anterior quando repassávamos as ideias de Platão à medida que acompanhávamos *FormiguinhaZ*, os amigos das utopias sociais costumam propor a petrificação da sociedade uma vez alcançados esses ideais. É o caso de Platão, que pensa que a república ideal, posto que é ideal, já não tem como evoluir, e, se o fizer, será para pior. E é o caso também de outro insigne caudilho da utopia coletiva: o filósofo, historiador e economista alemão do século XIX Karl Marx, que afirmou que, tendo sido alcançado o comunismo pós-capitalista, a história se deteria e já não haveria lugar (nem desejos) para novas transformações sociais. De modo que tanto os utopistas quanto os defensores da origem divina das leis, por acreditarem ambos – mas por motivos muito diferentes, evidentemente – que a perfeição social é possível e factível, simpatizam com a imobilização da sociedade uma vez alcançada essa perfeição. Afinal de contas, se algo já é perfeito, é melhor não mexer.

Essas duas não são as únicas concepções da ordem social possíveis. Junto aos que acreditam na procedência sobrenatural dessa ordem ou que pensam que há de ser produto e consequência de um plano intelectual mais ou menos pormenorizado, estão os que acham que as normas e instituições sociais são fruto de acordos ou convenções a que os seres humanos chegam de maneira explícita em algum momento histórico identificável. É o que vimos que ocorre com o papel-moeda; mais especificamente, recordei que as notas de euro começaram a ser convencionalmente aceitas como dinheiro a partir do primeiro trimestre de 2002, quando o Banco Central Europeu as declarou de circulação legal.

Justo na época em que Platão viveu (séculos V-IV a.C.) deu-se a conhecer um movimento filosófico de grande importância, o da sofística, que, diga-se de passagem, Platão combateu com especial tenacidade e às vezes até com fúria. Foram alguns desses filósofos – cujas ideias lembram bastante as dos ilustrados europeus do século XVIII – os primeiros a propor que as normas e instituições para conviver juntos procedem de um pacto social assinado entre homens primitivos, que optaram, desse modo, por passar a viver em grupo e desfrutar, assim, das vantagens que a convivência proporciona, como também para fugir dos perigos e inclemências que até então representava para eles a vida em solidão. Foram os sofistas – Protágoras ou, mais provavelmente, Licofron (este último discípulo de Górgias) – os primeiros pensadores a sugerir essa origem *contratualista* da ordem social. E, evidentemente, se essa ordem social é de feitura humana (não divina nem fruto da mente de intelectuais infalíveis), está ao alcance dos homens revisá-la quantas vezes desejarem para, desse modo, melhorar seu funcionamento. Os contratualistas costumam distanciar-se da ideia de que a perfeição social é possível; seja uma perfeição social obtida já no instante presente por revelação divina, seja algo que – isso é o que os utopistas acham – nos aguarda no futuro histórico como desejo e aspiração moral e estética obsessivos.

A teoria do contrato social não é, absolutamente, um fóssil filosófico: após os sofistas, foi defendida com maior refinamento conceitual por Thomas Hobbes, John Locke, Jean-Jacques Rousseau e Immanuel Kant nos séculos XVII e XVIII; e foi revitalizada no século XX, sob o nome de *neocontratualismo*, por pensadores tão finamente dotados para a reflexão política quanto John Rawls, Robert Nozick e James Buchanan.[10]

Há uma quarta possibilidade para considerar a estrutura social: o evolucionismo. Os evolucionistas não acham que o *design* social procede de Deus, nem também de intelectuais considerados descendentes em linha direta de Deus e tão infalíveis quanto Ele (os fabricantes de utopias), nem pensam que seja o produto de algum acordo ou convenção entre seres humanos. Na realidade, supõem que por trás do *design* social não há nenhum tipo de *designer*; que essa ordem social é uma ordem *espontânea*, parecida – mas só parecida – à ordem espontânea dos organismos vivos que, apesar de sua considerável perfeição estrutural, são consequências que vão emergindo evolutivamente ao longo de extensos períodos de tempo por meio do trabalho de forças cegas, não previsoras – o acaso e a seleção natural (principalmente) –, e nunca constituem o resultado de uma mente elaboradora inteligente, por mais que assim pareça – tanto no caso dos seres vivos quanto no das normas e instituições sociais – a pensadores com hábitos mentais pré-darwinistas.

No restante do livro não me ocuparei muito com a gênese e a justificativa sobrenaturais das normas que estruturam a vida social. Acho que essa ideia, embora continue sendo a mais difundida em termos numéricos entre a população que hoje habita o planeta, tem um percurso intelectual muito curto. Dedicarei mais atenção às demais concepções: a utópica, a convencionalista e a evolucionista. Neste capítulo ressaltei os méritos da visão convencionalista ao me referir a uma instituição social tão proeminente quanto o dinheiro. Mas insinuei, também, que o dinheiro (talvez adotando um aspecto diferente do papel-moeda) pode ter surgido por evolução social "cega", não por convenção explícita efetuada por seres humanos em algum momento identificável da história. Dedicarei muito espaço a essa chocante (à primeira vista) possibilidade nos capítulos seguintes.

Notas

1 Na realidade, isso que acabo de dizer talvez fosse válido para a época em que o filme se situa – finais do século XIX –, mas hoje já não é. O padrão-ouro garantia que você podia trocar em ouro as notas do banco; refletia justamente o poderio e a solidez da libra esterlina durante todo o século XIX, mas foi abolido em 1914, no início da Primeira Guerra Mundial. A Inglaterra o restabeleceu em parte em 1925, mas foi definitivamente abolido em 1931. A partir dessa data, se você fosse com uma nota de um milhão de libras ao Banco da Inglaterra e pedisse ao caixa que cumprisse a promessa nele escrita, ele se limitaria a lhe dar talvez cem mil notas de dez libras, onde constaria uma promessa escrita parecida. Se você continuasse insistindo na promessa, o caixa, impassível, começaria a lhe dar notas de uma libra e depois moedas. Se você, depois, fundisse as moedas (coisa que é proibida), não conseguiria seu valor ao vendê-las como metal. Isso, porém, não parece preocupar ninguém, e é exatamente *disso* que se trata. Como diz Milton Friedman, "as pessoas físicas aceitam esses pedaços de papel porque confiam que outras o farão também. Os pedaços de papel verde [Friedman se refere às notas de dólar] têm valor porque todos acham que têm. E todos acreditam que têm porque, segundo a experiência de todos, já tinham antes". Veja M. Friedman, *Paradojas del dinero* [Paradoxos do dinheiro], Barcelona, Grijalbo, 1992, p. 25.

2 Evidentemente, em longo prazo, o valor das ações da Boa Esperança flutuará de maneira menos caprichosa e terá mais a ver com a quantidade de ouro que estiver sendo extraída da mina (os consequentes dividendos que isso gerar para os acionistas) e com as expectativas sobre o que ainda reste por extrair. Jorge Mínguez Díez convenceu-me de que devia acrescentar esta nota para não transmitir a falsa ideia de que a Bolsa é sempre, ou com frequência, o teatro de turbulentas epidemias compradoras ou vendedoras, um recinto de feirantes alienados.

3 Tratei extensamente dos subprodutos nos três primeiros capítulos de *O que Sócrates diria a Woody Allen*, São Paulo, Planeta, 2012.

4 J. Elster, *Sour grapes*, Cambridge, Cambridge University Press, p. 45 e 46.

5 J. K. Galbraith, *El dinero*, Barcelona, Orbis, 1988, p. 11.

6 Na realidade, os cheques e os cartões não são, falando com propriedade, dinheiro, mas instrumentos para mobilizar os ativos financeiros que temos depositados no banco. São esses ativos de alta liquidez que realmente contam como dinheiro.

7 John R. Searle, *La construcción de la realidad social*, Barcelona, Paidós, 1997, p. 12-13, 76 e 84.

8 Talvez o leitor tenha notado que neste capítulo falo de convenções em um sentido mais amplo do que às vezes esse termo recebe. Especialmente, não chamo de convenções apenas os chamados "equilíbrios de coordenação", como dirigir um carro pelo lado direito da rua (nas ilhas britânicas, pelo esquerdo) ou parar o carro diante de um farol vermelho (e não quando está verde). Os equilíbrios de coordenação são, evidentemente, também convenções no significado mais amplo empregado nesta nota. Fala-se dos equilíbrios de coordenação no (maravilhoso) livro de Michael Taylor, *The Possibility of Cooperation*, Cambridge, Cambridge University Press, 1987, p. 71; e no de Geoffrey M. Hodgson, *Economía y evolución*, Madri, Celeste, 1995, p. 174 e 175. Mas as referências clássicas continuam sendo, sem dúvida, os livros de Thomas C. Schelling, *La estrategia del conflicto* (Madri, Tecnos, 1964), e David Lewis, *Conventions: A Philosophical Study* (Cambridge, Harvard University Press, 1969). As convenções alcançadas mediante equilíbrios de coordenação emergem, em muitos casos, espontaneamente, como teremos oportunidade de comprovar em capítulos posteriores, e conforme Robert Sugden se encarrega de mostrar em seu artigo "Spontaneous Order", publicado no *Journal of Economic Perspectives*, vol. 3, n. 4 (outono de 1989), p. 85-97. Mas quando, neste capítulo, e fora desta nota de rodapé, utilizo a palavra "convenções", é preciso entender que estou me referindo a convenções *pactuadas* ou expressamente acordadas, *não* a essas convenções espontâneas que surgem por evolução e fora da consciência e das intenções de qualquer um.

9 J. R. Searle, *La construcción de la realidad social*, op. cit., p. 136.

10 Os contratualistas modernos e contemporâneos que acabo de mencionar não costumam pensar que a *origem histórica* da sociedade (qualquer sociedade) está em um contrato expressamente subscrito a algum momento histórico por antepassados humanos específicos. Melhor ainda, como veremos depois, recorrem à ideia do contrato social para dar ou retirar *legitimidade* à ordem social que já têm diante de si.

TRILHAS NO BOSQUE
Trapaceiros
Os Aventureiros do Ouro

Quase nada em política é evidente, e por isso terei que lhe pedir neste livro, às vezes, que abandone algum dos lugares-comuns em que se baseia, como em um sofá, sua maneira de pensar. Um desses lugares-comuns é que aquilo que obtemos conseguimos porque, anteriormente, pusemos diante de nossa mente uma finalidade específica, e, em seguida, meditamos sobre o melhor modo de persegui-la, sobre que meios ou recursos são os adequados para consegui-la. Essa forma de pensar, tão *intelectualista*, tão platônica, começa a atrapalhar no caso dos subprodutos, um assunto que vimos aparecer timidamente no capítulo anterior, ou seja, todas aquelas coisas (apaixonar-se por alguém, melhorar nossa própria imagem, esquecer uma lembrança amarga, superar uma crise de insônia) que não conseguiremos por desejá-las com afinco, mas sim se não as pretendermos. Agora vamos estudar uma situação muito limítrofe com os subprodutos: como uma ação pode ter consequências não buscadas; e também o contrário: como as consequências buscadas de uma ação se frustram. De fato, os subprodutos podem apresentar ambas as feições (embora o normal seja ressaltar o segundo aspecto: o da frustração sistemática de um objetivo perseguido de maneira consciente), e teremos, agora, oportunidade de comprovar isso seguindo as andanças desses trapaceiros no filme de mesmo título de Woody Allen.

Os mais que tortuosos caminhos do sucesso

Ray Winkler (Woody Allen) quer ficar rico roubando um banco; algo que não é novo para ele: Ray é um antigo ladrão que já passou dois anos na prisão e que, para consternação de sua esposa, Frenchy (Tracey Ullman), volta à ação. As coisas não andam muito bem para Ray desde que saiu do presídio: não suporta mais seu atual trabalho de lavador de pratos, e em suas ocupações anteriores – fazer apostas e dirigir um cemitério de cães – as coisas também não parecem ter saído conforme seus desejos.

Ray é o "cérebro" de um bando de trapaceiros do qual fazem parte outros dois sócios: Denny (Michael Rapaport) e Tommy (Tony Darrow). O plano de Ray consiste em alugar o local de uma pizzaria que acaba de fechar, a poucos metros de um banco; depois de alugar a pizzaria, trataria de escavar um túnel e sair do outro lado, no cofre do banco. Depois de dar uma boa dentada no dinheiro alheio, Frenchy e Ray poderiam recomeçar a vida em outro lugar; Flórida, por exemplo. Ele calcula que, para levar a cabo seu projeto, precisarão de dezoito mil dólares; Denny e Tommy já deram sua parte e só falta Ray dar a sua. Mas esses seis mil dólares, que são sua contribuição no projeto comum, não são de Ray, mas de Frenchy, sua esposa, que se nega a pôr as economias de sua vida em um empreendimento tão quimérico e arriscado; porque, além de tudo, teme por Ray, que não quer tornar a ver atrás das grades. Ray empenha-se a fundo em persuadir sua esposa e, além de lhe dar uma caixa de bombons belgas, conta-lhe que a ideia completa é utilizar a pizzaria como fachada para toda a operação: Frenchy ficaria atrás do balcão vendendo esses maravilhosos biscoitos que sabe fazer tão bem, enquanto Ray e seus comparsas estariam abrindo o túnel nos porões do estabelecimento. Nada mal, não é? Além disso, Frenchy tem o dom de fazer biscoitos deliciosos; na realidade, é a única coisa que sabe fazer; bem, isso e macarrão com almôndegas de peru.

Fazendo uso de sua lábia e de mil agrados, Ray consegue, finalmente, quebrar a resistência de Frenchy para que ela empreste o dinheiro. Mas acontece que, quando Ray vai à imobiliária, dizem-lhe que o imóvel já foi alugado por uma senhora que quer montar uma floricultura. Ray não se dá por vencido e vai falar com a velhinha amante das flores para lhe fazer uma oferta que não possa recusar; mas a pretensa velhinha é "Benny, o da galeria 8" (Jon Lovitz), alguém que Ray conhecera na cadeia. Benny também tem um plano para fazer dinheiro rápido, mas diferente do de Ray: alugou o local da pizzaria para incendiar e depois receber o seguro. "Queimo tudo", explica Benny. "Assim mandei dois filhos para a universidade." Depois de muito bate-boca, Ray convence Benny a trocar seu plano pelo dele, que é melhor e vai dar mais dinheiro. Benny acaba se juntando ao bando de escavadores-assaltantes de bancos.

Já estão todos com as mãos na massa: o imóvel foi alugado, Frenchy vende biscoitos – sem muito empenho ou entusiasmo no assunto, verdade seja dita – enquanto Ray e seus três sócios começam a escavar o túnel no piso inferior com uma impressionante imperícia. A primeira coisa que fazem é estourar acidentalmente um cano de água, quase inundando o porão do edifício; a seguir, perdem-se ao abrir o túnel, porque Ray, o "cérebro", o tempo todo leu o mapa da área de ponta-cabeça, e isso fez que emergissem à superfície não no banco, mas em uma loja de roupas. Ainda bem que é domingo, e isso lhes dá possibilidade de tentar tampar o buraco...

Enquanto isso, lá em cima, Frenchy não dá conta de atender uma clientela que parece crescer exponencialmente; tanto que tem de recorrer à sua prima May (Elaine May) para que a auxilie no negócio-fachada dos biscoitos. Tal é o sucesso da loja que atrai até as câmeras de televisão. Todos acabam ficando ricos, perigosamente ricos, até mesmo mais do que jamais sonharam: depois de um ano, o negócio dos biscoitos conta com seiscentos caminhões de distribuição, vende em todo o território dos Estados Unidos e exporta para o Canadá. Mas a opulência chegou até eles seguindo um caminho diferente do projetado (o da escavação do túnel e do roubo ao banco), e ainda por cima idealizado para ocultar o anterior.

Como fabricar trilhas em um bosque

Assaltar um banco é um desses objetivos que requerem uma grande premeditação, muitos planos e tentativas, reflexão de monte. O lógico, se Ray Winkler não fosse Woody Allen, é que todos teriam se tornado ricos assaltando o banco... ou acabado na cadeia no meio do intento. O lado divertido dessa primeira parte do filme de Woody Allen consiste em mostrar que um objetivo que, em condições normais, só pode ser alcançado de maneira planejada aparece de surpresa pelas costas, isto é, pelas costas de todos os seus projetos e intenções.

Mas se ficar rico só se comporta como um subproduto para um bando tão imprudente quanto o de Ray Winkler, há outras situações que, por outro lado, *só* se materializam na qualidade de subprodutos, como consequências não desejadas de atos e gestos guiados por outros motivos conscientes. Talvez o caso mais claro disso que venho sugerindo seja a maneira como se forma e se mantém uma trilha em um bosque.[1] Um fenômeno aparentemente tão insosso e carente de interesse dá ocasião, porém, a reflexões que logo nos afastam das formas habituais de pensar. Podemos ir ensaiando cada uma das quatro principais teorias explicativas sobre a origem dos fenômenos sociais para entender como surge um caminho em um bosque: a sobrenatural, a utópica, a convencionalista e a evolucionista.

Esse caminho tem uma gênese sobrenatural? Foi posto ali por desígnio expresso de Deus? Tudo é possível, mas lhe proponho não perder muito tempo com essa hipótese e passar à seguinte. O caminho foi desenhado por alguma inteligência individual, que projetou expressamente seu itinerário, para que depois esse projeto fosse levado a cabo por uma coletividade? Poderíamos imaginar, para ser mais específicos, que o prefeito de Barcelona emita um édito municipal no qual exorta todos que ali vivem a abrir uma nova trilha nos bosques de Collserola, o parque natural que circunda a cidade. O prefeito, talvez assessorado pelo conselheiro do Meio Ambiente, teria proposto que a projetada trilha partisse deste lugar específico para chegar a este outro. Pediriam, a seguir, aos habitantes de Barcelona que, em turnos, fossem transitando em fila indiana pelo itinerário previsto vezes e mais vezes (quantas fossem necessárias), até que o novo caminho ficasse claramente reconhecível e definido. É dessa maneira "racional" e premeditada que se abrem picadas em terreno agreste? Deixo a seu cargo a resposta.

O caminho foi, por acaso, fruto de um acordo ou convenção entre os que passeiam pela região? Também podemos descartar essa ideia, considerando que no aparecimento e manutenção do caminho muita gente interveio, talvez de muitas épocas diferentes, que não se conhecia entre si e que, quando passeou por essa área, não o fez para cumprir nenhum pacto coletivo prévio. Na realidade, o mais sensato é pensar que todos os que contribuíram com a abertura e conservação do caminho o fizeram *sem perceber*, certamente guiados por propósitos tão inocentes quanto cortar caminho para chegar antes a um povoado, fazer um passeio sem rumo fixo, subir a determinado lugar a fim de desfrutar de uma vista panorâmica, praticar esporte ou colher frutos silvestres. Mas, enquanto cumpriam esses planos, estavam *também* lavrando, não deliberadamente, a trilha no bosque. De modo que essa trilha foi o produto da ação dos homens, mas não do desígnio de nenhum deles; surgiu tranquila e paulatinamente, independente da vontade e até da consciência de cada um dos que contribuíram para sua formação. Podemos, inclusive, descrever essa formação como o aparecimento de uma ordem *espontânea*, uma ordem por trás da qual não há nenhuma mente ordenadora, nem individual (como pensaria um utopista), nem coletiva (como faria crer, talvez, um convencionalista).

Outro aspecto interessante é que o caminho no bosque não foi traçado com tira-linhas, mas aberto amoldando-se como uma pele às condições locais e contingentes do terreno: aproveitando essa trilha, evitando esse barranco, contornando aquela imensa rocha etc. Não é o caminho que um engenheiro teria aberto utilizando maquinaria pesada para limpar o entorno; o caminho é que modificou esse entorno aproveitando suas características gerais. O caminho não possui, por assim dizer, uma racionalidade retilínea, mas aproveita bastante bem as irregularidades do solo e se ajusta a elas.

Há coisas que fazemos em grupo sem perceber, em momento algum, que as estamos fazendo e com respeito às quais, longe de nos sentirmos autores, vemo-nos a sua mercê, como se fossem elas a controlar, sub-repticiamente, nosso comportamento. É evidente que ninguém em particular se sente autor de uma trilha no bosque. Em primeiro lugar, porque sua contribuição pessoal terá sido pequeníssima, quase desprezível; e também, em segundo lugar, porque, como já disse, não abriga nenhum propósito consciente de formar ou manter um caminho quando passeava por ali. Essa sensação de *vazio de autor* (se é que alguém a experimenta, coisa que duvido) pode ser chamada de "alienação", caso estejamos interessados em utilizar o imponente vocabulário de Hegel ou de Marx: cada transeunte, se sentisse alguma coisa, se sentiria alienado ou estranho diante de um fenômeno que foi emergindo como se dotado de vida própria, independente da vontade de todos os que, na realidade, o foram criando; e que parece, além disso, exercer um sutil *efeito constritor* sobre seu próprio comportamento. Com isso quero dizer que cada transeunte encontra o trabalho prévio de desbravamento efetuado por aqueles que passaram por ali antes dele, e isso o convida a aproveitar o caminho já aberto (em vez de atravessar o campo), e com isso ele também estará cooperando (sem, em nenhum momento, perceber isso) na facilitação do trânsito por essa área para os que vierem a seguir, contribuirá para convidá-los também a não se afastarem do caminho, e sim aproveitá-lo. Uma vez consolidado um caminho, tenderá a persistir, pois aqueles que se separarem dele serão "castigados" pelas inclemências de atravessar o campo. Uma trilha aberta em um bosque torna-se o que se conhece como *equilíbrio de coordenação*: os que se afastam de seu seguimento não têm nenhuma vantagem com isso, e são penalizados por seu comportamento "indisciplinado". É um equilíbrio de coordenação, embora ninguém tenha se coordenado expressamente com outro sobre nada; comporta-se como uma convenção sem que haja existido convênio algum.[2]

Em resumo, quem transita por uma trilha aberta em um bosque fechado experimenta (se experimentarem alguma coisa) alienação e sensação de indefensabilidade diante desse fenômeno coletivo evolutivamente surgido. Alienação porque ninguém se sente artífice do que aconteceu (ao contrário, dá a impressão subjetiva de que o caminho foi feito por ninguém em momento algum, que está "aí fora" de bobeira e desde toda a eternidade); e indefensabilidade porque, apesar de ter sido ele um dos responsáveis pela criação do caminho, sente-se conduzido por ele.

Chamarei de "subprodutos coletivos" acontecimentos como o aparecimento lento e evolutivo de uma trilha em um bosque. São subprodutos porque não surgiram da intenção deliberada de ninguém, mas como consequências não intencionais e residuais dos atos efetuados por pessoas que passavam por ali movidas por motivos diferentes de dar forma a um caminho. E, além disso, são subprodutos *coletivos* porque muitos indivíduos participam de sua "fabricação" sem saber que o fazem.

Como se "fabrica" uma cidade

Proponho-me a demonstrar que os fenômenos sociais mais básicos e mais profundamente incrustados na vida de um grupo humano são, essencialmente, subprodutos coletivos. Mas os subprodutos coletivos, como insinuei no caso da trilha em um bosque, são muito esquivos para nossos habituais modos de pensar. Parecem ser feitos de forma que não os percebamos, apesar de sua enorme importância. De modo que o melhor será irmos nos familiarizando com eles, comprovar que estão aqui e ali, testemunhar sua presença.

Nos primeiros compassos de sua formação, povoados e cidades comportam-se como subprodutos coletivos; o negócio dos planos urbanísticos, de qualquer maneira, vem muito depois (se é que vem). *Os Aventureiros do Ouro*, de Joshua Logan, é a história da formação e destruição espontâneas de uma cidade. A localização da futura cidade fica estabelecida quando, depois de uma carroça de fazendeiros despencar pela abrupta encosta de um monte, aqueles que estão enterrando uma das vítimas descobrem acidentalmente pepitas de ouro na correnteza de um rio próximo. A cidade começa a crescer como um povoado de mineiros que vão assentando suas barracas de lona às margens do rio, atraídos pela promessa de ouro. Por ora, são todos homens; nem uma única mulher. A ausência de todo tipo de direção consciente sobre o aspecto que a futura cidade vai tomar fica bem evidente no fato de que ninguém consegue lhe dar um nome, e no fim acabam chamando-a exatamente assim: a Cidade Sem Nome.

Entre a população masculina que foi se amontoando em torno às águas auríferas do rio, merece destaque a relação entre Ben Rumson (Lee Marvin) e seu "Sócio" (Clint Eastwood). Ben foi o primeiro a chegar em socorro aos dois irmãos fazendeiros que caíram com sua carroça pela encosta da montanha; um dos irmãos morreu, e o outro Ben adotou como "Sócio" na exploração do ouro que possa haver em uma das parcelas de terreno às margens do rio (e da qual, diga-se de passagem, tomou posse sem nada além de proclamar isso, com um grito). Ben vai repartindo o ouro que descobre com seu Sócio, diante do estupor e da desconfiança de lavrador deste, que, prejudicado como está pela queda na qual morreu seu irmão, não contribui em nada para a obtenção dessa riqueza. Certo dia, o Sócio decide compartilhar seus receios com o alegre e loquaz Ben Rumson:

– Não acho que seja justo você fazer todo o trabalho e eu ficar com a metade – começa a dizer o Sócio. – Quero dizer que a mula é sua, as ferramentas... Veja, de onde eu sou, senhor Rumson, não confiamos nos forasteiros que falam muito.
– Oh! Você me toma por um desses charlatães baratos de Nova Orleans, que lhe vendem um remédio com uma mão e com a outra lhe roubam a carteira?
– Para dizer a verdade, foi isso que eu pensei.
– Pois tem razão, Sócio – reconhece Ben. – Mas nunca roubei cavalos. Oh, semeei campos de sal, sim, e vendi uísque para os índios, e, certa vez, um cara puxou o revólver e eu o matei. Não lembro um mandamento que eu não tenha violado constantemente: nunca amei, nem respeitei nem honrei meus pais. E cobicei a mulher do meu próximo: quando houve um próximo com uma esposa, humm! Joguei e trapaceei no jogo. Mas há uma coisa que nunca fiz: jamais enganei um sócio. Se há algo sagrado, até mesmo para um charlatão como eu, é um sócio... Falta o peso de dois pennies *para quatro onças – continua dizendo Ben, que durante toda sua conversa ficou pesando ouro em uma balança. – Agora dê-me sua bolsa para eu pôr sua parte; e se você está desconfiado, trocarei sua bolsa pela minha quando quiser.*
– Bem, não o queria ofender, senhor Rumson – começa o Sócio. – E sou grato por ter salvado minha vida...
– Mas você quer saber o que eu espero em troca? – interrompe Ben.
– Sim – reconhece o outro –, quero saber a que essa sociedade me obriga.

Ben Rumson não tem problemas para esclarecer os termos de seu "contrato de amizade", concebidos por ele de um modo um tanto unilateral; e são esses:

– Quando eu tomar um porre de matar e cair na rua, espero que você vá me buscar, porque não gostaria de morrer assim. Se eu dever cem dólares a alguém, espero que você pague por mim. Se eu ficar melancólico – coisa que pode acontecer –, espero que você me faça companhia e me acalme.
– E se você se meter em uma briga? – pergunta o Sócio, um pouco amedrontado diante do caráter extremamente claro e pormenorizado que esse pacto de amizade tem para seu "sócio" Ben.

– Bem, se quatro me atacarem ao mesmo tempo, você pode me dar uma mão até que eu possa me valer por mim mesmo conclui Ben.

Aqui há algumas coisas interessantes para o comentário filosófico. Primeiro está a questão da distribuição das bolsas de ouro. Ben Rumson guia-se, nesse ponto, pelos princípios de *justiça processual perfeita.* Acompanhemos um breve trecho do filósofo John Rawls quando distingue entre justiça processual perfeita, justiça processual imperfeita e justiça puramente processual.

Imaginemos que alguém assa um bolo e o dá a Ben e ao Sócio. Como eles teriam que o repartir de modo que a divisão fosse justa? Aqui sabemos de antemão que a distribuição em partes iguais do bolo é justa. E, além disso, Ben e o Sócio contam com um procedimento que levará diretamente a esse resultado justo. Ben diz ao Sócio: "Eu primeiro corto o bolo, e depois você escolhe antes de mim". Se Ben cortar o bolo em duas porções desiguais, corre o risco de ficar com a porção menor, visto que quem corta é o último a escolher; de modo que é interesse seu ser milimetricamente exato, para que as partes sejam tão iguais quanto seu pulso o permitir. Esse é um caso de justiça processual perfeita: sabe-se de antemão o que conta como situação resultante justa (que o bolo seja dividido em partes iguais) e conhece-se também um método (quem faz a divisão é o último a escolher) que gera esse resultado sem distorção alguma. O que Ben sugere ao Sócio é uma variante desse procedimento: que, sempre que acalentar alguma desconfiança sobre sua forma de pesar o ouro, troque sua bolsa pela de Ben.

Coloquemo-nos agora em outra situação: chega um forasteiro à Cidade Sem Nome e acusa Ben de ter assassinado esse homem que ele mesmo reconheceu ter matado em um duelo com revólver. Ben se defende alegando que foi um duelo limpo, mas o forasteiro insiste em que o outro morreu sem possibilidade de se defender. Diante das dúvidas, monta-se um júri no acampamento mineiro para julgar o caso e emitir um veredicto. Aqui, o justo é que Ben seja declarado culpado se, e somente se, tiver cometido o delito que o forasteiro lhe imputa. Mas, diferentemente do que ocorria com a divisão do bolo, nesse contexto não se dispõe de um procedimento que leve com certeza ao veredicto justo; não há o equivalente a "eu primeiro corto o bolo e depois você escolhe" que tão bem funciona nos casos de justiça processual perfeita.

De fato, vemo-nos diante de um caso de justiça processual *imperfeita*: sabemos qual resultado é justo (que Ben seja declarado culpado se trapaceou no duelo, e inocente em caso contrário), mas não dispomos de um método seguro e totalmente confiável para chegar a esse resultado. Os julgamentos por delitos cometidos não deixariam atrás de si a suspeita de falibilidade se neles fosse possível um procedimento tão diáfano para se chegar ao veredicto justo quanto o que se pode utilizar para dividir um bolo. Pense, por exemplo, em *Anatomia de um Crime*, de Otto Preminger: o tenente Frederick Manion (Ben Gazzara) é culpado por ter matado o homem que violentou sua mulher? Por mais que vejamos o filme repetidas vezes, sempre nos restará uma dúvida razoável sobre o veredicto emitido nesse caso. Do que não teremos dúvida razoável alguma é da enorme habilidade com que o advogado Paul Biegler (James Stewart) conduziu todo o assunto.

Imaginemos uma última situação: Ben e o Sócio jogam pôquer com Rotten Luck Willie (Harve Presnell), o jogador mais esperto que já pisara no acampamento. Qual seria o resultado justo em uma partida de pôquer assim? Que os três ganhem a mesma coisa, como no caso da divisão do bolo? Não obrigatoriamente; de fato, se esse fosse o resultado justo em *qualquer* partida de pôquer, muito pouca gente teria vontade de perder tempo jogando pôquer. Pode ser que Rotten Luck Willie se levante da mesa depois de deixar Ben e o Sócio sem cacife, mas esse resultado pode ser justo, não obstante a divisão tão desigual do dinheiro, se Rotten Luck Willie não tiver trapaceado (coisa que em absoluto se pode afirmar). Também pode ocorrer que o Sócio, com a sorte de principiante, limpe os outros dois; e, de novo, o estado de coisas no final da partida poderia ser aceito como justo por Ben e Rotten Luck Willie, mesmo que não gostassem. Em situações como essas, não dispomos, na realidade, de uma concepção do que é justo independente do processo pelo qual se chegou ao final da partida. Nesses casos de justiça *puramente processual* aceitamos que o resultado é justo *porque* o procedimento mediante o qual se chega a ele o é: a distribuição final, quando os jogadores se levantam da mesa de jogo, será justa (embora uns tenham ganhado muito e outros tenham saído arruinados) se as regras do jogo forem justas (e tiverem sido aceitas como tal por todos os participantes) e se ninguém tiver trapaceado. Nos casos que se resolvem por justiça puramente processual, como este, a avaliação do justo ou injusto é transferida dos resultados para as regras ou procedimentos a partir dos quais os resultados foram gerados. Se as regras forem imparciais, então os resultados alcançados sob elas deverão ser admitidos como justos, por mais que uns tenham se levantado com uma parte substancialmente maior do dinheiro que havia sobre o pano verde que outros. O que não podemos fazer é julgar a correção da distribuição final independentemente do procedimento que a gerou.[3]

Dá a impressão de que o Sócio considera a divisão do ouro em pó um problema de justiça puramente processual, que pode ser resumido na frase: "o ouro para quem trabalha (e, além disso, tem a sorte a seu lado)"; enquanto Ben vê o assunto como um caso a resolver mediante justiça processual perfeita. "Se repartirmos do modo que você propõe, Sócio [justiça puramente processual]", parece lhe dizer, "você fica sem nada e eu fico com tudo. Mas isso, na minha opinião, seria injusto, pois foi o acaso que o deixou momentaneamente inválido, e *nunca*, entre mim e você, devemos considerar a divisão do ouro como um jogo de azar. Mesmo quando você já estiver bem e em condições de trabalhar, se eu tiver mais sorte que você e extrair mais ouro, devemos continuar nos atendo à justiça processual perfeita: a distribuição justa continuará sendo sempre a da metade de tudo o que extrairmos para cada um, independentemente de quem tenha contribuído mais com o fundo comum. Isso é parte do que significa para mim considerá-lo meu sócio."

Um contrato de amizade

A outra questão que interessa é a visão tão epicurista da amizade que Ben Rumson tem, e na qual a franca exigência de reciprocidade representa um papel central. Os favores – como esse que Ben está fazendo para o Sócio na divisão meio a meio do ouro – não são feitos a fundo perdido, pois esperam o reconhecimento de obrigações de reciprocidade por parte de quem os está recebendo. Os amigos estão aí para se socorrer entre si diante das imprevisíveis inclemências que o futuro lhes possa reservar. A certeza de que haverá um amigo que nos apoiará se passarmos por uma situação difícil ou amarga é uma contribuição essencial para nossa tranquilidade de ânimo no presente, agora. E se há algo que esse filósofo grego do século III a.C., Epicuro, valorizava acima de todas as coisas, era essa tranquilidade de ânimo. De modo extremamente sutil, Epicuro exalta essa contribuição da amizade para a paz de espírito: "Não obtemos tanta ajuda da ajuda dos amigos quanto da confiança em sua ajuda".[4] Não é o socorro *efetivo* do amigo que Epicuro aprecia, mas a certeza subjetiva, já no momento atual, de que se pode *contar com* esse socorro futuro do amigo em circunstâncias sobre as quais hoje não sabemos nada, mas que podem se apresentar com toda a aspereza no porvir. O porvir é o território do incerto, e viveríamos angustiados pelo que nele nos aguarda se não dispuséssemos, desde já, do conforto anímico que nos dá o fato de poder contar com os amigos para atravessar com eles essas ignotas amarguras do porvir.

Chama a atenção, isso sim, como Ben se torna explícito quando se trata de enumerar os gestos específicos de amizade que espera de seu Sócio no futuro. O normal é que a cadeia de prestações e contraprestações entre amigos aconteça sem que ninguém estipule com tanta clareza e precisão o que espera da outra parte. Mas, na realidade, percebemos que Ben não pretende ser detalhado em sua lista, e que deixa para a imaginação do Sócio completar a relação de circunstâncias em que espera receber seu apoio.

Nos primeiros momentos, a Cidade Sem Nome se autogoverna por assembleias, numa democracia direta; algo totalmente congruente com o pequeno tamanho do povoado e com o fato de que todos nele se conhecem de sobra. Mas esse sistema de autogoverno direto pode ter os dias contados: em certa ocasião, quando Ben e seu sócio vão à loja de comestíveis de Schermerhorn (Karl Bruck), tropeçam com o elegante Horace Tabor (William O'Connell), "de Massachusetts", que está comentando com satisfação a notícia de um jornal (que sabe Deus como terá chegado até ali): "Aqui diz que a Califórnia – o estado em que a Cidade Sem Nome está encravada – vai ser admitida na União. Isso é o que precisa: lei e ordem! É uma boa notícia". "Não para mim!", rebate Ben, imbuído do ânimo rebelde dos pioneiros. "Eu sempre saio correndo de qualquer território quando se torna um estado e vou para território selvagem." E, a seguir, entoa um canto sentido (em sua acepção literal; não esqueça que esse filme é um musical) dos males da civilização. Um dos aspectos que mais chama a atenção – e com certeza também mais idealizados – da Cidade Sem Nome é este: que nela vivem homens que sabem o que é estar sujeito a uma agência de proteção que pretende ter o monopólio da violência legítima (é assim que o sociólogo alemão Max Weber descrevia o Estado), mas que, apesar disso, vivem à sua margem sem, aparentemente, precisar dela para dirimir conflitos internos que, em circunstâncias normais, teriam adquirido um peso tão terrível a ponto de transformar sua coexistência em uma hobbesiana "guerra de todos contra todos". Um quadro assim é politicamente possível? Muito mais adiante, e já contando com uma caixa de ferramentas analíticas mais bem abastecida, voltaremos a essa questão.

Por ora, basta constatar que a Cidade Sem Nome conserva o carmim romântico daquilo que se tornou selvagem. E isso se torna ainda mais evidente na cena seguinte, quando vemos o impecavelmente vestido e engravatado Haywood Holbrook (Benny Baker) – o político local, se é que cabe falar assim – esgoelando-se para pedir a todos, aos gritos, que compareçam a uma "reunião de cidadãos"; em vez disso, os descamisados da Cidade Sem Nome entregam-se sem inibições à dança e à bebida, espontaneamente, com essa vitaminada simpatia pela existência que se espera encontrar entre alvoroçados colonos.

A folia acaba afogada por uma tempestade torrencial. O Sócio ficou de fora da bagunça porque nem bebe nem pode dançar (ainda se arrasta mancando sobre suas muletas), e com isso perdeu Ben de vista. Enquanto vai procurando por ele em todo o acampamento, tem oportunidade de saldar uma das dívidas de amizade que contraíra com ele: paga oitenta dólares para Ezra Atwell, o taberneiro (Robert Easton), que lhe explica não só que Ben lhe devia, mas que ia contando pelo povoado que seu Sócio se encarregaria do pagamento se ele não pudesse. E, de fato, Ben não pode isso nem muitas outras coisas: o Sócio o encontra jogado na lama, à intempérie, meio bêbado e imerso em melancolia. O Sócio, que já tem bastante dificuldade para carregar seu próprio corpo, ajuda-o como pode a voltar à barraca, no meio do aguaceiro, nessa noite de cão capaz de anuviar o ânimo do mais otimista dos seres humanos.

– Atwell lhe pediu oitenta dólares? – pergunta Ben ao Sócio, como se repassasse o cumprimento das cláusulas do contrato de amizade selado entre eles.

– Sim, eu paguei – responde o Sócio. – Hã, suponho que, quando me disse que o recolhesse se o visse bêbado na rua, referia-se a casos como este.

– Sim – confirma Ben –, e que fosse meu companheiro nesses momentos de desespero.

– Serei. Somos sócios, não?

– Ouça – propõe Ben –, gostaria que me chamasse de você.

– Ok, Ben.

Um novo tipo de contrato matrimonial

Com o inverno e suas destemperanças chegando, os mineiros da Cidade Sem Nome sentem o peso insuportável da solidão, as asperezas de uma vida sem o conforto da civilização e, principalmente, sentem falta da companhia feminina. Mas com o degelo da primavera chegam as mulheres; a propósito, uma estranha caravana: um mórmon com suas duas esposas, uma delas com uma criança de colo. O espetáculo deixa os rudes pioneiros pasmos; um deles até desmaia sem cerimônia.

Depois de uma recepção mais que gentil, os homens da Cidade Sem Nome começam a pensar que o mundo está mal dividido, que não é justo que Jacob Woodling, o mórmon, tenha duas jovens e lindas esposas enquanto eles estão há meses em jejum de tão delicioso manjar. Logo montam um leilão no acampamento, e o que se leiloa – você já deve ter adivinhado – é a esposa do mórmon que não é a mãe do bebê: Elizabeth Woodling (Jean Seberg). Na Califórnia não se reconhece o casamento múltiplo, e, embora na Cidade Sem Nome se viva quase completamente à margem da lei, todos acham que, evidentemente, é muito conveniente respeitar *essa* específica lei do estado da Califórnia.

Quando o leilão de Elizabeth está em andamento, percebemos que na Cidade Sem Nome ainda convivem uma economia de troca e outra baseada no dinheiro:

– Ordem! Ordem! – pede Holbrook, o presidente das assembleias de cidadãos. – Vamos fazer este leilão com ordem. E não admitimos lances no escuro! A última oferta foi de duzentos e sessenta e cinco dólares e duas mantas.

– Duzentos e sessenta e cinco dólares, duas mantas e um saco de farinha – acrescenta alguém do público.

– E um saco de café e um saco de duas libras de açúcar – oferece o ferreiro-veterinário.

O leilão acontece enquanto Ben Rumson está curtindo uma de suas habituais bebedeiras, completamente alheio à clamorosa novidade que chegou ao acampamento. Mas Ben sai de sua sonolência etílica a tempo de participar e dobrar a última oferta feita e, ato contínuo, torna a afundar, estupefato, na mais densa inconsciência. Quando volta a si, está já casado com Elizabeth, a única mulher em várias milhas, depois da partida do mórmon e de sua família.

O casamento com a linda Elizabeth começa como um leito de mel para esse solitário indômito; mas logo seu bom caráter acaba azedando pelos inevitáveis ciúmes de quem se sabe o sortudo proprietário da única mulher das redondezas. Digo bem quando falo de "proprietário", pois o contrato de casamento tomou, na realidade, a forma de um contrato de compra e venda de um bem móvel. "Vai se casar", havia anunciado Holbrook, essa mistura de leguleio e político, referindo-se a Elizabeth, "segundo as leis vigentes desta comunidade, que são as leis das minas. E será tratada igual a qualquer outra coisa legal."

Transformado no palhaço do acampamento por seus ciúmes doentios e incontroláveis, o problema de Ben é tratado em uma dessas inefáveis demonstrações de democracia, uma assembleia que de tempos em tempos se observa na Cidade Sem Nome. É o próprio Ben quem propõe a solução para seus males: aplacar a onda de lascívia que invade o acampamento por conta de sua esposa raptando um grupo de seis prostitutas francesas que sabem que vão em diligência de São Francisco a Sonora e devem passar pelas imediações do assentamento mineiro. É verdade que a civilização já havia penetrado discretamente no acampamento quando Elizabeth, a recente esposa de Ben, pediu a ele que lhe construísse uma sólida cabana de madeira para se proteger do inverno. Mas a verdadeira entrada dos hábitos civilizados será propiciada, como sempre, pelo comércio; nesse caso específico, o comércio carnal: se finalmente optarem pelo rapto das sabinas francesas, será construído o primeiro edifício de dois andares na Cidade Sem Nome, com o térreo aos cuidados de Rotten Luck Willie e suas mesas de jogo, e com o segundo andar transformado em casa de tolerância. Tudo isso fará que afluam forasteiros e dinheiro aos montes e que a fisionomia da Cidade Sem Nome vá sendo alterada de maneira talvez irreversível. Ninguém deseja isso. Ou deseja?

– É horrível, sim, horrível – admite Ben, com ferocidade farisaica, diante da metamorfose que se avizinha e que sua mente vê vivamente. – Transformarão este acampamento em uma cidade florescente, e não queremos isso.

– E muito rapidamente haveria outro salão – reforça o Sócio, que acompanha o jogo de Ben.

– É! E outro bordel – acrescenta Ben. – E outra casa de jogo.

– E outro bordel.

– E outro hotel.

– E outro bordel. Então – continua Ben, já parando de contar bordéis –, os terrenos subirão de preço. Os proprietários ganharão mais dinheiro do que ganharam em toda sua vida procurando ouro.

– Esses homens não vieram para cá para forjar uma nação – continua o Sócio com a farsa. – Quem pensam que são?

– Isso! – insiste Ben, continuando com o simpático jogo duplo – Isso é para homens com grandes sonhos, com visão da grandeza da América! Bem, estou avisando, se querem transformar isto em uma cidade florescente, em uma metrópole cheia de milionários, tudo o que têm que fazer é montar um salão de dois andares com jogo e mulheres.

– Eu digo que façamos uma votação! – propõe Rotten Luck Willie, excitado diante da "horrível" visão de decadência que Ben acaba de suscitar na imaginação de todos. – E quem se opuser será um traidor deste território!

– Todos os que forem a favor de trazer a prostituição para este acampamento, que digam sim – anuncia Holbrook, o presidente da assembleia.

– Siiiimm! – é o rugido unânime dos entusiasmados participantes.

Tudo acontece mais ou menos segundo o vaticínio de Ben e do Sócio; tudo, salvo um detalhe nada insignificante: durante a ausência de Ben – que foi à caça das prostitutas francesas – começa a nascer a paixão do Sócio por Elizabeth, que não demora em corresponder. Primeiro aquele e depois ela contam a Ben a nova situação sentimental. Diante disso, este interpreta que está sobrando. Mas Elizabeth, a muito encantadora Elizabeth, vê as coisas de outro modo: quer os dois, o Sócio e Ben, e propõe uma sociedade marital da qual os três participarão. Os dois homens custam a assimilar esse golpe de audácia e de criatividade na forja de novas regras de convivência sugerido por Elizabeth. Mas a ela não faltam argumentos para apoiar sua inovação moral:

– Eu fui casada com um homem que tinha duas esposas – alega.– Por que uma mulher não pode ter dois maridos?
– Porque não pode – balbucia o Sócio.
– Mas por quê?
– Quer explicar, Ben? – rende-se o Sócio.
– Gostaria de fazê-lo, Sócio, mas que me matem se eu puder dar uma explicação. Você sabe que aqui vamos ditando nossas leis conforme andamos. Vem um homem com duas esposas e vende uma em leilão público. Ooops! Ninguém acha estranho. Precisamos de companhia feminina e sequestramos seis mulheres sem pensar duas vezes. Pois se dois sócios querem compartilhar uma esposa, por que não o podem fazer? Aqui não é Michigan; é o país do ouro. Que diabos, este é um país dourado, ainda não foi estragado pelas mãos do homem! Os homens desta terra ainda podem cuspir na civilização! Ninguém depende de ninguém. Se a pessoa quer, ama seu próximo, e se não quer, não ama. O indivíduo aqui é silvestre, humano, livre. Em todos os estados, aos domingos, pregam contra isso, mas eu não acho que Deus os ouça. E sabe por quê? Porque Ele está aqui, na gloriosa Califórnia!

E assim Ben conclui sua ardente alegação em favor de uma plena autonomia moral, sem a interferência de tradições ou leis religiosas (mas faz-se uma vaga alusão ao fato de, nos Dez Mandamentos, não haver nada que proíba uma mulher de ter dois esposos), nem de uma autoridade central que descarregue sobre indivíduos administrados um vendaval de leis escritas e congeladas de antemão. Páginas adiante veremos quanto há de provável ou improvável nesse quadro de pessoas que podem se permitir o luxo de ser exploradores independentes do território legal e moral (como já são do território físico) e ir configurando "enquanto andam", como diz Ben, suas regras de comportamento em relação aos outros, sem nada além de satisfazer o requisito de consentimento de todas as partes envolvidas.

Em questão de meses, Elizabeth passa do regime poligínico dos mórmons a um peculiar experimento poliândrico: a partir de então, será a esposa de dois homens, cada um dos quais será seu marido para todos os efeitos em dias alternados. Os pequenos grupos sociais, não invadidos ainda pelo Estado, permitem tal poder autorregulador de suas vidas a todos os seus componentes? Seja qual for a resposta para essa pergunta, não serei eu a pôr em dúvida toda a carga de sedução que há nesse panorama de sociedade anárquica e, ao mesmo tempo, organizada e pacífica; uma espécie de paraíso, como esse "estado de natureza" pregado como desejável em sua época por Jean-Jacques Rousseau, só que com propriedade privada.[5]

Ascensão e queda da Cidade Sem Nome

O que realmente cresce de maneira anárquica e ao mesmo tempo organizada é a Cidade Sem Nome: sem plano urbanístico algum, enche-se de ruas, casas, comércios. Erguida originalmente como povoado mineiro, mantém-se e cresce agora por outros motivos; não é mais o setor extrativista ou primário que a sustenta, mas o setor terciário ou de serviços. A Cidade Sem Nome é, agora, um centro comercial e de negócios, populoso, heterogêneo. Tem dezesseis salas de jogo, sete hotéis, 21 salões e outros centros comerciais. O crescimento da cidade – na qual só faltam uma igreja, uma escola e um tribunal para se tornar uma urbe de verdade – fez a quente temperatura emocional que prevalecia nos velhos tempos do assentamento mineiro de ambos os lados do rio esfriar um pouco, e essa alteração desperta nas almas românticas, rousseaunianas, de alguns de seus povoadores uma aversão visceral. "Odeio ver no que esta cidade se transformou", reconhece Elizabeth. Também o Sócio odeia a si mesmo: deixou de ser essa espécie de lírio da paz que conhecíamos, e agora joga pôquer, embebeda-se, entrega-se aos prazeres do lupanar e, ainda por cima, está infectado pela febre do ouro. Conforme foi mudando a paisagem urbana, foi se modificando a paisagem moral.

Também cresceu a policromia de ofícios: não há mais apenas mineiros, mas também fazendeiros, advogados, contadores, prostitutas, um pregador...

E os “recicladores de ouro”. Os veios de ouro estão se esgotando na Cidade Sem Nome, mas Ben, o “louco” Jack Duncan (Ray Walston) e outros poucos percebem a quantidade de ouro em pó que se infiltra por entre as tábuas do piso do hotel dirigido por Rotten Luck Willie. Começam a escavar uma rede subterrânea de túneis para, assim, poder recolher o ouro que cai no subsolo dos diversos comércios da cidade..., um ouro que, depois, tornarão a gastar nesses comércios.

Enquanto as escavações no subsolo continuam em bom ritmo, na superfície prepara-se um espetáculo circense: a luta entre um touro e um urso. A essa altura, a cidade já está esburacada pela rede de galerias subterrâneas como um queijo Gruyere, e com isso o touro afunda, por seu próprio peso, na terra e acaba nas entranhas da urdidura de túneis. Em sua enlouquecida corrida através deles, vai destruindo as colunas que encontra em seu caminho; como efeito disso, em cima, as ruas da Cidade Sem Nome abrem-se como se um terremoto as estivesse percorrendo, e a cidade acaba quase totalmente engolida pela terra. Do mesmo modo que a Cidade Sem Nome foi se autoajustando sem plano algum, sem plano algum acaba sob a terra pela cobiça de mineiros que tinham outro desígnio muito diferente na cabeça: enriquecer com o ouro em pó que escorria pelos pisos dos vários comércios do lugar. A sede de ouro erigiu a cidade, e essa mesma sede também sem propósito consciente a derrubou. Mas isso não durará: sobre seus escombros se erguerá uma cidade com nome e também “com casinhas brancas, escolas, igreja, tribunal, museu”, enumera Ben com cara de nojo enquanto abandona, em uma carroça, o lugar, para ir para qualquer lugar, desde que seja “a cem milhas da civilização”.

Embora a Cidade Sem Nome apresente uma ordem espacial sem nenhum plano organizador explícito por trás – sem que ninguém tenha dito a ninguém onde tinha que erguer sua própria casa ou estabelecimento –, pode continuar sendo um mistério o modo como coisas assim acontecem. Que acontecem é óbvio; é o *como* que parece desconcertante se pararmos para pensar nisso. Talvez o exemplo em miniatura de autoformação de ordem espacial com que abrimos o capítulo seguinte ajude a compreender melhor a natureza do processo e algumas de suas interessantes implicações.

NOTAS

1 O exemplo da formação de uma trilha em um terreno agreste como subproduto coletivo encontra-se em Friedrich Hayek, *The Counter-Revolution of Science*, Indianápolis, Liberty Press, 1979, p. 70 e 71.

2 O equilíbrio de coordenação mais citado é o que já apareceu no capítulo anterior: dirigir um carro pela direita da rua (na Grã-Bretanha, pela esquerda). Quem dirige pela esquerda, além de prejudicar os outros, está agindo também contra si mesmo. Os equilíbrios de coordenação costumam ser, por isso, fortemente autorreforçados: não é necessário pôr guardas para garantir que sejam cumpridos. São cumpridos espontaneamente porque ninguém tem interesse em se afastar deles. É literalmente suicida violar essas convenções: prejudica seriamente a própria saúde fazer isso.

3 John Rawls, *A Theory of Justice*, Cambridge (Massachusetts),Harvard University Press, 1971, p. 84-87 [Edição brasileira: *Uma teoria da justiça*, São Paulo, Martins Fontes, 2002].

4 Epicuro, *Obras completas*, Madri, Cátedra, 1999, p. 101. Trata-se de uma de suas *Sentenças Vaticanas*, a número 34.

5 Refiro-me ao Rousseau do *Discurso sobre el origen y los fundamentos de la desigualdad entre los hombres*, Alianza Editorial, Madri, 1990. [Edição brasileira: *Rousseau*, São Paulo, Abril Cultural, 1983 (Coleção Os Pensadores).]

TRILHAS NA NÉVOA
A Dama de Shangai

Tanto este capítulo quanto os quatro seguintes foram pensados para que acabemos de nos familiarizar com os subprodutos coletivos, o modo espontâneo como emergem (sua gênese não racional, o que não significa que sejam irracionais), sua importância – difícil de ponderar – na vida de um grupo humano e a contribuição para sua complexidade. Também veremos se o curso espontâneo que seguem em sua formação garante a qualidade dos resultados ("eficiência" ou "otimização" são palavras que costumam ser mais utilizadas nesse contexto, mas não se deixe intimidar pela fragrância técnica que esses termos exalam); ou se, pelo contrário, há subprodutos claramente degenerativos que estão implorando por uma intervenção que os repare. Assim sendo, que tipo de intervenção reparadora ou restauradora é a mais aconselhável?

Como se vê, trata-se de questões um tanto abstratas e que nem sequer aparecem com frequência (com a frequência que sem dúvida merecem) nos textos de teoria política. Embora eu tenha entremeado exemplos na exposição para que você não perca de vista o tipo de coisa de que estamos falando, tenho consciência de que esses capítulos vindouros e "caminhantes" (em todos eles continuamos falando de trilhas, e algumas delas lhe parecerão, talvez, mais montanhosas do que gostaria) exigirão uma atenção mais intensa e talvez representem uma leitura mais pedregosa. Espero, de qualquer maneira, que os benefícios da compreensão possam ressarci-lo, mesmo que só parcialmente, pelo esforço empenhado em tentar compreender.

A sala de conferências de Schelling

Thomas C. Schelling (agraciado com o prêmio Nobel em 2005) é um economista de enorme perspicácia e senso de humor. Dá prova de ambas as coisas – perspicácia e senso de humor – quando conta algo que lhe aconteceu quando foi convidado para dar uma palestra diante de um "grande público".[1] Como que para desmentir esse alentador vaticínio, Schelling notou, com certo alarme, que – pelo menos por trás das cortinas onde aguardava o início do ato – esse negócio de "grande público" parecia uma brincadeira cujo lado jocoso era, nesse momento, incapaz de entender: acontece que as doze primeiras filas da plateia – as únicas que conseguia ver – estavam desertas, apesar de já ter chegado a hora marcada para começar a palestra. Mas mais alarmado ficou quando seu anfitrião subiu ao palco e deu início à apresentação do ato diante de um público inexistente. Tratava-se de uma brincadeira? Alguém tentava pôr à prova sua seriedade e seu senso de humor, bem conhecidos, com algo que tinha toda a aparência de ser uma farsa? Com compreensíveis reticências, Schelling acabou atendendo aos cada vez mais urgentes gestos do anfitrião para que entrasse no palco e ocupasse seu lugar na tribuna do orador.

Quando, finalmente, assim o fez, descobriu, para sua surpresa, que havia mais de oitocentas pessoas na sala, que a abarrotavam por completo desde a décima terceira fila até a parede do fundo. Com a estranha sensação de ser um messias "dirigindo-se a uma multidão aglomerada na margem oposta de um rio", Schelling deu a palestra e, no fim do ato, faltou-lhe tempo para perguntar aos anfitriões por que haviam distribuído assim o público, com as doze primeiras filas vazias e as 24 restantes cheias, transbordando de gente. Os organizadores esclareceram que os presentes haviam se sentado de acordo com seu gosto e conveniência, e que não haviam sido contratadas pessoas para fazer, expressamente, que o público se sentasse daquela forma.

Schelling aceitou, evidentemente, o esclarecimento, e isso o levou, depois, a admitir que a ordem espacial que reinava na sala poderia, com efeito, não obedecer a nenhum plano diretor, mas ser um efeito não intencional dos motivos que levaram cada pessoa em particular a se sentar da maneira que mais lhe apetecia. Schelling tentou imaginar quais poderiam ter sido esses motivos. Pode ter acontecido, por exemplo, de o público ter optado por se sentar atrás dos que já estavam sentados ao chegar, e em nenhum caso na frente, talvez por timidez, talvez para assim poder sair, se a palestra fosse chata, sem chamar excessivamente a atenção ao se levantar e ir embora. Outra possibilidade é que tenha entrado em jogo um certo instinto de sociabilidade e isso tenha levado os ouvintes a se acomodarem como o fizeram: cada um dos que ia chegando queria se sentar perto de onde já houvesse gente, e evitar, assim, ficar ostensivamente sozinho. De fato, Schelling aventou um conjunto bastante completo de outras possíveis preferências individuais, todas as quais, tendo sido seguidas pelo público, teriam feito que sua distribuição pela plateia tomasse esse aspecto "desenhoide" que ele observou.[2] Como Schelling não assistiu ao processo pelo qual a sala foi se enchendo, não podia descartar como falsas algumas das hipóteses imaginadas; e, por outro lado, o mais provável é que as preferências do público sobre como se sentar mostrassem uma certa dispersão, e que a timidez fosse o motivo dominante de uma parte do auditório, o impulso gregário o de outra parte, e assim com os demais motivos levados em conta por Schelling.

Não obstante, podemos, por curiosidade, nos entregar a especular sobre a possibilidade de uma única preferência, o impulso gregário, ter movido todos os ouvintes; assim sendo, a primeira pessoa que entrou na sala e se sentou foi, sem saber, decisiva para se entender o aspecto que depois a plateia assumiu, com as doze primeiras filas desertas e o resto ocupado. Se essa pessoa houvesse optado (talvez por ser míope ou um pouco surda) por se sentar na parte dianteira, então, conforme fossem se ajeitando a seu redor os ouvintes que chegaram depois, o quadro espacial que o público teria adotado por último seria bastante diferente, com as primeiras filas cheias de gente e as do fundo vazias. O panorama oferecido pelo público sentado teria sido, pois, extremamente sensível às condições iniciais; e essa espécie de experimento mental, com o "efeito borboleta" incluído, teria sido útil para revelar, entre outras coisas, que a ordem espacial apresentada era só uma das possíveis, e que havia outras formas de o público se sentar na sala que Schelling também pôde contemplar.

Evidentemente, essa ordem espacial – não tendo sido controlada pelo público nem pelos anfitriões – só pode ter sido um subproduto coletivo dos gostos e decisões pessoais dos presentes ao ato; cada um dos indivíduos do público escolheu um assento guiado por esses gostos, sem dar-se conta, em nenhum momento, de que suas decisões, combinadas com as dos outros, estavam fazendo brotar, sem pressão intelectual alguma, um padrão global que parecia, não obstante, ter sido delineado ou projetado (como pareceu, de início, ao próprio Schelling).

Como acontece, geralmente, com os subprodutos coletivos, o fato de ninguém se sentir autor nem responsável pela configuração global obedece não só ao tamanho diminuto de cada contribuição individual, mas também ao fato de a atenção de cada ouvinte estar concentrada na escolha de que assento iria ocupar, e não no aspecto geral que a sala adotaria por ele ter feito essa específica escolha de assento. Nem sequer teria parado para pensar nisso: foram oitocentas pessoas decidindo, cada uma por sua conta, onde se sentar, de modo que nada tem de estranho que nenhuma dessas oitocentas pessoas se sinta autor ou responsável pela ordem espacial que foi emergindo pouco a pouco impulsionada por suas escolhas. Como acabo de dizer, a contribuição de cada um nessa ordem foi muito pequena para que possa sequer perceber que seu ato de se sentar influenciou um pouco no estado final de coisas. Entretanto, a distribuição espacial agregada dependeu do que fizeram todos e cada um deles. Se não, do que mais dependeria? Tudo o que aconteceu foi o resultado das ações de cada um, mas não dos propósitos de ninguém.

Outro detalhe de singular importância foi o caráter assíncrono das contribuições individuais na estrutura espacial observada: o público não entrou todo ao mesmo tempo nem teve oportunidade de realizar antes uma assembleia ou reunião fora da sala de conferências para entrar em acordo sobre o lugar que cada um deveria ocupar ao entrar. Nessas condições, cada um dos que chegava encontrava um panorama de lugares já ocupados, e esse é um dado que teve que dar por certo (indiscutível). E outra coisa: esse panorama já dado exercia um certo *efeito constritor* sobre o assento que ele fosse finalmente ocupar.

Acontece, aqui, algo similar a isso que víamos em relação à trilha aberta no bosque: o trabalho anterior de todos os que andaram por essa área condiciona o comportamento dos transeuntes que vierem a seguir; é mais fácil continuar transitando pelo terreno já desbravado e mais difícil fazê-lo por outro lugar. Cada um é como o herdeiro de uma ordem originada involuntariamente pelos transeuntes anteriores, e ele fará seu pequeno óbolo ou contribuição a essa ordem que, em seu momento, herdarão os que vierem depois. É verdade que nos primeiros compassos da formação de um caminho há muita indefinição; na realidade, muitas outras trilhas foram possíveis; mas apenas um itinerário se destaca dos restantes e se torna dominante (alcança uma certa "massa crítica"), e os atos dos outros transeuntes contribuirão para torná-lo *ainda mais* dominante. Esse tipo de fenômeno é conhecido como "externalidade de rede": quanto mais pessoas usam algo, mais gente estará disposta a usar esse algo.[3]

Tubarões e termostatos

As externalidades de rede fazem cada um dos que se integram a uma rede de usuários se beneficiar com o trabalho prévio dos que a configuraram no passado; por sua vez, esse trabalho proporcionará vantagens aos que venham a seguir e facilitará sua integração na rede. Se houver mais de uma rede de usuários, aquela mais concorrida e que antes alcançar a massa crítica é que conseguirá desbancar seus rivais e ficar com o campo todo. É assim que costuma ser contada a história da luta entre os sistemas VHS (*Video Home System*) e Beta para se apoderar do mercado de videocassetes. No começo, o mercado estava dividido em partes quase iguais entre ambos os sistemas e, embora pareça que o Beta era tecnicamente superior ao VHS, o caráter muito aberto dos primeiros compassos nessa luta pelo mercado tornava impossível prever quem acabaria levando a melhor. Foi o VHS que tirou alguns corpos de vantagem no começo dessa pendência por ganhar cotas de mercado. A partir daí, as externalidades de rede fizeram sua parte: as lojas especializadas ofereciam mais filmes em VHS que em Beta, os videoclubes compravam mais fitas gravadas em VHS que em Beta, havia cada vez mais amigos que consumiam VHS e com quem era possível trocar filmes. À medida que mais gente entrava na rede VHS, mais provável era que houvesse novas adesões..., como também que se dessem baixas e desligamentos da rede Beta.

As economias de escala operavam na mesma direção. Fala-se de "economias de escala" quando o custo por unidade para produzir um artigo é reduzido com o aumento da quantidade de artigos produzidos. As empresas que produziam videocassetes em VHS, dispondo de uma maior cota de mercado, podiam produzir mais equipamentos e mais baratos que a concorrência, o que os levou a ampliar ainda mais sua cota de mercado e deixar o sistema Beta cada vez mais claramente contra a parede. E, evidentemente, os mesmos mecanismos de externalidades de rede e economias de escala teriam dado a vitória final ao Beta se fosse esse formato a levar uma certa vantagem no começo de todo o processo.[4]

Externalidades de rede e economias de escala são forças de retroação (ou retroalimentação) positiva: magnificam minúsculas flutuações iniciais, recrudescem-nas. Um exemplo de retroação positiva se dá quando aproximamos muito um microfone de um alto-falante. O microfone está preparado para captar qualquer pequeno som do ambiente, amplificá-lo e transmiti-lo pelo alto-falante, que, se estiver perto do microfone, proporciona a este uma nova entrada de som (mais alta), que será também amplificada etc. Forma-se, assim, um ciclo de retroação positiva no qual o produto de uma etapa serve de alimento ou entrada para um novo ciclo amplificador na seguinte, até que, no final, alcança-se um estouro de uivos que chiam. A propósito, já que falamos nisso, um estouro de gado (como o que aparece em *Rio Vermelho*, de Howard Hawks) é um processo de retroalimentação positiva; e também os "estouros" compradores ou vendedores de ações da Boa Esperança que vimos no segundo capítulo deste livro, no filme *Loucuras de Milionário*: perturbações diminutas no começo de um processo vão sendo magnificadas em seu transcurso.

Mas o melhor exemplo cinematográfico que conheço de um processo descontrolado, que se realimenta (essa expressão, aqui, é muito oportuna) de suas próprias consequências em fases anteriores, é a história dos tubarões que Orson Welles conta em *A dama de Shanghai*:

> *Vou lhes contar uma história. Uma vez, margeando as costas do Brasil, vi o oceano tão escurecido pelo sangue que parecia negro, e o Sol se ocultava por trás da linha do horizonte. Paramos em Fortaleza e vários marinheiros pegaram o equipamento para pescar um pouco. Eu fui o primeiro a fisgar alguma coisa: era um tubarão. Depois apareceu outro, e outro, e outro, até que todo o mar se encheu de tubarões e mais tubarões.*

Não se podia ver a água. Meu tubarão havia se soltado do anzol, e o cheiro, ou talvez a mancha (porque sangrava aos borbotões), fez os outros enlouquecerem; aqueles animais se devoravam entre si; em sua loucura, comiam-se uns aos outros; sentia-se o frenesi do assassinato, como o vento açoitando os olhos; e sentia-se o cheiro da morte que emanava do mar. Nunca havia visto nada pior... E sabem de uma coisa? Nem um único dos tubarões daquele rebanho enlouquecido sobreviveu. Agora os deixo.

Se as forças de retroação positiva acentuam, inclusive até o paroxismo, tendências que despontam nas etapas iniciais do desenvolvimento de um fenômeno, as forças de retroação (ou retroalimentação) *negativa* corrigem distorções em relação a um certo objetivo que é ou se tem como desejável. Se o acoplamento de um alto-falante e um microfone é o exemplo clássico de retroação positiva, o termostato de um sistema de aquecimento o é de um mecanismo de retroação negativa: quando a temperatura do quarto cai abaixo da indicada no termostato, este reage fazendo com que o aquecimento funcione e o ambiente se aqueça; se a temperatura exceder uma segunda marca fixada no termostato, este emite a "ordem" para a caldeira deter-se. Qualquer separação muito evidente do objetivo desejado é "castigada", e desse modo os valores desejados são restabelecidos.

Mas voltemos às forças de retroação positiva. Pensemos nas externalidades de rede: por sua capacidade de intensificar tendências incipientes, vêm muito a calhar para formar equilíbrios de coordenação (padrões, convenções) de maneira espontânea ou quase espontânea. Hoje, pode nos parecer que a configuração dos relógios analógicos sempre foi a mesma, mas esse não é o caso, como mostra o relógio da catedral de Florença, criado por Paolo Uccello em 1443, que tem 24 horas assinaladas (e não doze) e cujos ponteiros se movem em sentido anti-horário. O teclado QWERTY das máquinas de escrever (assim chamado pela disposição das letras da fila superior, começando pela esquerda) era só um dos possíveis e foi considerado equilíbrio de coordenação ou teclado datilográfico padrão somente no começo do século XX.

Já mostrei que a forma de o público se sentar na sala de conferências de Schelling também era apenas uma das possíveis e que cada nova pessoa que entrava na sala levava em consideração a forma como o espaço disponível havia sido usado pelos que a precederam; e ela, por sua vez, ao tomar finalmente assento, estava condicionando as decisões dos que viessem a seguir.

Dependência do caminho

Para entender a configuração espacial cujo contorno o público da conferência de Schelling acabou desenhando é preciso levar em consideração, portanto, não só seus gostos já formados sobre como se sentar, mas também a *sequência* específica em que foram chegando e ocupando os assentos; em outras palavras: a história importa. *Com as mesmas preferências* sobre como se sentar, cada novo ouvinte que entrar na sala de conferências se acomodará em um lugar ou em outro (até mesmo em uma área da plateia ou em outra), dependendo da estrutura herdada com que se encontra, isto é, da disposição de lugares ocupados que observar ao chegar. A história passada condiciona o curso da história futura e faz que esse curso, apesar de continuar aberto e de ser imprevisível, não seja qualquer um conceitualmente possível; o conjunto de todos os estados antecedentes repercute sobre quais estados subsequentes podem ser descartados e quais são mais prováveis. Acontece, efetivamente, de o grosso da história passada *pesar* sobre a história futura: a história passada é também história pesada.

Em tudo isso que acabo de dizer não há sombra alguma de determinismo histórico: os acontecimentos anteriores sempre puderam ser de outra forma, e qualquer mudança na sequência desses acontecimentos poderia ter feito a história posterior tomar um rumo completamente diferente. Insisto em algo que já disse: se o primeiro a chegar à palestra houvesse se sentado na parte dianteira da plateia, talvez o aspecto final dela houvesse sido muito diferente daquele que Schelling viu. Essa dependência dos futuros possíveis dos acontecimentos que já ocorreram no passado, *junto* com a afirmação de que essa cadeia de eventos passados poderia ter sido diferente do que foi e que talvez pequenas mudanças nessa cadeia pudessem ter influenciado toda a sequência histórica posterior, permite apresentar as explicações históricas afastadas tanto do determinismo ("aconteceu a única coisa que podia acontecer") quanto da completa indeterminação ("qualquer coisa pode acontecer a qualquer momento"). Cada acontecimento histórico depende do caminho de estados antecedentes que a ele conduziu, e o conjunto desses estados antecedentes junta-se sobre o presente, fazendo que o futuro não seja equiprovável em todas as direções: qualquer coisa *não* pode acontecer a qualquer momento. É exatamente isso que faz que os acontecimentos históricos exijam explicação absoluta: nem todos têm a mesma probabilidade de ocorrer. Como diz Jorge Wagensberg, se no Universo tudo fosse equiprovável, não haveria nada a compreender; só uma ruptura da equiprobabilidade (há coisas que acontecem com mais frequência que outras, e também há fenômenos mais prováveis que outros no porvir, considerando o passado) desperta o apetite humano por conhecer e entender.[5]

Esse efeito constritor da história passada sobre o presente faz que o estado final alcançado seja inteligível à luz dos acontecimentos anteriores e que, ficando a intervenção de cada indivíduo, por tudo o que os precedentes fizeram, assim suavemente comprimida, seja possível haver auto-organização espacial na Cidade Sem Nome e na sala de conferências de Schelling. Mas essa mesma dependência do caminho nos faz perceber que não há motivo algum para pensar que essa ordem finalmente suscitada seja a melhor, ou a mais eficiente, ou a ótima. Por que haveria de ser? O efeito constritor dos fatos passados propende a intensificar tendências contingentes (que foram essas, mas também poderiam ter sido outras); o mesmo caráter histórico de tudo o que acontece, e que seja um subproduto não planejado, fará cada contribuição nova retroalimentar positivamente as que aconteceram antes, acentuando, assim, as tendências ou desvios observados nos acontecimentos passados, independentemente de tais desvios serem bons ou maus. O fato de a história importar e pesar *pode* fazer que, diante do que Hegel defendia, o real seja cada vez mais irracional, que um processo vá tomando um rumo prejudicial para aqueles que, sem pretender, ajudam a aprofundá-lo nesse rumo.

Quando a história passada é história pesada

O teclado QWERTY, do qual já falei antes de passagem, costuma ser um exemplo de como a mera persistência de um fenômeno não é, absolutamente, garantia de sua superioridade diante de outros que também poderiam ter ocorrido. O QWERTY foi elaborado em 1873 por Christopher Scholes, em uma época em que as teclas das máquinas de escrever tinham tendência a encavalar quando eram pressionadas. O teclado de Scholes visava aumentar ao máximo a distância entre as letras de uso mais frequente em inglês, de modo que o datilógrafo tivesse que teclar mais devagar e, assim, desse oportunidade às teclas pressionadas de se recuperarem. Em 1904, o QWERTY dominava o mercado, e assim continua sendo até hoje. O teclado de sua máquina de escrever elétrica ou de seu computador é, quase com certeza, um teclado QWERTY, e isso apesar de os teclados modernos não padecerem os inconvenientes dos antigos; esses inconvenientes, que deram a vitória ao QWERTY, já não existem, e apesar disso ele continua sendo o teclado hegemônico. Significa que o *design* QWERTY é o mais eficiente? Há razões para supor justamente o contrário, pois o motivo de ter alcançado a hegemonia foi retardar convenientemente o trabalho de digitação do datilógrafo e, assim, dar tempo para que todas as teclas usadas voltassem a sua posição; isso faz o QWERTY ter uma disposição espacial das teclas que *hoje* não favorece em absoluto a velocidade de digitação. O que no começo do século XX tinha sentido agora não tem, mas, a despeito disso, todos os esforços para se desfazer do QWERTY fracassaram.[6]

Por que fracassaram? Por um lado está a inércia histórica individual (os "efeitos de aprendizagem", como W. Brian Arthur os chama): todos aprendemos a digitar com o QWERTY, e a promessa de digitar mais velozmente no futuro com algum outro teclado não parece bastar para nos ressarcir do período de interinidade no qual estaríamos desaprendendo a escrever com o QWERTY e aprendendo a escrever com outro teclado; nesse período, nossos rendimentos na digitação seriam muito inferiores aos que já obtínhamos com o velho e conhecido teclado.

Por outro lado, há a inércia histórica coletiva: quem escreve à máquina goza de amplas externalidades de rede por dispor de um teclado universal; isso nos permite usar confortavelmente não só nossa máquina de escrever, mas também o computador do escritório ou o *laptop* que um amigo nos empresta. Se, pela experimentação com teclados mais velozes, aumentasse a diversidade de teclados datilográficos, essas externalidades de rede se perderiam.

Assim, o QWERTY se tornou um equilíbrio de coordenação (um padrão ou convenção não pactuada): sua vitória é estável sobremaneira, apesar de hoje existirem *designs* superiores de teclado. Ou melhor, seriam superiores para todos se pudéssemos nos desprender da dependência do caminho que levou à vitória do QWERTY; se nos fosse permitido rebobinar a história e impor de maneira *coativa*, no começo do século XX, um teclado datilográfico diferente (e *hoje* mais eficaz, como o Dvorak), então estaríamos, atualmente, melhor, por termos nos livrado desse pequeno traste chamado QWERTY.

A história do QWERTY pode nos instruir ainda um pouco mais sobre os fenômenos sociais e a pertinência ou não de modificá-los deliberadamente (que é para onde apontam as páginas deste capítulo; você, que é perspicaz, já terá percebido isso): ensina-nos que as próprias noções de *eficiência* e *otimização* carecem de sentido quando empregadas em contextos históricos. O QWERTY, que era uma boa solução (talvez a melhor) no começo do século XX, não o é mais no começo do século XXI; e, ao contrário, um teclado rival, como o Dvorak, que é, hoje, considerado mais veloz que o QWERTY, teria sido rejeitado no começo do século XX, *e exatamente pelas qualidades que hoje são mais apreciadas nele.* No começo do século XX, não só ignorávamos que pudessem existir computadores, como também ignorávamos que ignorávamos isso; e essa nossa metaignorância incurável acerca de tudo o que o futuro possa nos trazer faz soar fútil e intelectualmente presunçosa qualquer afirmação de que determinado fenômeno (ao qual ainda aguarda uma história futura cheia de dobras, rugosidades e possíveis descobertas que hoje nem sequer conseguimos divisar) é eficiente ou ótimo. Mesmo se tal coisa fosse verdade hoje, a tendência a essa escolha "ótima" poderia fazer-nos entrar por um caminho histórico protegido por forças de retroação positiva que nos levaria a resultados visivelmente inferiores no futuro, e dos quais não conseguiríamos, depois, fugir, por obra e virtude dessas forças de retroação positiva que blindaram, em sua época, esse "ótimo" pretérito.

Árvores históricas

Embora o normal seja falar do "curso da história", é melhor – para livrar-se de visões deterministas e de outras associações intelectuais pouco desejáveis – conceber a história como uma árvore, e não como um rio; considerar, junto com a história real, histórias virtuais: as que não foram, mas poderiam ter sido.[7] Essa visão "arbórea" da história é intelectualmente mais fácil de adotar – isso se reconhece em – relação à história futura (na qual nos parece que muitos cursos históricos – embora não todos – são possíveis e estão abertos) do que em relação à história passada. Mas os que defendem fazer história virtual nos instam, com boas razões, a mergulhar nessa maneira arbórea de enfocar as coisas em relação *também* à história passada, que, não se esqueça disso, foi história futura para os que viveram imediatamente antes dos acontecimentos pretéritos cujo esclarecimento se busca.

O enfoque da dependência do caminho ganha especial destaque em fenômenos que se desenvolvem ao longo do tempo dentro de uma estrutura arbórea: seguiram este caminho nesta encruzilhada, mas poderiam ter seguido este outro; e o caminho que seguiram por aqui ou por ali condiciona sua marcha futura. Há dependência do caminho no decurso vital individual, no coletivo, na evolução natural das espécies e, mais no geral, em todos aqueles âmbitos – que são muitos – em que vale aquele negócio de que "a história importa".

Na vida dos indivíduos – para começar por aqui –, a dependência do caminho tem a ver com a configuração arborescente da tomada de decisões. É como se, ao decidir isso ou aquilo, nos movêssemos sobre uma árvore imaginária na qual, a cada instante, o indivíduo pode optar por diversos galhos (cursos de ação). No final de cada árvore há outro conjunto de galhos entre os quais escolher em um instante posterior, de modo que aquilo que escolhemos no passado condiciona as opções que nos restam disponíveis no presente; como também acontece que tudo o que decidirmos no presente influirá nas opções que restarem abertas para ser escolhidas no futuro. A figura 1 procura mostrar graficamente tudo isso.

Em algum momento do passado você seguiu a trajetória P-P_1-P_2-Y (marcada com um traço grosso) dentro de sua árvore individual. De modo que o entroncamento Y que você ocupa no momento presente depende dessa trajetória específica de galhos que o conduziu a ele, e que foi uma trajetória contingente (foi essa, mas bem poderia ter sido outra diferente). A dependência do caminho quer dizer que todas as escolhas passadas e suas consequências gravitam sobre o momento presente, o momento Y, e juntam-se sobre ele. Se você houvesse se afastado desse caminho em algum instante passado, talvez já não estivesse, no presente, no entroncamento Y de sua árvore histórica de decisão, o que, por sua vez, influiria em seus entroncamentos ou estados futuros acessíveis. Em cada entroncamento

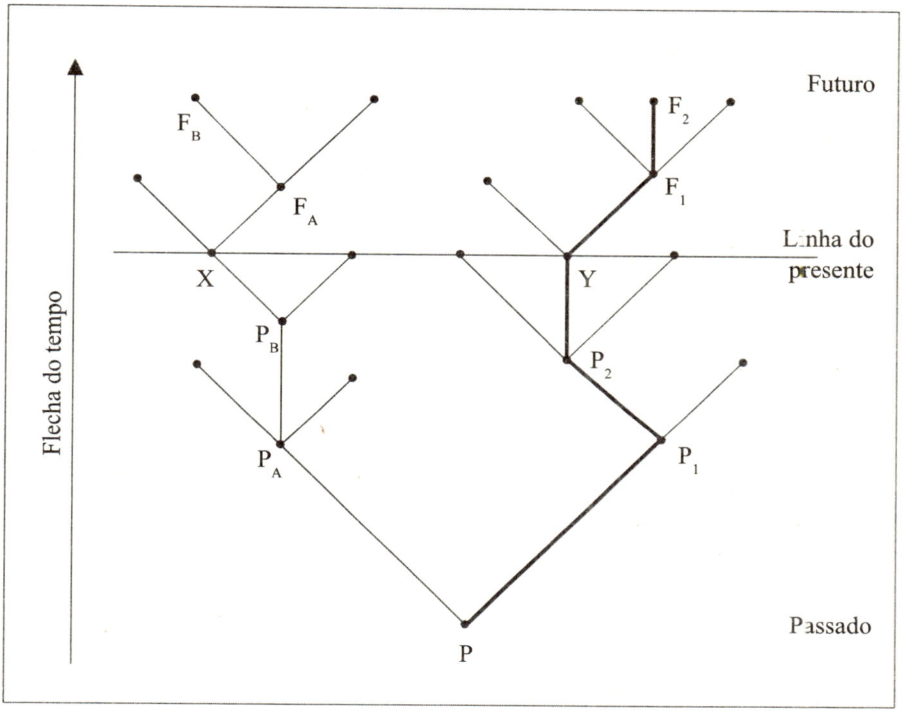

Fig. 1 – Árvore histórica individual.

da árvore está condensado todo o itinerário prévio que desemboca nele, galho após galho. E isso é o que quer dizer "a história importa, a história pesa".

Suponhamos que você esteja agora no entroncamento Y, e suponhamos que isso significa que se tornou um arqueólogo. Em algum instante P de seu passado (que *agora* se revela como decisivo), você foi assistir a *Os Caçadores da Arca Perdida*, de Steven Spielberg, e decidiu que queria ser arqueólogo, exatamente o que é agora. Mas lembra que naquele tempo também se interessava muito pelas corridas de cavalos e que, no dia em que foi à estreia do filme de Spielberg (P_1), que acabou sendo tão determinante depois em suas aspirações profissionais, renunciou a ficar em casa e ver um velho filme de Clarence Brown, *A Mocidade é Assim*, no qual uma muito jovem Elizabeth Taylor faz o papel de amazona. Hoje você viu esse filme e percebeu que se enganou: que teria preferido ser jóquei e correr na próxima edição do Grand

National (F_B); algo que agora lhe parece infinitamente mais excitante que esse projeto que acabam de lhe oferecer de ir estudar umas ruínas maoris na Nova Zelândia (F_2). Teria sido melhor, naquele dia, ter ficado em casa com o filme de Clarence Brown (P_A) que ter ido ver *Os Caçadores da Arca Perdida* (P_1). Mas esse momento decisivo, P, de seu passado – no qual ainda ambas as possibilidades estavam a seu alcance – está muito longe no tempo, e você não se encontra mais na idade nem no peso para ser jóquei e correr em tão importante disputa hípica. De onde está agora, Y, o ponto F_B não é mais um estado de coisas a seu alcance.

Evidentemente, peço sua indulgência para com esse relato de frustração ou erro vocacional tardiamente descoberto, tão simplificado e tão *naïf* (coisas que me apresso a reconhecer). Essa kiplinguiana "história de foi assim" mostra algo que, porém, não é trivial: não podemos pretender nos desfazer do peso de nossas decisões passadas, descendo pela árvore até um determinado ponto, P, para dali retornar a marcha e chegar a um estado de coisas, F_B, que *agora* nos parece o mais interessante. A flecha do tempo é a flecha do tempo, e os trânsitos pela árvore histórica individual não são reversíveis. Há parcelas dessa árvore que, com o passar do tempo, vão se perdendo para sempre, não mais contam para efeitos práticos; e isso, mesmo se em algumas dessas parcelas estiverem alojadas situações que hoje avaliamos como as melhores. Podemos sentir o apetite faustiano de alcançar esses estados desejáveis, mas a rota de galhos efetivamente seguida dentro da árvore histórica individual os terá afastado de nós para sempre. Em suma, resta-nos o consolo de assistir pela segunda vez a *A Mocidade é Assim* e nos colocarmos na pele de Elizabeth Taylor como amazona em seu momento de glória...

Nem sempre as coisas acontecem para alimento de melancolias. Arnold Schwarzenegger estava começando a desenvolver seus músculos em academias de fisiculturismo em sua Áustria natal quando viu, em 1959, um filme que mudou radicalmente o rumo de sua vida: *Hércules*, de 1957, dirigido por Pietro Francisci e interpretado por Steve Reeves, um tamanho sucesso de bilheteria que deu origem a todo um gênero cinematográfico: o *peplum*. Schwarzenegger sim teve tempo de reciclar seus músculos de fisiculturista para, com o tempo, trocar de ofício e fazer filmes de ação tão eternos quanto *Conan, o Bárbaro*, *O Vingador do Futuro* ou os dois *O Exterminador do Futuro,* de James Cameron (do terceiro, melhor não falar). Chegou até mesmo a imitar, em 1970, seu modelo Steve Reeves protagonizando *Hercules in New York*, um filme sobre o qual também não há grande coisa a dizer.

Os que falam de "decisões ótimas" ou "eficientes" tendem a ignorar que a história importa, que não é lícito falar como se uma pessoa estivesse ao mesmo tempo em todos os pontos e em nenhum especificamente de sua árvore de decisão, de tal modo que para ela foram acessíveis todos os estados de coisas dentro dessa árvore e poderia ter se encaminhado sem mais para o que *agora* lhe parece o melhor. Isso não existe: o lastro histórico das opções tomadas no passado está aí, e é um exercício intelectual interessante, mas inútil, pensar como se tal lastro não existisse.

Mesmo se – bem-aventurados nós! – nos encontrássemos na área da árvore de decisão a partir da qual podemos chegar ao estado de coisas de que hoje mais gostamos (isto é, mesmo se o que hoje consideramos como ótimo nos é acessível e compatível com o lastro histórico, como aconteceu com Schwarzenegger), isso não impede que nossos gostos (e incluo aqui nossos gostos morais) mudem imprevisivelmente no futuro diante de descobertas (e incluo aqui as descobertas morais) sobre as quais hoje não pressentimos nada. E, assim, o que nos pareceu melhor em um dado momento pode ser desdenhado depois e até menosprezado como a queda em uma imperdoável armadilha ou erro (como acontece na história simplificada do arqueólogo que descobre que aquilo que sempre quis "no fundo" era ser jóquei).

Definitivamente, tanto o peso do passado quanto o caráter aberto e imprevisível do futuro despojam de toda credibilidade esse mau hábito que muitos têm de falar de uma decisão classificando-a como "racional" ou "ótima". Quando adotamos essa maneira de falar, colocamo-nos, sem perceber, na perspectiva de um decisor separado de sua árvore de decisão, que a contempla de fora e em sua totalidade (como espectador onisciente); e não como alguém que vai transitando por ela e descobrindo por dentro e parcialmente (que é o que de fato acontece).

A dissipação da névoa

Já comentei que é mais fácil perceber quanto há de arbóreo na história futura do que na passada. Por que isso ocorre? Afinal de contas, nossa história pessoal passada estava, naquela época, tão aberta (e tinha um aspecto tão ramificado) como pode estar hoje nossa história futura, com muitos cursos de ação praticáveis, e com as consequências de seguir cada um deles imersas na névoa da incerteza; uma incerteza que se adensa à medida que procuramos ver o longo prazo.

Acontece, porém, que, ao olhar para nossa história passada, somos vítimas do efeito de dissipação retrospectiva da névoa, isto é, transformamos a árvore histórica individual (profusa e confusamente ramificada) que tínhamos diante de nós no passado, com muitas rotas alternativas entre as quais escolher, em um *único* itinerário de galhos: aquele que de fato seguimos. No presente, todos os galhos deixados de lado ontem aparecem como galhos inexistentes, isto é, não aparecem; com a memória, podamos os galhos inadvertidamente e emagrecemos a árvore, até reduzi-la a uma filiforme sucessão de galhos, aquela que, em última instância, percorremos. É como se, dentro da árvore histórica individual da figura 1, o passado ficasse reduzido à sequência P-P_1-P_2-Y, e caísse no esquecimento toda a ramagem que também levamos em conta quando nos encontrávamos no instante P do passado, todas essas rotas para chegar à linha do presente que foram finalmente descartadas. Essa supressão tácita do caminho que não transitamos confere um falso ar determinista a nossa história pessoal, a ponto de nos fazer acreditar que o extremo atual desse itinerário (nosso momento presente Y) estava em germe no passado, e a única coisa que fizemos foi desdobrar, embrionariamente, o que já se encontrava nesse passado. Lembrar a nós mesmos que no passado havia *também* uma árvore de decisão, com várias linhas de comportamento abertas em momentos significativos, e que as consequências de seguir uma ou outra dessas opções estavam, *então*, imersas na névoa da incerteza, ajudará a nos libertarmos dessa concepção muito límpida e racionalizada *ex post facto* (já era!) de nossa própria vida transcorrida.

Algo parecido acontece, ainda, no espaço coletivo, não só no individual, e é preciso fazer um certo esforço intelectual para desprender-se desse enganoso efeito de dissipação retrospectiva da névoa também em tudo que se refere à história coletiva. O escritor russo Lev Tolstoi conseguiu, de maneira difícil de esquecer, superar essa tentação de tergiversar os acontecimentos passados no presente, como se o passado estivesse se encaminhando para esse presente e pré-configurando-o de forma racionalmente ordenada e coerente. Ele conseguiu isso em seu romance *Guerra e Paz*, na concepção "caótica" da história que nele defende ao longo de muitas páginas. Outro escritor, Milan Kundera, repetiu essa proeza intelectual (não só artística) de Tolstoi, e a descreveu nesses termos:

> *Graças a essa concepção da história, Tolstoi desenha o espaço metafísico em que se movem seus personagens. Por desconhecerem o sentido da história e seu futuro, por desconhecerem até mesmo o sentido objetivo de seus próprios atos (mediante os quais participam "inconscientemente" dos acontecimentos "cujo sentido lhes escapa"), avançam pela vida como se avança na névoa. Digo névoa, não escuridão. Na escuridão não se vê nada, ficamos cegos, vulneráveis, não somos livres. Na névoa somos livres, mas é a liberdade de quem está na névoa [...] O homem é quem avança na névoa. Mas, quando olha para trás para julgar as pessoas do passado, não vê névoa alguma em seu caminho. Do presente, que foi distante porvir, o caminho parece totalmente aberto, visível em toda sua extensão. Olhando para trás, o homem vê o caminho, vê as pessoas que avançam, vê seus erros, mas a névoa não está mais.*[8]

Porém, a névoa na árvore (nas muitas árvores do "bosque humano") sempre esteve ali, e o historiador Niall Ferguson nos recomenda fazer exercícios de "história virtual" no âmbito coletivo para, assim, nos libertarmos da errada impressão de que tudo o que aconteceu a um grupo humano foi a única coisa que poderia ter acontecido, que não houve surpresas nem possibilidade de chegar ao presente por rotas alternativas. Para evitar o efeito de dissipação retrospectiva da névoa e fazer bem seu trabalho, o historiador tem que fazer, com sua imaginação, a linha do presente retroceder, exatamente até pouco antes dos fatos que pretende explicar; só assim verá esses fatos como foram vistos por quem estava naquela época: como acontecimentos futuros, ou melhor, como só um dos futuros possíveis. Temos que nos proteger da armadilha intelectual de consentir que o passado que realmente foi apague todos os outros futuros possíveis que os que viveram naquele período também levaram em conta com a imaginação; principalmente se desses futuros então vaticinados, e que finalmente se perderam nas "negras costas do tempo" (para utilizar a muito bela expressão de Javier Marías, com Shakespeare ao fundo), ficaram documentos escritos. Se o historiador cai na fácil tendência de ver o passado desprovido de névoa, acabará banhando-o em um halo determinista; deixar-se-á cair sigilosamente na insídia intelectual de acreditar que esse passado – só um futuro a mais para os que então viveram – era o *único* futuro possível e que *por isso* aconteceu, em última instância.

Notas

1 Contado em seu livro *Micromotives and Macrobehavior* [Micromotivos e macrocomportamento], Nova York, W. W. Norton & Co., 1978, p. 12-19.

2 Tomo tão expressivo termo, "desenhoide", da obra de Richard Dawkins, *Escalando el monte Improbable*, Barcelona, Tusquets Editores, 1998, p. 15-28. [Edição brasileira: *A escalada do monte Improvável*, São Paulo, Companhia das Letras, 1998.]

3 O artigo de M. L. Katz e C. Shapiro – "Technology Adoption in the Presence of Network Extemalities" [Adoção de tecnologia na presença de externalidades de rede], *Journal of Political Economy* 94(4): 822-841 (1986) – fala sobre externalidades de rede.

4 Veja o artigo de W. Brian Arthur, "La retroacción positiva em economía", *Investigación* y *Ciencia* (abril de 1990), p. 86-93.

5 J. Wagensberg, *La rebelión de las formas*, Tusquets Editores, 2004, p. 103. Um livro excelente, sem dúvida.

6 Um clássico artigo sobre o QWERTY é o de Paul David, "Clio and the Economics of QWERTY", *Americam Economic Review* 75(2): 332-337 (1982). Você também achará interessante o que Stephen Jay Gould diz sobre esse assunto em seu livro *"Brontosaurus" y la nalga del ministro*, Barcelona, Crítica, 1993, p. 54-69 [Edição brasileira: *Viva o brontossauro*, São Paulo, Companhia das Letras, 1993]. Sobre os efeitos talvez subotimizadores da dependência do caminho sobre os processos históricos, recomendo o artigo de W. B. Arthur, E. M. Ermoliev e E. M. Kaniovski, "Path-Dependent Processes and the Emergence of Macro-Structure" [Processos de dependência de caminho e a emergência de macroestrutura], *European Journal of*

Operacional Research 30(3): 294-303 (1987), e o capítulo 13 do livro de Geoffrey M. Hodgson, *Economía y evolución*, Madri, Celeste, 1995. Um caso de bloqueio tecnológico por dependência do caminho na indústria siderúrgica inglesa pode ser visto no livro de Pedro Fraile Balbín, *Industrialización y grupos de presión*, Madri, Alianza Editorial, 1991, p. 108 e 109. Você encontrará outros casos de bloqueio por dependência do caminho nos quatro últimos capítulos do livro editado por Lars Magnusson e Jan Otosson, *Evolutionary Economics and Path Dependence* [Economia evolucionária e dependência do caminho], Cheltenham, Edward Elgar, 1997. A aplicação do enfoque da dependência do caminho ao estudo das instituições sociais encontra-se no livro de Douglass C. North, *Institutions, Institutional Change and Economic Performance* [Instituições, mudança institucional e desempenho econômico], Cambridge, Cambridge University Press, 1990. Ocupei-me anteriormente da dependência do caminho em *El gobierno de la fortuna* [O governo da sorte], Barcelona, Crítica, 2000. Se quiser ouvir uma voz discrepante ou cética, pode recorrer a S. J. Liebowitz e S. E. Margolis, "Path Dependence, Lock-In, and History" [Dependência de caminho, rigidez estrutural e história]. *The Journal of Law, Economics & Organization* 11(1): 205-226 (1995).

7 Sobre a interessante questão da história virtual, veja o ensaio de Niall Ferguson, "Historia virtual: hacia una teoría caótica del pasado" [História virtual: para uma teoria caótica do passado], em N. Ferguson (ed.), *Historia virtual*, Madri, Taurus, 1998, p. 11-86. E as demais contribuições citadas neste livro.

8 M. Kundera, "Los caminos en la niebla" [Os caminhos na névoa], *Claves de Razón Práctica* [Chaves da razão prática] 40: 12-26 (III-1994), p. 26.

TRILHAS E BOSQUES
Rapa Nui – Uma Aventura no Paraíso

Paralisia coletiva

É tempo de voltarmos à sala de conferências de Schelling depois de termos fuçado um pouco nesses recônditos intelectuais. Já comentei que a participação assíncrona e dependente do caminho do público no processo de preenchimento da plateia fez que o panorama que Schelling observou de sua tribuna fosse apenas um dos possíveis. Schelling transmite, inclusive, seu desalentado pressentimento de que essa colocação do público – tão afastado dele – não era provavelmente a melhor, e que é quase certeza de que todos teriam aceitado com alívio e satisfação estar mais perto do orador.[1] Por que não o faziam, então? Por que não se moveram em bloco algumas filas mais para a frente? Este é um momento privilegiado para perceber as peculiaridades da vida coletiva com relação ao comportamento individual. A ideia de Schelling é que o público da sala estava preso em um equilíbrio (pretensamente) ineficiente.

Esclareço agora os termos dessa expressão. Dizer que é ineficiente a maneira como, em conjunto, os membros do público estavam acomodados significa que há pelo menos outra maneira de todos se sentarem na sala que é melhor para algum dos congregados (pelo menos um) e não é pior para nenhum.[2] Evidentemente, se dermos atenção às conjecturas de Schelling, poderia acontecer que, talvez, *todos* estivessem desejando estar mais próximos a ele, e com isso a situação seria ainda mais absurdamente ineficiente. Por que, assim sendo, não se deslocam de comum acordo algumas filas mais para a frente? Para entender isso, é preciso atentar a outro elemento da descrição: já vimos o que quer dizer "ineficiente"; vamos esclarecer, agora, por que o público se encontra em "equilíbrio". Uma situação é um equilíbrio quando, uma vez dada, ninguém deseja mudá-la por sua conta e a título pessoal, pois qualquer iniciativa meramente individual em tal sentido deixaria *ainda pior* quem a empreendesse.[3] Suponhamos que alguém entre o público fosse míope e quisesse ver melhor a aparência e a gesticulação de Schelling, coisa que, de onde agora se encontra, só divisa de maneira borrada. Poderia estar tentado a se sentar sozinho na sexta fila (digamos) e poder, assim, contemplar a seu gosto o palestrante. Mas essa mesma pessoa tem gostos gregários, e lhe causa um profundo mal-estar ficar ostensivamente sozinho em uma reunião pública. Se esse mal-estar por ficar sozinho superar o outro mal estar (o de distinguir o orador a duras penas), a pessoa em questão optará, por fim, por permanecer onde está. Imaginemos, ainda, que há muitas outras pessoas entre o público que também, e talvez por outros motivos, acham que se sentaram muito longe da tribuna e sentem o comichão de trocar de assento; mas, como acontece com o míope, só estão dispostos a fazê-lo se os outros também o fizerem. O resultado prático é que ninguém se mexe, todos ligados entre si por correntes que os unem às iniciativas que possam tomar. Por um lado, sua decisão sobre onde se sentar dependeu do que os outros já haviam feito a respeito (e esse dado não pode ser, pelo que se vê, alterado com facilidade), e, por outro, acontece que seus cérebros não estão interconectados por telepatia; nenhum deles, separadamente, pode saber que os outros estão sentindo um desconforto igual ao seu e que, se todos se deslocassem para a frente "como um só homem", a situação em que ficariam seria mais desejável para qualquer um deles. Por não existir uma mente coletiva por meio da qual comunicar suas sensações desagradáveis, acabarão se resignando a padecê-las e permanecerão aferroados a seus assentos, sem se mover.

À falta dessa mente coletiva, o substituto mais próximo para desbloquear equilíbrios ineficientes parece ser a presença dos anfitriões. Não são eles que desfrutam de uma visão panorâmica da estrutura espacial que, como subproduto coletivo, foi se originando a partir das escolhas tomadas pelo público? Não são eles que, por sua posição institucional, estão em condições de dirigir-se ao público e convidá-lo a se deslocar em bloco para a frente? "Vamos, não sejam tímidos, aproximem-se; o senhor Schelling não morde", poderiam dizer ao conjunto da plateia. A adoção de medidas de correção racional por parte de algum organismo central parece ser uma mola capaz de fazer o que os indivíduos, de maneira descentralizada, se mostram inábeis para fazer: romper a paralisia em equilíbrios coletivos ineficientes.

Os temíveis recepcionistas

Esse organismo central (na sala de conferências de Schelling, os anfitriões; no conjunto da sociedade, o Estado) está em condições de interpretar o descontentamento geral gerado entre o público e saná-lo, movendo seus pauzinhos de poder, capazes de levar esse público a empreender movimentos coletivos em uma direção determinada.

Como é de se imaginar, a ação de recorrer a uma autoridade central para reparar equilíbrios ineficientes não está isenta de problemas, e até de perigos. Para começar, poderia ocorrer que, a despeito dos pressentimentos de Schelling, a plateia em seu conjunto houvesse se sentado como queria e não fosse verdade que estavam todos desconfortáveis com o modo global de distribuição, ou que, simplesmente, todo o assunto não importava para eles. A interpretação, por parte das autoridades, de que certo estado de coisas ocasiona um mal-estar coletivo é sempre falível; e mais atrevido e exposto ao erro é que essas autoridades elejam a si mesmas intérpretes do que conta como "bem comum". Como adverte, com toda razão, Bruno Leoni (e é uma advertência que a maioria dos políticos tende a ignorar), "as autoridades nunca podem saber com certeza se o que estão fazendo é realmente o que as pessoas querem que façam".[4]

É um tranquilizador sinal de modéstia intelectual que os que controlam as engrenagens do poder não pretendam saber o que é bom para o grupo humano em sua totalidade, mas sim que situações se tornaram males coletivos, como saná-las e, ainda mais, como prevenir seu aparecimento. Mas, mesmo se o diagnóstico for correto e um estado de coisas for um equilíbrio social inferior, a história do teclado QWERTY demonstrou que a situação pode ser tão travada que nenhum plano coletivo organizado de modo central seja capaz de repará-la. É verdade que o QWERTY é um equilíbrio ineficiente de proporções muito menores, mas pensemos em situações parecidas, e muito mais nocivas. Na segunda metade do século XX, o grupo terrorista ETA incrustou-se como um equilíbrio ineficiente na vida basca: tornou-se um câncer social que, não obstante, e por diversas razões, muita gente estava interessada em manter. Sua presença convinha aos nacionalistas não violentos, porque desviava votos para eles (ou, dito de outra forma, porque aumentava a cota de coragem cívica que era preciso ter para não votar nos nacionalistas no País Basco); aos terroristas do ETA (desde os pistoleiros até os extorsionários), que fizeram do amedrontamento sua forma de ganhar a vida; aos extorquidos, que preferiam assumir os custos das atividades terroristas desde que não afetasse a eles, e mesmo que outros tivessem que pagar com sua vida ou seus bens. A remoção desse equilíbrio ineficiente (no qual muitos interesses se unem para sua manutenção) só poderia provir da ação de um Estado firmemente empenhado de fora em destruí-lo.[5]

Mas, e como já insinuei, o pior risco é os "anfitriões" (o Estado) se tornarem excessivamente empreendedores e conceberem de antemão planos sobre como o público *deveria* estar sentado, mesmo antes de ele entrar na sala de conferências. Esses anfitriões-governantes podem se sentir tentados a delinear antecipadamente uma configuração utópica sobre o modo de o público se sentar (a sociedade civil) e contratar, depois, recepcionistas que dirijam os membros desse público a seus assentos predeterminados. Assim, a ordem em que finalmente as pessoas se sentam deixa de ser uma ordem espontânea e se torna uma ordem planejada e depois executada pelos organizadores do ato. Essas medidas de organização política totalitária (de estilo platônico ou similar) podem, evidentemente, acabar com situações de equilíbrio social ineficiente como a que supusemos que se dava na sala de conferências, mas também, e ao mesmo tempo, acabarão com coisas mais importantes: com a liberdade das pessoas para escolher onde se sentar de acordo com seus gostos pessoais; e o remédio (e a própria capacidade desmesurada para remediar) acabaria se tornando logo algo muitíssimo pior que as possíveis doenças sociais localizadas aqui ou acolá.

Seleção entre grupos (ou seleção de grupo)

Outra forma pela qual a fixação de equilíbrios sociais ineficientes pode se ver impedida consiste em submeter um grupo humano às pressões seletivas de outros grupos humanos competidores. Esse tipo de competição entre grupos poderia varrer os impedimentos que se dessem em cada um deles simplesmente porque o grupo que carregar maiores lastros acabaria sendo substituído pelos outros. Aqui se entende que a competição elimina as ineficiências, e é o melhor tira-manchas social, segundo alguns. É um fato que entre os teóricos das ordens espontâneas (com Friedrich Hayek à frente) seja muito difundida a ideia de que, se uma ordem social foi emergindo em cada uma de suas fases de maneira verdadeiramente espontânea, então está bem como está. Os que assim pensam são chamados "funcionalistas" e pressupõem, ou declaram expressamente, que cada grupo social é submetido às pressões coevolutivas provenientes de outros grupos, e que tais pressões são muito capazes de limpar qualquer rastro de ineficiência. Há uma espécie de "seleção natural" das normas e instituições segundo a qual, e de acordo com Hayek, "as normas que se difundirão serão as que governarem as práticas ou costumes existentes em diferentes grupos e que tenham tornado alguns grupos mais fortes que outros".[6] Independentemente do que se possa pensar em um primeiro momento, acontece (e a isso voltarei depois) que esse modo de entender a evolução das normas e instituições sociais não foi emprestado da Biologia, mas ao contrário: foram os biólogos, começando pelo próprio Darwin, que começaram a entender a maneira como os organismos vivos adquirem seu *design* aprendendo com o modo como alguns cientistas sociais (economistas, historiadores, linguistas) já haviam se aproximado da formação espontânea das ordens sociais. Fazendo referência explícita ao fundador da Escola Austríaca de Economia, Carl Menger, Hayek diz o seguinte:

> *A questão, que não foi plenamente compreendida, pelo menos até que Carl Menger a explicasse claramente, foi que o problema da origem ou formação e o do modo de funcionamento das instituições sociais eram, em essência, o mesmo: as instituições se desenvolveram de um modo particular porque a coordenação das ações das partes que essas instituições asseguravam demonstrou ser mais efetiva que as instituições alternativas*

> *com as quais competiram e substituíram. A teoria da evolução das tradições e hábitos que tornaram possível a formação das ordens espontâneas se baseia, desse modo, em uma relação estreita com a teoria da evolução desses tipos particulares de ordens espontâneas que chamamos de organismos, e, com efeito, forneceu os conceitos essenciais sobre os quais a última foi edificada.*[7]

A concepção de eficiência que os defensores têm em relação às ordens espontâneas é, para utilizar os termos de John Rawls, puramente processual.[8] Embora não possa ser considerado um defensor acrítico da validade das ordens espontâneas, James Buchanan expressou exatamente a importância da limpeza do processo ("as regras", como ele diz) para a avaliação posterior dos resultados alcançados dentro dele:

> *Os critérios de avaliação devem ser aplicados às regras ou processos mais que aos estados finais ou resultados, pelo menos diretamente. Não há forma de avaliar nenhum estado final em si mesmo porque não há um critério externo ou escala por meio do qual possam ser "avaliados". Os estados finais hão de ser avaliados só por meio dos processos que os geram. O que emerge de um processo é o que emerge de um processo, e nada mais. Se o processo é tal que os indivíduos acham que lhes permitiu dar expressão devida, e não distorcida, a* seus próprios valores, *os resultados devem ser considerados aceitáveis, embora tais valores possam ter sido formados ou influenciados.*[9]

Em geral, os que são a favor de alcançar a eficiência social por meio de um processo descentralizado de competição entre grupos (ou dentro de um mesmo grupo entre empresas, departamentos administrativos etc.) não querem saber de conseguir essa eficiência por meio do exercício "racionalizador" de alguma autoridade política. A interferência deliberada nas ordens espontâneas, pensam, as estragará, por mais louváveis que sejam os propósitos que a justifiquem. Veem com franca antipatia qualquer medida política voltada a obter resultados finais que previamente tenham sido considerados por algum político (talvez dominado por pretensões messiânicas) como desejáveis ou expressão acabada do "bem comum". Para quem confia na validade da competição para purgar de equilíbrios ineficientes as ordens espontâneas, o bem comum não é algo que se possa conhecer de maneira direta; de qualquer modo – alegam –, poder-se-á considerar bem comum tudo o que resultar de um processo limpo, no qual os indivíduos tenham podido dar livre curso à expressão de seus valores pessoais. Quem, pelo contrário, rejeitar esse modo puramente processual de saber o que é o bem comum, e vê a si mesmo na posição de intérprete privilegiado daquilo que é o bom para todos os componentes de um grupo humano, estará muito disposto a impor aos outros sua exaltada visão ("É preciso obrigá-los a ser livres, pelo seu bem", como aconselhava Rousseau), e isso embora os interessados rejeitem tão agressivo paternalismo político.

Evidentemente, toda prevenção contra os paternalistas políticos é pouca. Mas a questão é: isso significa que só se pode confiar na potência purificadora de imperfeições sociais que deriva do contato competitivo entre grupos? Aqui será conveniente recordar a disputa entre o VHS e o Beta para se apoderar do mercado de videocassetes. Os processos competitivos são também processos *históricos* (isso tende a ser esquecido), e se em tais processos históricos intervierem poderosas forças de retroação positiva (como as externalidades de rede ou as economias de escala), capazes de amplificar e dar corpo a pequenas tendências aleatórias iniciais, então pode acontecer que essas forças acabem prevalecendo sobre as pressões seletivas, e fazendo que seja, no mínimo, arriscado garantir que o resultado da contenda tenha sido a solução mais eficiente.

Os teóricos sociais funcionalistas acreditam na existência de uma espécie de termostato intergrupos (um mecanismo de retroação negativa), que fará qualquer desvio do ótimo social em um grupo humano ser castigado pelos grupos competidores que não tenham essa sequela, e estes últimos acabarão por varrer ou absorver os que carregam maior quantidade de desvios. Em condições assim, a boa saúde social de cada grupo será o efeito não intencional desse processo competitivo. A competição traz a eficiência, pensam. Mas é pelo menos aceitável que nem em todos os casos esse termostato global que é a competição entre grupos tenha poder suficiente para castigar qualquer desvio local da solução eficiente.

A lei das partes usadas

Há, nesse ponto, uma forte afinidade, que vale a pena comentar, entre o modo de pensar dos funcionalistas e o de certos biólogos que Stephen Jay Gould chamava de "adaptacionistas". Para um biólogo adaptacionista, a perfeição de *design* que os seres vivos exibem é uma consequência colateral de sua competição para se apoderar dos poucos recursos presentes em seu entorno local; os organismos que não apresentam características adequadas de anatomia, fisiologia e comportamento são tirados da arena por seus competidores mais bem equipados. Aqui, novamente se entende que a competição traz a eficiência de *design*, e o que conta como eficiência de *design* é algo que só se pode estabelecer de modo processual: os mais bem projetados são os que sobrevivem na tarefa competitiva de conseguir os poucos recursos do meio. Os organismos vivos são, também, ordens espontâneas, ordens que não foram criadas por nenhuma mente ordenadora, mas que chegaram a sua perfeição estrutural como efeito indireto de um processo continuado de competição com outros seres vivos para sobreviver, crescer e se reproduzir.

Porém, as estruturas não adaptativas (imperfeições de *design*) que, cada vez com maior frequência, os biólogos descobrem nos organismos (o falso polegar do panda, as deficiências que se observam no *design* do olho dos vertebrados, os dentes rudimentares e não funcionais das baleias, a manutenção do apêndice nos humanos ou a interseção, neles, das vias respiratória e alimentar) refletem o fato de que também os seres vivos arrastam seu próprio lastro histórico (conservam no organismo os vestígios acumulados das adaptações de toda sua cadeia de ancestrais), e que a seleção natural deixa inalterada essa estrutura preexistente e herdada e só se pronuncia sobre variações novas. Esse fenômeno, conhecido como "lei das partes usadas", impede que os organismos fiquem perfeita e intrincadamente adaptados às condições atuais de seu entorno e ofereçam algo que faça sentido chamar de um *design* ótimo.[10]

Há, também, uma "lei das partes usadas" nos fenômenos sociais, que permite a estruturas defeituosas continuarem a existir. Um belo exemplo dessa lei das partes usadas, tanto no âmbito biológico quanto no social, vemos neste fragmento de Carl Sagan, tomado de seu celebérrimo livro *Cosmos*:

A maioria das cidades do mundo foi crescendo de qualquer jeito, pouco a pouco, respondendo às necessidades do momento; muito raramente trata-se de uma cidade planejada para o futuro remoto. A evolução de uma cidade é como a evolução do cérebro: desenvolve-se a partir de um pequeno centro e cresce e muda lentamente, deixando que muitas partes antigas continuem funcionando. A evolução não dispõe de sistemas para derrubar o interior antigo do cérebro por causa de suas imperfeições e substituí-lo por algo de fabricação mais moderna. O cérebro tem que funcionar durante a renovação. Por isso, o tronco encefálico está cercado pelo complexo R, depois pelo sistema límbico e finalmente pelo córtex cerebral. As partes velhas são encarregadas de funções fundamentais demais para que possam ser substituídas. Continuam, pois, funcionando, arfantes, desatualizadas e às vezes contraproducentes, mas são uma consequência necessária de nossa evolução.

Na cidade de Nova York, a disposição de muitas das ruas importantes data do século XVII; a Bolsa, do século XVIII; as canalizações de água, do XIX; a rede de energia elétrica, do XX. A disposição poderia ser mais eficiente se todos os serviços cívicos houvessem sido construídos paralelamente e fossem substituídos periodicamente (por esse motivo, os incêndios desastrosos – as grandes conflagrações de Londres e de Chicago, por exemplo – às vezes constituem uma ajuda para o planejamento urbano). Mas a lenta acumulação de novas funções permite que a cidade marche de modo mais ou menos contínuo ao longo dos séculos. No século XVII passava-se de balsa do Brooklyn a Manhattan pelo East River. No século XIX dispunha-se já da tecnologia necessária para construir uma ponte pênsil sobre o rio. Foi construída exatamente no local do terminal da balsa, porque a cidade era proprietária do terreno e porque já havia rotas urbanas importantes que convergiam para o serviço preexistente de travessia. Mais tarde, quando foi possível construir um túnel por baixo do rio, também foi construído no mesmo lugar pelos mesmos motivos... Esse aproveitamento e reestruturação de sistemas anteriores para nossos objetivos parece-se muito com o sistema seguido pela evolução biológica.[11]

Sagan chama a atenção para o fato de que, tanto na natureza quanto na sociedade, é frequente que uma estrutura que tenha surgido e se desenvolvido para cumprir uma função seja, depois, recrutada para cumprir outra completamente diferente e não prevista absolutamente em sua origem; e isso acaba alterando sua configuração que, não obstante, conservará incrustados os vestígios de sua história passada. Nas evoluções biológica e social observa-se sempre essa astuta reciclagem oportunista do preexistente; algo que sempre deixará insatisfeito um engenheiro apaixonado pela eficiência do *design* e pela beleza da forma, mas que é a única coisa que cabe esperar de estruturas históricas de longo percurso temporal, expostas a acontecimentos futuros imprevisíveis e obstinadas pela sobrevivência. Stephen Jay Gould batizou com o nome de "exaptação" esse fenômeno potencialmente inimigo de qualquer pretensão de conquista da perfeição no *design*; inclusive, evidentemente, do *design* inteligente, e, de uma vez por todas, de uma sociedade ideal em cujo sonho embalam-se os pensadores utópicos.[12]

A corrida de Alice e da Rainha de Copas

De resto, a coevolução competitiva pode se tornar um dispositivo acentuador de tendências indesejáveis, em vez de ser um eficaz eliminador dessas tendências. Essa forma malversadora de coevolução competitiva se dá, também, igualmente na natureza e na sociedade, e em ambos os casos recebe a apropriada denominação de "corrida armamentista". Eis aqui o que dizem Randolph Nesse e George Williams sobre ela:

> *Assim como as contendas entre o predador e a presa, as guerras entre hospedeiros e parasitas dão lugar a crescentes corridas armamentistas que exigem gastos exorbitantes e prejudiciais, e criam armas e defesas extraordinariamente complexas. Assim como, às vezes, as entidades políticas dedicam mais e mais energia ao armamento e à defesa para evitar que seus adversários as dominem, os hospedeiros e os parasitas devem evoluir o mais rápido possível para manter seus atuais níveis de adaptação. Chega um ponto em que os gastos da corrida armamentista são tão grandes que o organismo – seja político ou biológico – mal pode enfrentar*

outras necessidades básicas, mas o custo de perder essa corrida é tão grande que, apesar disso, é preciso manter os enormes gastos que gera.[13]

Ao que parece, nessas corridas coevolutivas (entre Estados, entre hospedeiros e parasitas, entre predadores e presas, entre árvores que crescem a enormes alturas para obter uma cota de luz solar maior que seus rivais) todos correm para manter suas posições relativas, sem obter vantagem clara alguma sobre seus rivais. Não teria sido melhor ou mais racional chegar a um pacto de não agressão mútua? O jogo do leilão do dólar explica por que ocorrem casos em que as forças de retroação positiva (realimentadoras de uma distorção) podem ultrapassar qualquer cálculo racional.

O jogo consiste em leiloar, entre várias pessoas, um dólar, que aquele que der o maior lance levará. Até aqui, tudo normal, como no leilão do jarro no qual Henry Adams, em *Loucuras de Milionário*, viu-se envolvido; o peculiar começa quando se advertem os licitadores de que quem houver feito o segundo lance mais alto terá que pagar o oferecido, mas não levará nada em troca: só há um dólar em jogo e só há um possível ganhador desse prêmio. Começa o leilão, e alguém se anima e oferece, talvez por diversão, um centavo. Talvez algum outro pense que oferecer dois centavos por um dólar é um negócio da China, e oferece essa quantidade. Reparemos que agora a situação do primeiro a dar o lance é um pouco desconfortável: terá desperdiçado um centavo em troca de nada, e bastaria elevar o lance para três centavos para levar o dólar, o que continua sendo uma troca muito favorável...

O leilão continua, como é de esperar, e o ambiente esquenta em alguns momentos, conforme os lances aumentam. Alguém poderia pensar que o leilão terminará quando alguém, talvez já fora de si, oferecer exatamente um dólar em troca do prêmio de um dólar. Seria o cúmulo da irracionalidade pagar conscientemente mais de um dólar por um dólar! Mas quem pensar assim estará esquecendo a situação em que o autor do segundo melhor lance, que é sempre a chave desse jogo, ficará. Talvez tenha oferecido 99 centavos e esteja prestes a perdê-los em troca de nada, de modo que faz perfeito sentido para ele elevar o lance para um dólar e um centavo. Pensemos que, se ele ganhar, perderá só um centavo, em vez dos 99, que é o que acontecerá se se retrair. Marvin Minsky, um especialista em inteligência artificial do Instituto Tecnológico de Massachusetts (MIT), dirigiu um desses leilões no Instituto, e chegou à conclusão de que "não é raro que se paguem, no final, entre três e cinco dólares" pelo disputado dólar. Uma situação tão absurdamente irracional é explicável, porém, recorrendo ao enfoque da dependência do caminho: a sequência histórica das diferentes licitações é irreversível; aqui ninguém (nem o autor do segundo melhor lance) pode recuperar o investimento que já fez no leilão e ficar como estava no começo (pelo menos no caso extremo de que o leilão aconteça apenas entre dois jogadores), de modo que a única saída é a fuga para a frente. A história passada é história pesada, e isso faz o leilão correr como um cavalo sem rédeas. Nem as empresas que lutam pela liderança em um setor podem recuperar os investimentos arriscados, e então, ou fecham com grandes perdas se verificarem que sua cota de mercado se evapora, ou brigam encarniçadamente – incorrendo, inclusive, em custos que talvez só em longo prazo teriam algum sentido – para se manter no setor. Os irracionais dispêndios em armamento nuclear durante a Guerra Fria só podem ser entendidos quando aplicamos a sentença que diz que "ficar em segundo é ser apenas o primeiro do grupo dos perdedores" e que, consequentemente, uma vez que se entra no jogo, só vale ganhar, a qualquer preço. O jogo do leilão do dólar, como as corridas armamentistas, tem a inquietante qualidade de realimentar-se com seus próprios resultados, e com isso – por se tornarem mecanismos autorreforçadores – fogem facilmente ao controle racional daqueles que participam, que não tardarão a ver a si mesmos presos em uma situação que parece que ninguém governa.[14]

O biólogo Leigh van Valen chamou o desperdício de energia que se observa nesse tipo de corrida coevolutiva de "a hipótese da Rainha de Copas", e isso porque o fez lembrar de uma cena da história de Lewis Carroll *Alice no País das Maravilhas: Através do Espelho*, aquela em que a menina foi arrastada pela Rainha de Copas em uma corrida que é puro frenesi sem sentido aparente, após a qual Alice descobre, para seu estupor, que não se moveram nem um palmo do lugar de que partiram:

> *– Bem, no* meu *país – esclareceu Alice, arfando bastante ainda –, quando se corre tão rápido como fizemos, e durante algum tempo, costuma-se chegar a* algum outro *lugar...*

– Um país bastante lento! – replicou a Rainha. – Aqui, *como você pode ver, é preciso correr tanto* quanto possível *para permanecer no mesmo lugar. Se quiser chegar a outro lugar, tem que correr pelo menos duas vezes mais depressa.*

Há corridas de coevolução competitiva nas quais, como na de Alice e da Rainha de Copas, não se chega a parte alguma, e parecem puro desperdício energético. Mas, apesar de sua absurda aparência, algumas dessas corridas podem guardar benefícios ou funcionalidades latentes, não muito visíveis de imediato, mas que se manifestam mais em longo prazo.

Regressões tecnológicas

Talvez seja o momento de dar aos funcionalistas seu bocado de razão e reconhecer que a suspensão de *outras* corridas "armamentistas" determina retrocessos culturais inesperados.

As sociedades que, por razões de isolamento geográfico ou cultural, não sofrem pressões coevolutivas de grupos vizinhos, podem se permitir até mesmo o luxo de abandonar tecnologias úteis sem se verem penalizadas por isso. Um caso célebre é o abandono das armas de fogo no Japão, onde foram introduzidas em 1543 por dois aventureiros portugueses munidos de arcabuzes. Os japoneses ficaram logicamente impressionados com esses artefatos para matar, desconhecidos para eles, e em pouco tempo produziam, por sua conta, escopetas, as quais chegaram a aperfeiçoar a tal ponto que em 1600 já possuíam mais e melhores escopetas que qualquer outro país do mundo. Mas, por outro lado, o país tinha uma numerosa elite guerreira, os samurais, versados no uso de espadas e nos combates corpo a corpo. Os samurais desprezavam as escopetas, que permitiam a qualquer um, sem preparação marcial e sem têmpera moral para o combate, liquidar um experiente e valente guerreiro da maneira mais covarde: a distância e até emboscado. Os samurais pressionaram o governo para que restringisse e depois proibisse a fabricação de armas de fogo, e o Japão acabou ficando quase sem escopetas: só guardou umas poucas de recordação. Na Europa também pululavam os aristocratas que desprezavam o uso de armas de fogo (e por razões parecidas às defendidas pelos samurais), mas nenhuma nação europeia podia se permitir renunciar ao poder mortífero das armas de fogo sem se ver exposta à invasão de nações vizinhas equipadas com os últimos avanços tecnológicos nesse setor. O próprio Japão teve que voltar, querendo ou não, à indústria dessas armas depois que a frota norte-americana, sob o comando do comodoro Matthew Perry, apresentou-se em suas costas com uma bem-servida bateria de canhões, em 1853.

Em pleno desfrute de seu esplêndido isolamento cultural, a China se desfez dos relógios mecânicos, dos barcos de transporte e das máquinas hidráulicas de fiar. Os aborígines da Tasmânia desprenderam-se da tecnologia da pesca e dos utensílios de osso, tornando-se a sociedade tecnologicamente mais rudimentar do mundo. Os ilhéus do estreito de Torres deixaram de usar as canoas, e a cerâmica caiu no esquecimento em toda a Polinésia. A arma australiana por excelência, o bumerangue, deixou de ser utilizada no cabo de York, noroeste da Austrália. Tudo isso pode parecer muito chocante para quem imagina que os avanços tecnológicos são irreversíveis, e que, uma vez que um grupo humano cria um invento útil, não se desligará mais dele. Essas considerações de bom senso ignoram que o avanço tecnológico é fruto, em boa medida, de pressões coevolutivas culturais: entre sociedades não isoladas, uma responde aos avanços tecnológicos de seus vizinhos adotando-os e melhorando-os, e também lutando para alcançar novas descobertas que lhe confiram vantagens sobre seus rivais próximos; e estes, por sua vez, responderão de modo similar, ocupados todos em uma corrida coevolutiva na qual é preciso correr simplesmente para não retroceder.

As sociedades europeias não podiam se permitir, dada a forte interatividade que havia entre elas, ser "países lentos", como diria a Rainha de Copas, nem entregar-se a nenhuma forma de "relaxamento" tecnológico, que poderia ter sido fatal para sua sobrevivência. Por outro lado, esses retrocessos tecnológicos aconteceram em sociedades às quais o acaso geográfico (principalmente) concedia os benefícios da solidão. As poderosas pressões coevolutivas que as sociedades não isoladas sofrem forçam-nas a uma frenética corrida tecnológica, na qual cada avanço é respondido por outros avanços ainda maiores, em um processo autocatalítico ou de autorreforço, que faz a expansão tecnológica ter um comportamento que se acelera à medida que se acelera. Esse comportamento positivamente retroalimentado tornou-se mais evidente, naturalmente, nos últimos tempos.[15]

Rapa Nui – Uma Aventura no Paraíso[16]

A solidão geográfica e cultural tornou possível, por outro lado, que alguns grupos humanos tenham podido se entregar durante séculos a práticas culturais "suicidas"; coisa que o filme *Rapa Nui – Uma Aventura no Paraíso*, de Kevin Reynolds, ilustra bem.

Há cerca de uns 1600 anos (lá pelo ano 400 d.C.), uma tribo da Polinésia descobriu e colonizou uma remota ilha dos mares do Sul, 3700 quilômetros a oeste do Chile, que era, na época, um paraíso de vegetação luxuriante. Esses ignotos navegantes ficaram perdidos por lá durante cerca de mil anos, completamente isolados do resto do mundo. Mas, certo dia, no domingo de Páscoa de 1722, marinheiros holandeses, comandados por Jacob Roggeveen, redescobriram a ilha, que chamaram de Ilha de Páscoa. Não era assim que os nativos a denominavam: após tantos séculos de falta de contato com outros povos, os habitantes da ilha deram para acreditar que eram os únicos habitantes do mundo, e por isso chamavam-na de ilha Rapa Nui, que literalmente quer dizer "Umbigo do Mundo". Nesses mais de mil anos de ocupação aborígine, Rapa Nui havia mudado de aparência: já não era o Éden exuberante que os polinésios haviam encontrado; o que os europeus viram era uma paisagem árida, sem árvores, habitada por umas sete mil almas. Mas o que mais impressionou os europeus foram as enormes estátuas de pedra de até 85 toneladas de peso e onze metros de altura que durante esses séculos de incomunicabilidade com o mundo os nativos haviam erigido para maior glória de seus antepassados. Em 1500 haviam sido entalhadas cerca de mil estátuas, das quais 324 estavam em pé, mas o bosque havia sido destruído no processo.

O filme de Kevin Reynolds mostra como esse tranquilo desmatamento foi o resultado colateral, o subproduto coletivo do empenho dos aborígines em erigir os ídolos de pedra. Em um local onde não se dispunha de tração animal eficiente, nem de metais nem de rodas, os habitantes de Rapa Nui tiveram que cortar as árvores para usá-las como rolos sobre as quais transportar, arrastando, os enormes blocos de pedra; também utilizavam os troncos das árvores como alavancas para erguer as estátuas depois de entalhadas. Os ilhéus foram comendo seu próprio bosque enquanto erguiam esses enigmáticos megálitos. Com o desmatamento veio a fome: a erosão do solo reduziu as colheitas e impediu a construção de canoas para pescar. A densamente povoada ilha (mais de 93 habitantes por km^2) não mais podia sustentar uma população de sete mil pessoas, que acabou entregue a uma decomposição interna por guerras e canibalismo.[17]

O desmatamento é um subproduto coletivo pernicioso (uma espécie de desordem espontânea), e não é o único. A poluição atmosférica é outro exemplo. Quando os milhões de habitantes de uma grande cidade pegam o automóvel pela manhã, não o fazem com o propósito de poluir a atmosfera, mas de chegar mais cedo e com mais conforto ao trabalho, de fazer suas compras ou talvez de dar um despreocupado passeio de carro pela cidade; mas não resta dúvida de que, ao mesmo tempo que fazem isso, estão também, sem pretender, ajudando a tornar o ar da cidade mais irrespirável. E é uma pena. Como também foi uma pena – para mudar de lugar e de época – que a região da Mesopotâmia, que inicialmente era um vergel, fosse se transformando progressivamente em um deserto quando – há cerca de 6 mil anos – foi implantada nessa região a irrigação em grande escala. Ninguém pareceu se dar conta de que isso fazia as correntes dos rios Tigre e Eufrates arrastarem, a cada ano, uns dois centímetros e meio do rico manto vegetal, depositando, em seu lugar, minerais salinos que, após muitas gerações, acabaram por estragar o solo, transformando-o no deserto que é hoje. O que todos percebiam é que, no começo, a produtividade do trabalho agrícola aumentou de maneira espetacular; os efeitos negativos passaram despercebidos até que foi muito tarde para detê-los. São esses subprodutos sociais com uma distorção claramente degenerativa que causam especiais sensações de indefensabilidade nos seres humanos: pela mesma razão pela qual cada indivíduo tem um poder quase nulo para determinar o aspecto dos subprodutos sociais positivos, é igualmente desvalido para controlar essas malformações coletivas.

No caso de Rapa Nui, e dada a ausência de pressões seletivas por parte de outros grupos humanos, parece que só uma autoridade política poderia ter retificado o curso devastador que os acontecimentos tomavam; algo que não aconteceu.

Conclusões (por enquanto)

Neste capítulo, vimos como os subprodutos coletivos vão aflorando ao longo de extensos períodos históricos. A condição histórica dos subprodutos coletivos faz as questões de dependência do caminho e as forças de retroação positiva ganharem importância. É difícil, ou no mínimo arriscado, na presença delas, falar que um subproduto coletivo é ótimo ou eficiente; é provável que esse modo de falar seja simplesmente equivocado ou enganoso nesse tipo de situação. De qualquer maneira, parece mais fácil perceber quando um subproduto coletivo ganhou um aspecto prejudicial e nocivo para quem o engendrou e este o continua mantendo com vida, apesar de seus efeitos deletérios. A crença funcionalista de que *não podem existir* subprodutos coletivos "maus" em muitos casos não é justificada. Os processos de competição com outros grupos humanos não parecem bastar para garantir nada nesse terreno, para não dizer que às vezes a competição intergrupos pode dar lugar a corridas coevolutivas desperdiçadoras de recursos e de semblante irracional.

Se não quisermos ficar desarmados diante das desordens espontâneas, ainda parecem restar os poderes públicos como meios para a retificação racional desses processos degenerativos. Mas não se deve dar por certo que uma agência política possa prever a deriva perniciosa que um certo subproduto coletivo está tomando, e, se o fizer, também nada garante que terá sucesso na retificação de seu curso. Mesmo se todos esses receios puderem ser ajeitados, resta ainda o problema dos "temíveis recepcionistas": que um Estado, diante desse tipo de malformação social (real ou simplesmente presumida), empreenda um trabalho de cirurgia de massa na ordem social e se empenhe em remodelá-la desde o princípio, animado por ardores utópicos. Ninguém tem certeza, ainda, no começo do século XXI, da quantidade de intervenção intelectual explícita e consciente necessária para incrementar a ordem social ou para interromper possíveis malformações sociais, e é possível que todo o problema se revele insolúvel; mas, após os ensaios de construção total e totalitária da vida coletiva havidos no século XX, já podemos ter certeza de uma coisa: uma sociedade submetida por inteiro ao controle intelectual (ou que meramente busque conseguir tal controle) é uma sociedade que acabará, cedo ou tarde, afundada na má sorte; e uma má sorte não casual: onde se põe em marcha um plano coletivo, as liberdades individuais tendem a desaparecer, e desaparecem de maneira mais fulminante e difícil de recuperar quanto mais profundo e radical for esse plano de regeneração a fundo de uma sociedade. O plano coletivo é uma criatura voraz que tende a engolir e ver como competidor qualquer plano de vida individual. No capítulo seguinte, continuaremos mergulhando nessas questões, e principalmente veremos como os subprodutos coletivos – bons ou maus, proveitosos ou nocivos – formam a parte principal da teia de aranha institucional na qual nos movemos corriqueiramente. Mas certas palavras de Hayek vêm a calhar aqui como perfeito resumo destas conclusões:

> *Na medida em que aprendamos a compreender as forças espontâneas, podemos acalentar esperanças de usá-las e modificar suas operações por meio dos ajustes apropriados nas instituições que fazem parte de um processo mais amplo. Mas há todo um mundo de distância entre influenciar os processos espontâneos e fazer uso deles (por um lado) e tentar substituí-los por uma organização que se baseia no controle consciente (por outro).*[18]

Notas

1 *Micromotives and Macrobehavior*, op. cit., p. 19.

2 Essa definição de "ineficiência" devemos ao economista e sociólogo italiano Vilfredo Pareto. Já alertei para o quão enganosas se tornam as noções de eficiência e ineficiência em contextos históricos; mas aqui estamos falando de uma espécie de quadro fixo, e acho que neste caso é mais admissível o uso desses termos. De fato, a eficiência de Pareto é um conceito antes de mais nada estático, e só dá problemas quando se tenta transformá-lo em um conceito dinâmico, ou, mais ainda, quando se impede que se leve em conta o poder (dissolutivo) da história em qualquer definição do conceito de eficiência.

3 Se a definição de eficiência é devida a Pareto, a de equilíbrio que acabo de apresentar tem por autor o matemático e prêmio Nobel de Economia John Nash, que se tornou popular recentemente graças, principalmente, ao filme *Uma Mente Brilhante*, de Ron Howard.

4 B. Leoni, *La libertad y la ley*, Madri, Unión Editorial, 1995, p. 109.

5 José María Calleja, *¡Arriba Euskadi!*, Madri, Espasa Calpe, 2001, p. 185 e 186. Um caso similar de tumor inserido no tecido social é o da Máfia no Sul da Itália. A Máfia esteve a ponto de afundar no Estado fascista, mas em uma democracia é difícil que os políticos resistam ao jogo de trocar os apoios eleitorais de que precisam – e que esses grupos podem buscar – pela tolerância a suas atividades. Veja, sobre isso, o artigo de Diego Gambetta, "La Mafia: el precio de la desconfianza", em F. Aguiar (ed.), "Intereses individuales y acción colectiva", *Zona Abierta*, n. 54-55 (1990), p. 115-138.

6 Friedrich Hayek, *Law, Legislation and Liberty*. Vol. 1: *Rules and Order*, Londres, Routledge, 1982, p. 99. Hayek fala expressamente de "seleção natural de normas" entre diferentes grupos humanos em seu livro *Studies in Philosophy Politics and Economics*, Londres, Routledge & Kegan Paul, 1967, p. 67. Veja também, do mesmo autor, *New Studies in Philosophy, Politics, Economics and the History of Ideas*, Londres, Routledge & Kegan Paul, 1978, p. 7 e 8. Não obstante, a posição de Hayek está longe de ser nítida e inequívoca nesse ponto crucial, e em outros momentos admite que podem ocorrer retificações deliberadas em uma ordem social espontânea que contribuam para sua melhoria. Declarações desse teor menos que funcionalista podem ser encontradas em *Studies in Philosophy, Politics and Economics*, p. 72; *New Studies in Philosophy, Politics, Economics and the History of Ideas*, p. 19-22; *Law, Legislation and Liberty*. Vol. 1: *Rules and Order*, p. 88 e 89.

7 F. A. Hayek, *Studies in Philosophy, Politics and Economics*, op. cit., p. 101.

8 Lembre-se da distinção que Rawls introduz entre justiça processual perfeita, justiça processual imperfeita e justiça puramente processual, que já vimos ao tratar a questão da divisão do ouro entre Ben Rumson e seu Sócio em *Os Aventureiros do Ouro*.

9 G. Brennan e J. M. Buchanan, *The reason of rules* [A razão das regras], Cambridge, Cambridge University Press, 1985, p. 45. Mas Buchanan acrescenta esta interessante observação: "Essa avaliação orientada ao processo não precisa descartar uma possível retroalimentação entre os resultados e as avaliações dos processos. Configurações de resultados engendradas sob processos ou regras particulares podem ser tais que tornem os próprios processos inaceitáveis". Essas palavras revelam que, também para Buchanan, temos capacidade para intuir diretamente (e independente do processo) que alguns estados de coisas são clamorosamente

inadmissíveis, por mais impoluto que tenha sido o processo que desembocou em uma situação assim.

10 Veja H. Curtis e N. S. Barnes, *Invitación a la biología* [Convite à biologia], Editorial Médica Panamericana, Madri, 1995, p. 349.

11 Carl Sagan, *Cosmos*, Barcelona, Planeta, 1998, p. 278 e 279. [Edição brasileira: *Cosmos*, Rio de Janeiro, Francisco Alves, 1986.]

12 Veja S. J. Gould e E. S. Vrba, "Exaptation: A Missing Term in the Science of Form", *Paleobiology* 8(1): 4-15 (1982).

13 R. M. Nesse e G. C. Williams, *Por qué enfermamos?* [Por que adoecemos], Barcelona, Grijalbo, 2000, p. 77 e 78. Em sentido parecido, Richard Dawkins expressa-se em seu livro *El río del Edén*, Madri, Debate, 2000, p. 132-139 [Edição brasileira: *Rio que saía do Éden: uma visão darwiniana da vida*, Rio de Janeiro, Rocco, 1994].

14 Para o jogo do leilão do dólar, veja o artigo de Martin Shubik, "The Dollar Auction Game: A Paradox in Noncooperative Behavior and Escalation" [O jogo do leilão do dólar: um paradoxo em comportamento não cooperativo e escalada], *Journal of Conflit Resolution* 15: 545-547 (1971); e também o livro de William Pounstone, *El dilema del prisionero*, Madri, Alianza Editorial, 1995, p. 390-410. Tirei a referência ao leilão do dólar de meu próprio livro *El gobierno de la fortuna,* Barcelona, Crítica, 2000, p. 68-70; nele, você encontrará, se desejar, detalhes e comentários adicionais.

15 Para tudo isso, consulte o livro de Jared Diamond, *Armas, gérmenes y acero*, Madri, Debate, 1998, p. 294 e 295 [Edição brasileira: *Armas, germes e aço*, Rio de Janeiro, Record, 2001].

16 Foi Cristina Sánchez Belmonte que me indicou esse filme como útil para abordar a questão dos subprodutos coletivos; agradeço-lhe por isso.

17 Jared Diamond, *El tercer chimpancé* [O terceiro chimpanzé], Madri, Espasa Calpe, 1994, p. 419 e 420.

18 Friedrich Hayek, *The Counter-Revolution of Science*, Indianápolis, Liberty Press, 1979, p. 149.

TRILHAS SEM DONO
O Preço da Glória

Com o que foi dito nos três capítulos precedentes, já temos uma ideia clara do que são os subprodutos coletivos. Neste capítulo e nos dois seguintes haverá oportunidade de comprovar que alguns dos principais fenômenos e instituições sociais são também subprodutos coletivos ou, pelo menos, surgem como tais.

A evolução das línguas

No século v a.C., os sofistas discutiam se falar uma língua era "natural" (uma operação parecida a comer ou copular) ou "produto de uma convenção". E, no ano de 1746, o filósofo iluminista Étienne Bonnot de Condillac (1715-1780) deu início a uma ardente polêmica que dividiu os pensadores entre os que achavam que as línguas eram uma invenção humana e os que supunham que haviam sido dadas à humanidade por Deus. A ideia de que as línguas (com seu rico léxico, sua por vezes intrincada gramática etc.) possam ser naturais ou tenham sido um dom divino hoje mal vale a pena ser discutida. Mas, por outro lado, a hipótese rival (a de que são uma invenção humana ou o fruto de um acordo ou convenção explícito) é interessante porque reflete muito bem uma curiosa fixação que temos: a de que tudo que é produto humano tem obrigatoriamente que ser um produto deliberado ou obtido por acordo. A imagem de que o vocabulário de uma língua ou suas regras gramaticais foram urdidos em alguma época histórica por inteligências eminentes, e que esse legado cultural nos foi, depois, transmitido de geração em geração, é, só pensando um pouco nela, evidentemente absurda. Mas se uma língua não é um produto natural nem um dom divino nem o fruto de uma convenção humana ocorrida no passado, então, o que é? Como surgiu e como evoluiu?

De novo a resposta certa é que uma língua (no estado em que atualmente se encontre) é o subproduto coletivo do que andaram fazendo com ela seus sucessivos falantes ao longo de sua extensa história; tendo em conta, além disso – e isso é o crucial –, que quem usa uma língua o faz para coisas tão díspares como pedir o sal, contar piadas, fornecer certificados, expressar suas emoções, expor suas ideias, anunciar vitórias eleitorais, solicitar licença-maternidade etc.; mas, evidentemente, não visando alterar as normas sintáticas ou ampliar (ou empobrecer) o acervo léxico dessa língua. Essas circunstâncias de modificação das normas ou incremento dos recursos expressivos, quando acontecem, são resultados não intencionais de tudo o que os usuários da língua fazem guiados por outros fins conscientes.[1]

Se teletransportássemos, por meios mágicos, um falante de castelhano do século XVII para o nosso século XXI, logo notaríamos sua confusão e suas dificuldades para acompanhar uma conversação como as de hoje: embora a gramática de base seja a mesma, o vocabulário e as mudanças idiomáticas lhe dariam sérios problemas para entender o que estivesse ouvindo. E, se decidisse participar da conversa, sua maneira de falar chocaria qualquer um e não passaria despercebida.[2] A língua que ele usa, embora idêntica em sua substância gramatical, sofreu mudanças importantes. Essas mudanças não foram decretadas por ninguém – nenhuma autoridade linguística –, mas são o efeito acumulativo daquilo que muitas gerações de falantes andaram fazendo com o idioma; a língua evoluiu por impulsos – pequenos impulsos – do variado modo como foi usada por seus falantes. Algumas dessas variações se fixaram, outras foram perdidas, outras podem experimentar um ressurgimento imprevisível nos dias de hoje. O que é certeza é que todo esse processo de variação e retenção seletiva das novidades ocorre independente da vontade e da consciência de quem o levou a cabo; e também não é o resultado do planejamento de especialistas e autoridades acadêmicas.

A multiplicidade de falantes, a descentralização com que agem, a inconsciência acerca da conexão entre seus propósitos ao utilizar uma língua e a minúscula incidência desses usos sobre sua estrutura e, por último, os vastos intervalos temporais necessários para que essas pequenas alterações não intencionais tenham efeitos visíveis sobre a língua fazem que os falantes – longe de se sentirem criadores e mantenedores de sua língua – considerem-na algo alheio; algo em que são incapazes de se reconhecer como autores voluntários. Muito pelo contrário: as normas de uso da língua parecem-lhes impostas; e de fato é assim, são impostas, mas não por nenhuma autoridade linguística específica e identificável, mas pelo peso de uma história anterior de uso da qual eles não participaram e da qual são legatários; e sobre esse legado não podem exercer nenhum controle. Em outras palavras, experimentam alienação e sensação de indefensabilidade a respeito daquilo que foi resultado da própria atividade humana, e tendem a acreditar que a autoria da linguagem ou é algo misterioso, ou procede do poder divino, ou é o resultado de um acordo espectral que aconteceu entre nossos antepassados. Muito mais perto da verdade estará quem pensar que uma língua se origina e consolida de modo parecido à criação de uma trilha em um bosque. E também muda de modo parecido: abrindo novas variantes de uso, de início incipientes e fruto, talvez, de erros e incompetência verbal, mas algumas das quais vão se “endurecendo” e ganhando certificado de natureza.

É curioso que o catedrático de Linguística Enrique Bernárdez utilize a mesma metáfora da trilha em seu livro *Qué son las lenguas?* [O que são as línguas], para esclarecer a dinâmica da mudança linguística:

> *[...] vale a pena usar um exemplo muito significativo proposto pelo linguista alemão Rudi Keller. Não fala de linguagem, mas nela acontece exatamente a mesma coisa.*
>
> *Imagine um edifício público. Tem uma entrada principal e, para enfeitar, um belo gramado. Para chegar à entrada é preciso rodear o jardim*

pela direita ou pela esquerda. Mas, um dia, chega alguém com pressa; em vez de circundar o jardim, atravessa atrevidamente pela grama (pode acontecer que alguém lhe chame a atenção). Como sempre há bastante gente com pressa, não será só um perverso a atravessar por onde não deve. Como se deseja chegar à entrada, quase todos irão em linha reta a partir do outro lado do jardim, "a distância mais curta entre dois pontos". Assim, aos poucos, um certo corredor de grama em piores condições vai ficando marcado, até que se torne claramente visível. E chega você, um dia, com especial pressa ou especial cansaço ou especial preguiça. Vê que outras pessoas atravessaram pelo gramado, de modo que... Ah, só hoje... A mesma coisa acontece com muitos outros que normalmente seriam cumpridores das normas, de modo que o novo caminho irá se tornando cada vez mais definido. E outros que normalmente não cortariam caminho pela grama decidem que "já que todo mundo vai...". No fim, há um caminho sem grama que vai em linha reta até a entrada do edifício. O que fazer? Duas opções: replantar a grama e cercar o jardim, de modo que ninguém mais possa continuar usando esse caminho; ou reconhecer que não há mais solução senão dar caráter oficial à passagem pelo gramado. Sempre haverá puristas que seguirão o caminho original rodeando a grama, mas cada vez serão menos.

Com a linguagem acontece exatamente a mesma coisa, mas com uma diferença: é impossível pôr cercas.[3]

As Academias da Língua e os gramáticos são inúteis?

Sendo verdade o que Bernárdez disse acerca da futilidade de pretender pôr cercas na evolução da língua, questionamos para que servem, então, as Academias e os gramáticos, ou se servem para alguma coisa. Evidentemente, o que podemos descartar é que sejam necessários para que as pessoas se entendam quando falam. A primeira *Gramática de la lengua castellana* foi a de Antonio de Nebrija, publicada em 1492; é evidente, e sobre isso não há muito que discutir, que as pessoas que usavam essa língua se entendiam perfeitamente entre si antes dessa data, e não precisaram ler a gramática de Nebrija – de cuja existência só poucos ficaram sabendo – para utilizar corretamente seu idioma. Falar bem um idioma é uma destreza prática que não precisa de conhecimentos teóricos prévios para ser exercida. Embora seja um preconceito intelectualista muito difundido supor que é preciso ter conhecimento teórico das normas de uma habilidade prática para desenvolvê-la depois com eficiência e desenvoltura, por sorte as coisas não são assim para todos. Imitar o que fazem aqueles que já são competentes nessa habilidade é, como sugere Bernárdez, suficiente para ser competente nela e agir *como se* dominássemos suas regras. Não é preciso conhecer essas regras separada e anteriormente.

Mas, por outro lado, as normas de uso do castelhano falado e escrito tinham, naquela época e agora, uma dispersão e uma heterogeneidade que devem ter causado certa impaciência à mentalidade racionalista e amiga da ordem de Antonio de Nebrija. Percebe-se essa tentativa de pôr ordem e concerto nos usos da língua no que ele escreveu acerca de sua própria obra: "[...] Concordei, diante de todas as outras coisas, em reduzir em artifícios esta nossa linguagem castelhana".[4]

O lema da Academia da Língua Espanhola é "limpa, fixa e dá esplendor". Os gramáticos têm um trabalho de limpeza a fazer, hão de tornar mais coerente a dispersão nos usos linguísticos que encontram diante de si. Também é tarefa deles podar a profusão de maneiras diferentes de escrever uma mesma palavra, normatizar uma certa ortografia e privilegiá-la acima de outras possíveis. O errado seria excederem-se nesse trabalho purificador e limpar além da conta, levados pela urgência estética de "dar esplendor". É preciso espantar a tentação perfeccionista; certas redundâncias e imprecisões no idioma (falado ou escrito) podem ser vistas até mesmo como provas de sua vitalidade. Por isso, as tentativas periodicamente empreendidas de purificar a ortografia do castelhano até fazê-la adquirir uma pureza de linhas semelhante à das linguagens lógicas são – restam poucas dúvidas sobre isso – um erro. Lógicos, escritores, linguistas ou gramáticos podem ter ataques de irritação por causa dessas imperfeições e redundâncias mais que óbvias, mas é próprio das linguagens naturais trazer consigo essa gordura supérflua e não serem completamente enxutas; e, ainda, carregar um lastro de imperfeições revela, como já sabemos, a origem e a índole evolutivas de um fenômeno. Como os próprios organismos vivos, as línguas se modificam paulatinamente à margem, dando por boa a estrutura herdada (eis aqui, de novo, a "lei das partes usadas" que vimos no capítulo anterior). Essas redundâncias e arbitrariedades da ortografia castelhana são resultados que dependem da longa e tortuosa trilha que conduziu a elas.

A volúvel ortografia

A condição histórica de uma língua, e os bizantinismos e extravagâncias a que essa condição pode dar lugar, costuma estar refletida do modo mais visível em sua ortografia. Talvez em nenhuma parte da linguística se tenha procurado eliminar as imperfeições devidas ao lastro histórico quanto nessa.

A primeira ortografia castelhana data do século XIII e deve-se a Alfonso X, o Sábio, que entronizou o castelhano como língua oficial do reino; mas sua ortografia é instável, variável, e reflete a falta de unidade fonética do idioma. Foi o próprio Antonio de Nebrija que, 25 anos depois de publicar sua *Gramática*, escreveu o que costuma ser considerado o primeiro tratado de ortografia castelhana: *Reglas de orthographia en la lengua castellana* (Alcalá de Henares, 1517).

Mas o poder normativo e exemplar desse texto deve ter sido escasso, pois a anarquia ortográfica continuava sendo visível (não era raro, por exemplo, que um autor empregasse grafias diferentes para escrever a mesma palavra na mesma página), e assim continuariam as coisas até o século XVIII, quando, em 1713, foi fundada a Real Academia Espanhola, por Felipe V, e publicado o *Diccionario de autoridades*, cujos seis volumes foram editados entre 1726 e 1739. A independência das colônias de ultramar fez que brotassem ensaios de reforma da ortografia castelhana em toda a América Hispânica durante o século XIX, e os mais conhecidos são os de Andrés Bello e Domingo Faustino Sarmiento, que propuseram coisas tão sensatas quanto suprimir o *h*, omitir o *u* mudo depois de *q* ou *g* (*qerido* e *gerra*) ou utilizar o *y* só como consoante, e não como vogal; isto é, escrever *yema*, *rei* e *mui* [gema, rei e muito].

Em 1951, Julio Casares escreveu *Problemas de prosodia y ortografia en el Diccionario y en la Gramática*, que refundiu depois em *Nuevas normas de prosodia y ortografia – Nuevo texto definitivo* (Madri, Espasa Calpe, 1959), que serviram de norma ortográfica até 1999. Casares sugere, entre outras coisas, escrever os monossílabos (como *dio, fue* [deu, foi]) sem acento, assim como os pronomes demonstrativos.

Jesús Mosterín incentivou, sem sucesso (em *La ortografía fonémica del español*, Madri, Alianza Editorial, 1981), a supressão do *h* (salvo quando for preciso distinguir entre palavras como *reusar* [reusar] e *rehusar* [rejeitar]), substituir o *c* e o *q* pelo *k* (*kama* [cama], *kejido* [gemido]) e usar *y* em vez de *ll* (*eya* [ela], *kaye* [rua]).

Gabriel García Márquez, entre os escritores, também manifestou com frequência sua oposição às arbitrariedades da ortografia. Em seu discurso no Congresso Internacional da Língua, realizado em Zacatecas (México), em 1997, proclamou:

> *Aposentemos a ortografia, terror do ser humano desde o berço, enterremos os agás rupestres, assinemos um tratado de limites entre o* ge *e o* jota, *façamos mais uso da razão nos acentos gráficos, pois, ao fim e ao cabo, ninguém há de ler* lagrima *onde diz* lágrima *nem confundirá* revólver *com* revolver.

Ninguém parece estar contente com a ortografia e nunca faltará quem busque "racionalizá-la" um pouco mais. Nem a nova *Ortografía de la lengua española* (Madri, Espasa Calpe, 1999) deixou todos satisfeitos, nem menos que isso.

Em qualquer uma dessas propostas de reforma percebe-se a tentativa de simplificar e homogeneizar as regras da língua escrita para, desse modo, facilitar sua aprendizagem. Mas tropeçamos aqui com dificuldades similares às de substituir o teclado QWERTY: as inércias individuais e as coletivas são importantes o bastante para deixar de levantar ceticismos sobre a obediência a essas reformas (as que ainda estejam por vir). As pessoas aprendem a escrever de uma forma que lhes ensinaram ser a correta, e lhes parece fraudulento qualquer tentativa de trocar as regras, para não dizer que lhes custa desaprendê-las para aprender outras novas (que, além do mais, pressentem também não serem as definitivas). Perde-se, com tudo isso, o que os juristas chamam de "certeza da lei", a confiança em sua durabilidade. Isso José Ortega y Gasset destacou com humor quando contou...

> *... o caso do cigano que vai se confessar, e quando o sacerdote lhe pergunta quais são os mandamentos da lei de Deus, o cigano responde:*
> *– Veja o senhor, padre; eu ia aprendê-los, mas ouvi por aí um rumor de que vão ser eliminados...*[5]

Por outro lado, a profusão de reformas ortográficas milita, também, contra as externalidades de rede: para muitos, é preferível contar com uma ortografia padrão, por mais caprichosa ou irracional que seja em algum de seus extremos, do que sofrer a dispersão de normas ortográficas que acompanha fatidicamente as propostas de reforma, especialmente se acontecerem com rapidez.

Será que é preciso mencionar, por último, que uma ortografia ideal é uma utopia linguística que, como qualquer utopia, não se deixa capturar porque não existe nem deve existir?[6]

Equilíbrio reflexivo

A língua escrita é, por sua própria natureza, mais dócil à retificação racionalizadora; mas perseguir esses mesmos objetivos em relação à língua falada é como tentar colocar portas no campo. Só se as pretensões forem modestas e justificadas poderemos tirar algo de positivo dessas intervenções deliberadas no terreno dos subprodutos coletivos. Embora seja uma questão sutil – inclusive de uma sutileza frágil –, há margem para empreender cirurgias racionais reparadoras no corpo das ordens espontâneas que delas necessitarem, desde que essas cirurgias sejam justificadas pelo que John Rawls, em outro contexto, chamava de tentativa de atingir um "equilíbrio reflexivo" entre os fatos (linguísticos, neste caso) e a teoria. Os gramáticos fazem bem em colocar mais ordem e concerto nos usos linguísticos e nas maneiras de falar e escrever o idioma, mas não devem se entusiasmar e pretender a perfeição: a tentação do bem, seja no âmbito individual ou no coletivo, é sempre ruim. Os linguistas agirão do melhor modo se temperarem seus impulsos cirúrgicos e sua "criatividade", lembrando que sua principal incumbência é, por um lado, fazer o papel de notários do que já há, e, por outro, dar maior congruência aos usos verbais e escritos existentes, e não pretender criar usos novos (de sua própria colheita) e tentar impô-los aos falantes, ou destruir outros difundidos entre esses mesmos falantes. Tudo bem que a teoria gramatical corrija os fatos linguísticos, mas esses fatos, por sua vez, impõem limites ao trabalho organizador dos gramáticos, que hão de efetuar constantes viagens de ida e volta entre os usos linguísticos estabelecidos e as normas que poderiam lhes outorgar uma forma mais nítida e simples; sem cair na tentação de pretender que nenhum desses extremos triunfe sobre o outro, mas procurando um "equilíbrio reflexivo" (como diria Rawls) entre eles. E, evidentemente, as autoridades acadêmicas devem controlar seus ímpetos intelectualistas e estéticos de conseguir uma língua perfeita. Eles não têm poder (nem devem ter) para uma "façanha" desse calibre e para petrificar, com isso, a evolução expansiva de um idioma.

Esse processo de ajuste e correção paulatinos, e nunca terminados, entre teoria e fatos, que Rawls chama de "equilíbrio reflexivo", é possível *onde se dá a condição humana tanto da teoria quanto da realidade teorizada por ela.* Quando um gramático sensato (não um perfeccionista e utópico) aceita que os fatos linguísticos hão de corrigir a teoria, mas também pretende que a teoria corrija um pouco os fatos linguísticos, está querendo, ao mesmo tempo, agir como notário da realidade e como alterador dela. Uma busca de equilíbrio reflexivo entre teoria e fatos só tem sentido no terreno das Ciências Sociais, não no das Ciências Naturais: um físico, por exemplo, não pode fazer nada para acomodar a realidade "um pouco mais" ao que sua teoria diz dela. O equilíbrio reflexivo (como as profecias autorrealizáveis ou as convenções simbólicas) é um fenômeno próprio da realidade social, mas não da realidade física pura.

A batalha de Borodino[7]

Os acontecimentos históricos também se comportam como as trilhas em um bosque: nós as fazemos, cada um de nós (de novo: se não, quem seria?), mas tendemos a achar que sobrevêm como algo que cai sobre nós e a cujos imperativos temos que nos dobrar. Pensemos em algo específico, como a batalha de Borodino, ocorrida em 26 de agosto de 1812 entre as tropas francesas que Napoleão comandava e as russas do tsar Alexandre I. Veremos, para isso, a maravilhosa versão desses acontecimentos que aparece no romance de Lev Tolstoi, *Guerra e Paz.*

Em 12 de junho de 1812, os exércitos de Napoleão atravessaram a fronteira da Rússia (pelo rio Niemen) e começou a campanha russa das guerras napoleônicas.[8] Ao atravessar o Niemen, o exército de Napoleão contava com cerca de 475 mil soldados. Antes de iniciar a batalha de Smolensk, já dispunha de apenas 155 mil; antes de Borodino restavam 130 mil; a Moscou chegaram 100 mil; e depois da terrível retirada em pleno inverno, pelas intermináveis estepes russas, tornaram a atravessar o Niemen apenas 5 mil. Na desatinada campanha russa, Napoleão malbaratou seu exército (a famosa *Grande Armée*) e sua própria estrela começou a declinar sem remédio.

Como diz Tolstoi, os historiadores russos querem fazer a posteridade acreditar que o plano secreto do tsar Alexandre I era atrair Napoleão para o interior da Rússia, para que o frio intenso do inverno russo e a ausência de butim (os russos queimavam sistematicamente os povoados que se viam obrigados a abandonar) dessem conta do exército de Napoleão. Mas isso é uma racionalização *ex post facto*, uma tentativa tardia de justificar, uma demonstração do conhecido empenho de fazer parecer fruto de um projeto inteligente o que, na realidade, foi um sem-fim de manobras descoordenadas que, se pretendiam alguma coisa, não era atrair ladinamente Napoleão para o que depois seria sua ruína, mas repeli-lo, expulsá-lo do "sagrado" solo russo. Segundo Tolstoi:

> *Atrair Napoleão para o interior da Rússia não foi o resultado de um determinado plano (ninguém julgava isso possível), mas de um complicadíssimo jogo de intrigas, ambições e desejos de todos os que participavam da guerra, que não podiam adivinhar que ali, e somente ali, estava a salvação da Rússia.*
>
> *Tudo aconteceu por acaso. Os exércitos ficaram divididos no começo da campanha. Os russos se empenharam em reuni-los para lutar e deter a invasão inimiga, mas, nesse afã de reuni-los, evitaram o encontro com um inimigo mais forte e, retrocedendo involuntariamente em ângulo agudo, atraíram os franceses para Smolensk. Mas, além de retroceder em ângulo agudo, porque os franceses avançavam entre os dois exércitos, o ângulo se tornava cada vez mais agudo e os russos se afastavam cada vez mais, porque Barclay de Tolly, um alemão impopular, ficou irritado com Bagration*

(subordinado dele), e este, que comandava o segundo exército, procurou retardar a reunião com Barclay, para não se colocar sob seu comando.

Finalmente as duas alas do exército russo uniram-se em Smolensk e ali travou-se a primeira batalha (17 de agosto de 1812). A batalha de Borodino, posterior, foi mais decisiva (7 de setembro), por força do acaso e da improvisação. Por exemplo, a ordem de operações de Napoleão era quase inteiramente impraticável e, de fato, foi desobedecida por ótimas razões. Tudo isso não era totalmente responsabilidade de Napoleão, pois os relatórios que recebia, situado como estava na retaguarda, estavam defasados antes mesmo de serem expedidos, e, por outro lado, muitos deles eram errados, visto que os informantes não haviam sido, na maior parte das vezes, testemunhas do que transmitiam. E era baseado nesses relatórios que Napoleão tinha que organizar as operações. O desconcerto do general-chefe russo, Kutuzov (atordoado pelo volume de informação, frequentemente contraditória, que devia digerir, e pela instabilidade das circunstâncias), não era menor que o de Napoleão, e isso está muito bem retratado por Tolstoi em seu romance.

Diante da "imagem de manual" de que a batalha de Borodino foi uma espécie de partida de xadrez jogada por uma dupla de "grandes homens", Kutuzov e Napoleão, Tolstoi nos oferece outra muito mais convincente: um Napoleão frequentemente afastado do cenário bélico, na retaguarda; um Napoleão que recebia fatalmente distorcidas e atrasadas as notícias sobre tudo o que ocorria na linha de frente e que, consequentemente, dava ordens que já não serviam ou que era até mesmo contraproducente obedecer; um Napoleão surpreendido diversas vezes pelas consequências inesperadas de suas próprias decisões. Eram os comandos intermediários ou até mesmo os próprios soldados que deviam responder a situações absolutamente imprevistas por *l'Empereur*; mas que aconteciam diante de seus olhos e reclamavam solução urgente: eram os militares estrategistas que, improvisando constantemente, adotavam resoluções diante do quadro inevitavelmente parcial da batalha que eles conseguiam conhecer, desconhecendo quase tudo sobre os efeitos dessas resoluções no conjunto da conflagração... E a batalha acabou sendo tecida como o resultado inopinado desse inextricável emaranhado de improvisações.

A situação era tão confusa depois da batalha que os russos, que haviam perdido a metade de seu exército (e Napoleão um quarto do seu), achavam tê-la ganho. Tolstoi descreve admiravelmente como os próprios protagonistas diretos da contenda saíram aturdidos dela e como foram os historiadores (que, evidentemente, não estiveram presentes no palco dos acontecimentos) que, décadas depois, proporcionaram um quadro *coerente* da batalha de Borodino e a apresentaram como uma vitória parcial dos *planos* estratégicos de Napoleão.[9] Aquele heterogêneo mosaico de homens desconcertados que punham em jogo seu melhor repertório de destrezas para sobreviver em circunstâncias excepcionais, todo aquele impenetrável acervo de pequenos acertos e pequenos erros cometidos por obscuros personagens anônimos, desaparece em favor da persuasiva narração de uma espécie de partida de xadrez jogada entre um número limitado de grandes homens. Os próprios envolvidos nos acontecimentos, adverte Tolstoi, são os primeiros a se despojar, com alívio intelectual, da tumultuada confusão de imagens que conservam em sua memória em favor do relato ordenado e dotado de sentido que lhes oferecem aqueles que estiveram ausentes dos fatos. Erguendo-se contra esse empenho recorrente e desfigurador de fazer o que, na realidade, foi um grande acúmulo de consequências não buscadas parecer algo submetido ao controle inteligente dos homens, Tolstoi se atreve a mostrar "a pouca importância que, segundo minhas ideias, têm os chamados grandes homens nos acontecimentos históricos".

Os historiadores "inventam" a batalha de Borodino em dois sentidos diferentes.

Em primeiro lugar, descrevem a macroestrutura, os grandes traços da batalha, ignorando a grande abundância de microbatalhas a partir da qual surgiu essa macroestrutura.

E, em segundo lugar, deformam aquilo em que consistiu a conflagração, apresentando-a sob uma luz que parece muito mais submetida à direção racional dos homens (e, ainda por cima, de uns poucos homens) do que na verdade esteve.

A primeira maneira de deformar a história é difícil de evitar e parece unida ao trabalho do historiador: não ter estado lá, não dispor de meios para descrever minuciosamente fatos históricos e não desejar ser tão imensamente prolixo quanto requereria o trabalho de expor essas minúcias; cada uma dessas circunstâncias em separado, e todas elas juntas, levam o historiador a ter a tendência de simplificar e "intelectualizar" aquilo que pretende expor. Por tudo isso, simpatizo muito com iniciativas como a dos defensores da história virtual, que tendem a romper com esse malefício de "racionalizar" tudo que pende sobre o trabalho do historiador. Força é reconhecer que é árduo, e até contraditório, contar a história e, ao mesmo tempo, pretender que o que se conta tenha sentido; e isso porque os acontecimentos históricos são tortuosas e complexas consequências não buscadas, não justificadas por intenções específicas e simples que possam ser capturadas em um relato coerente e linear.

Mario Vargas Llosa, em seu romance *O Paraíso na Outra Esquina*, insinua que a batalha de Cangallo, ocorrida em abril de 1834 no Peru, transcorreu também dessa forma confusa e até teatral que depois os historiadores corrigiram e "passaram a limpo". O romancista escreve, dirigindo-se a Flora Tristán:

> *E se todas as batalhas fossem tão disparatadas como a que lhe coube presenciar na Cidade Branca? Um caos humano que, depois, os historiadores, para satisfazer o patriotismo nacional, transformavam em coerentes manifestações do idealismo, da coragem, da generosidade, dos princípios, apagando tudo o que houve nelas de medo, estupidez, avidez, egoísmo, crueldade e ignorância dos mais, sacrificados sem misericórdia pela ambição, cobiça ou fanatismo dos menos. Era possível que dentro de cem anos aquela coisa ridícula, aquela festa das piadas que foi a batalha de Cangallo, aparecesse nos livros de história que os peruanos leriam como uma página exemplar do passado pátrio... Sim, Florita: a história vivida era uma aberração cruel, e a escrita, um labirinto de enganações patrióticas.*

A batalha de Borodino, da forma como aconteceu, foi um subproduto coletivo: a consequência não deliberada e emergente do que fizeram muitos agentes individuais dispersos e movidos por outros propósitos diferentes e mais urgentes (salvar a pele, acabar com o maior número possível de soldados inimigos) que o de dar forma a uma batalha. Tudo o que é compatível, claro está, com admitir que em Borodino havia pessoas, como Napoleão e Kutuzov, com mais poder que outras para influenciar o curso dos acontecimentos; mas tal poder diferencial dista enorme e decisivamente do controle absoluto com que a ingenuidade dos historiadores ou a vaidade dos generais (ou ambas as coisas ao mesmo tempo, reforçando-se entre si) tendem a apresentar esses eventos.[10] O próprio conjunto da campanha napoleônica na Rússia foi um subproduto coletivo, algo que Tolstoi vê com perfeita clareza: "A providência", escreve, "obrigou todos aqueles homens, ocupados com seus fins pessoais, a contribuir na conquista de um único e formidável resultado, do qual nem um só deles (nem Napoleão, nem Alexandre, nem menos ainda qualquer um dos participantes da contenda) tinha a menor ideia".

Podemos ir além e afirmar não só que os acontecimentos históricos são subprodutos coletivos, mas que os demais subprodutos coletivos são tais *porque* são acontecimentos históricos, fenômenos que vão acontecendo ao longo de vastos períodos de tempo e nos quais uma multidão de indivíduos intervém. Também são fenômenos nos quais tudo o que aconteceu no passado restringe (por dependência do caminho) aquilo que possa acontecer no futuro. Tanto a participação das pessoas quanto a extensão no tempo costumam excluir, na prática, que as pessoas pensem sequer em chegar a acordos explícitos sobre o rumo que os acontecimentos históricos devam tomar. E, ainda, as autoconstrições com que os acontecimentos históricos vão se carregando à medida que o tempo passa (os integrantes de um grupo humano herdam os subprodutos coletivos no estado em que seus antecessores os deixaram) ajudam não só a dotá-los de uma certa forma ou silhueta, mas também costumam desencorajar qualquer tentativa de direção intelectual e expressa de suas vicissitudes futuras.[11] Veremos, não obstante, que em algumas ocasiões tentou-se controlar, de maneira "racional" e em massa, a rota dos eventos históricos, e as hecatombes a que isso deu lugar são muito instrutivas.

Podemos, evidentemente, contemplar o filme *Guerra e Paz*, dirigido por King Vidor tomando como base o romance de Tolstoi; acontece, porém, que esses aspectos de filosofia da história, aos quais Tolstoi consagra páginas e mais páginas em sua obra, mal estão apontados no filme de Vidor. A atmosfera de desconcerto e inconsequência de soldados imersos no fragor de uma batalha, cujo perfil nunca chegam a vislumbrar, é muito mais bem apreciada no maravilhoso filme de William Wellman *O Preço da Glória*. O contexto histórico do filme de Wellman é a desesperada ofensiva, conhecida como Operação Herbstnebel (Névoa de Outono), que Hitler ordenou nas Ardenas e que começou em 16 de dezembro de 1944, ao amanhecer. Os nazistas empregaram o 6º Exército encouraçado da SS, comandado por Sepp Dietrich, e o 5º Exército encouraçado, sob as ordens do general Hasso von Manteuffel. Eram 200 mil soldados alemães apoiados por seiscentos tanques contra cerca de 80 mil soldados norte-americanos, que dispunham de quatrocentos tanques. Sepp Dietrich logo viu seu avanço para o norte lenteado, mas o 5º Exército de Manteuffel rompeu as linhas do *front* pelo sul e avançou mais de cem quilômetros, até as imediações do rio Mosa, fazendo cerco à cidade de Bastogne, importante entroncamento de comunicações. A situação das tropas norte-americanas era comprometedora o bastante para que os nazistas pedissem sua rendição; mas o general Anthony McAuliffe, comandante da acossada divisão aerotransportada 101, sabia que tropas de reforço estavam a caminho, e é famosa sua resposta com um sonoro "O caralho!" à exigência de rendição. O filme conta a resistência desesperada dessa divisão aerotransportada durante aquela longa semana de um rigorosíssimo inverno nos arredores de Bastogne, os soldados de um lado fustigados pelos do outro, e todos pela neve e pela névoa. Finalmente, em 24 de dezembro, o céu se abriu e deixou os blindados alemães expostos ao forte fogo aéreo de 5 mil aviões aliados dirigidos pelo general Patton. Em 26 de dezembro, Bastogne era libertada da ofensiva alemã e Manteuffel teve que considerar a Operação Herbstnebel fracassada.[12]

Mas esse é o resumo histórico, e visto do alto, desses dias. Enquanto isso, "os acabados bastardos de Bastogne" (como o general alemão Heinrich von Luwitz, da 47ª Divisão Panzer, chamou os soldados norte-americanos que não davam o braço a torcer) estavam imersos até a medula na névoa e no gelo dos bosques de Bastogne, separados, sem outra ordem específica além da de resistir, sem saber quando os reforços chegariam, quando o céu se abriria e se livrariam daquela névoa insuportável que envolvia seus corpos gelados, vendo atravessarem inopinadamente a seu lado patrulhas alemãs que fingiam falar inglês, e depois se voltavam para disparar contra eles, sem ter notícias certas sobre o andamento da batalha e sem saber se a linha de frente havia sido derrubada pelo embate alemão e eles eram os únicos sobreviventes. O sofrimento intelectual por tanta incerteza fica bem refletido quando o soldado Donald Jarvess (John Hodiak) recebe um exemplar do *Sedalia News*, jornal em que trabalhava antes de ser mobilizado e enviado ao *front*. Por meio desse jornal tem, finalmente, uma vista panorâmica da situação em que ele está metido, escrita por uma pessoa muito especial, sua esposa, que se encontra a milhares de quilômetros dos acontecimentos que narra.

> *– Só uma coisa me incomoda – comenta Jarvess com um colega, que é quem acaba de ler a notícia do que está acontecendo* a eles. *– Quando eu estava no jornal, recebia os cabogramas e sabia que eu era a primeira pessoa da cidade saber das notícias, todas as notícias. Humm – resmunga –, garanto que minha mulher sabe o que está acontecendo em Bastogne, porém, eu só sei o que acontece com a segunda esquadra do terceiro pelotão da companhia I!*

Embora esses "acabados bastardos de Bastogne" tenham sido, junto com os soldados alemães, a matéria-prima com a qual a batalha foi travada, foram os últimos a saber que cor tinha; e essa cor, purificada de pontos mortos, turbulência, indecisões, erros, ações heroicas isoladas e outros detalhes sem fim que só sua memória conservava, foi proporcionada por quem não estava lá. E acabaram sendo essas cores de guerra, já branqueadas com o detergente da razão, que se tornaram história oficial. Tudo o que tinha um tamanho inferior a isso, tudo aquilo que não pôde ser divisado do alto pelo historiador, foi perdido para sempre; em suma, pode ser objeto de uma reconstrução artística e conjetural por pessoas sensíveis aos detalhes de que são feitos os acontecimentos históricos, como Tolstoi e Wellman.

Notas

1 Evidentemente, com isso não pretendo negar que falar uma língua (*qualquer* língua) tem um componente natural: é preciso dispor de uma estrutura cerebral específica pré-instalada e construída a partir de informação genética. Se não se conta

com essa pré-instalação, não se pode falar idioma algum. Mas também, e isso é igualmente óbvio, o idioma específico que falarmos (o português, o italiano, o alemão, o tâmil ou o navajo) dependerá das influências ambientais precoces recebidas por qualquer um de nós.

2 Um desconcerto parecido experimentaríamos nós se fôssemos transferidos para o século XVII; um pouco mais brando, claro, se estivermos familiarizados com a literatura dessa época.

3 Enrique Bernárdez, *Qué son las lenguas?*, Madri, Alianza Editorial, 1999, p. 57 e 58. Mais adiante (p. 252-254), o autor insiste em que são esses processos descentralizados e de "mão invisível" (assim Bernárdez os chama, aludindo à famosa expressão de Adam Smith) que fazem uma inovação linguística, cuja origem remota ninguém está em condições de localizar, cristalizar-se ou ser examinada.

4 Citação retirada do livro de Manuel Fernández Álvarez, *Sombras y luces en la España imperial* [Sombras e luzes na Espanha imperial], Madri, Espasa Calpe, 2004, p. 145.

5 J. Ortega y Gasset, *Una interpretación de la historia universal*, texto presente em *Obras completas*, Madri, Alianza Editorial, vol. 9, p. 227. Sobre a noção de "certeza da lei", veja Bruno Leoni, *La libertad y la ley*, Madri, Unión Editorial, 1995, p. 95-114.

6 Para escrever este tópico servi-me de "En torno a las reformas de la ortografía del español", um artigo muito útil de Anna Mistinová (da Universidade Carolina de Praga), disponibilizado na Internet.

7 Já tratei do assunto que estou abordando em *El gobierno de la fortuna*, Barcelona, Crítica, 2000, cap. 6.

8 Em 22 de junho de 1941, 129 anos depois, a Alemanha nazista invadiu também a Rússia e, como no caso de Napoleão, essa decisão de Hitler precipitaria o início de sua queda, visível pela primeira vez com a derrota na batalha de Stalingrado, em 2 de fevereiro de 1943. Aqui é preciso fazer um aparte à guisa de advertência: até 1918 foi vigente, na Rússia, o *calendário juliano* (ou velho), e nesse ano foi substituído pelo calendário *gregoriano* (ou novo). Tolstoi utiliza o cômputo juliano. A data de 12 de junho (que aparece em seu romance como dia da invasão) corresponde, no cômputo gregoriano, que é o nosso, a 24 de junho. A partir daqui, darei as datas segundo o calendário gregoriano.

9 Acerca dos méritos de Napoleão como estrategista, é muito instrutivo ler o livro de Vittorio Criscuolo, *Napoleón*, Madri, Alianza Editorial, 2000, p. 110-123.

10 A maneira de descrever a batalha de Borodino, Tolstoi tirou do romance de Stendhal *A Cartuxa de Parma*. Lembre-se do desconcerto em que, no começo do romance, se encontra o protagonista, Fabrício del Dongo, no meio da batalha de Waterloo. Contudo, há uma figura anterior, a de Joseph de Maistre (1754-1821), que em seu livro *Las veladas de San Petersburgo* [As noites de São Petersburgo] (Madri, Espasa Calpe, 1998) já deixou mais que insinuado que as batalhas, como diria o pensador escocês Adam Ferguson, são mais o resultado da ação humana que do propósito de alguém. Para tudo isso, consulte o memorável ensaio que Isaiah Berlin dedicou à concepção da história de Tolstoi: "El erizo y el zorro" [O ouriço e a raposa], em I. Berlin, *Pensadores rusos*, Fondo de Cultura Econômica, México, 1979, p. 128-129 e 134-135, especialmente [Edição brasileira: *Pensadores russos*, São Paulo, Companhia das Letras, 1998].

11 As autoconstrições geradas espontaneamente no processo são só uma das fontes de ordem e estrutura para os subprodutos coletivos; uma fonte interna do próprio processo. Outra fonte – nesse caso, externa – pode ser a coevolução competitiva com os subprodutos coletivos gerados por outras unidades sociais. Também vimos que nem todo subproduto coletivo ganha estrutura, mas que há alguns (poluição, desertificação etc.) que a perdem e se precipitam em uma desordem e degeneração cada vez mais profundas se não houver correções racionalmente planejadas que as impeçam. A reparação racional e de âmbito local, ao retificar desordens espontâneas, é outra fonte de ordem e estrutura para os subprodutos coletivos.

12 Veja I. Kershaw, *Hitler*, 1936-1945, op. cit., 2000, p. 723-726.

TRILHAS EM TEIA DE ARANHA
O Voo do Fênix

Doze homens e um problema

Proponho, agora, explorarmos o significado de outro importante subproduto coletivo, a divisão do trabalho, com ajuda de *O Voo do Fênix*. Assim que enfiamos os pés nesse longa-metragem de Robert Aldrich, nossas botas se enchem de areia: a areia do deserto do Saara. Lá ficaram, encalhados como náufragos, os doze sobreviventes da aterrissagem forçada de um avião da Arabco Oil Company, um avião quase aposentado, derrotado por uma persistente tempestade de areia. O avião tinha como destino Bengasi, na costa líbia, mas a tempestade o arrastou mais de duzentos quilômetros fora da rota comercial que seguiam, de modo que não é provável que os encontrem em alguns dias, mesmo quando perceberem o desaparecimento.

Entre os sobreviventes há um ferido grave, o italiano Gabriele (Gabriele Tinti), que ia para Bengasi encontrar a esposa, a quem pressente que não tornará a ver. O doutor Renaud (Christian Marquand) atende-o como pode, com os poucos meios a sua disposição. Um dos personagens centrais da história é o piloto, o veterano capitão Frank Towns (James Stewart), quase tão aposentado quanto o próprio avião que pilotava, e que parece o predestinado chefe do grupo de sobreviventes. Mas, por ora, é outro militar com a mesma graduação, o capitão Harris (Peter Finch), de uma valentia imperturbável e com dotes de sobra para a organização, que toma uma das medidas mais urgentes nas circunstâncias em que se encontram: racionar a água e a comida. Em relação a esta última não há muito problema, pois contam com uma ampla despensa de tâmaras secas; uma dieta um tanto monocromática e insossa, admite-se, mas não estão em condições de exigir manjares, e bastante sorte têm por dispor desse fruto em abundância. O caso da água é outra história: há quarenta litros no depósito de emergência, o que dá para dez ou onze dias; isso se for utilizado o mínimo indispensável (um quartilho por homem/dia) e "desde, evidentemente, que não nos movimentemos muito nem gastemos energias em nenhum sentido", pontua o doutor Renaud.

Esses doze homens e um macaco (que também conseguiu salvar a pele no acidente) passam os primeiros dias à espera do resgate, sentados ao lado do avião e sofrendo com os rigorosos 50°C à sombra durante o dia e o frio da noite, que combatem com uma fogueira, preparada também para sinalizar sua posição à equipe de resgate.

Mas essa inatividade forçada é rompida no quinto dia pelo capitão Harris, incapaz de esperar por mais tempo essa salvação que não chega. Ele é dos que acham que a sorte é cada um que faz e não se deve esperar que caia do céu, mas ir atrás dela. Seu plano é partir sem mais demora em busca de auxílio no oásis mais próximo, andando de noite, descansando de dia e guiando-se pelas estrelas. O copiloto, Lew Moran (Richard Attenborough), previne-o de que esse "oásis mais próximo", o de Marada, dista de onde estão como Birmingham de Londres, e que se se desviarem, mesmo que só um centésimo de grau da rota, podem passar a seu lado sem notar sua presença. Harris presta atenção à advertência, mas, obstinado como é até limites britânicos, persiste em seus planos, e no fim parte acompanhado por Carlos (Álex Montoya), o dono do macaco, o qual deixa sob a tutela de seu robusto amigo Mike Bellamy (George Kennedy). Nem é preciso dizer que recebem sinceros desejos de boa sorte em tão incerta empreitada de todos os seus companheiros de infortúnio.

Reciclando no deserto

O plano alternativo para sair do apuro é feito por Heinrich Dorfmann (Hardy Kruger), um *designer* ou projetista de aviões de origem alemã, que propõe construir um novo fazendo bricolagem com os restos úteis do que ficou embutido na areia do deserto. De início, a simples enunciação de sua ideia é recebida com sarcasmo pelo capitão Towns, o piloto. Percebe-se uma espécie de desarmonia preestabelecida entre os dois: Towns é um homem de ação e detesta sabichões como Dorfmann; e este, por sua vez, não aguenta os ares de suficiência dos velhos pilotos, que só têm conhecimentos práticos sobre como fazer um avião voar, mas desconhecem tudo, e ainda por cima com petulância, acerca dos princípios teóricos que o fazem decolar do chão. "Experimentou tudo, mas não aprendeu nada", diz Dorfmann dele. Além do mais, nem sequer acha que Towns seja um bom piloto; apenas um dinossauro da aviação.

Mas, mesmo contrariado, Dorfmann precisa dessas habilidades práticas, por mais enferrujadas que lhe pareçam, que só Towns possui: sem elas, o protótipo que está idealizando vale menos que um grão de areia do deserto. A única pessoa que no começo dá ouvidos à possibilidade de construir um protótipo com os restos do avião avariado é o copiloto Lew Moran, que procura servir de intermediário entre seu amigo Towns e o obstinado alemão Dorfmann. Moran convence Towns a, pelo menos, deixar que o alemão se explique, que conte aos outros isso que está projetando. O plano do alemão consiste em aproveitar a fuselagem de bombordo – a única que ainda conta com um motor capaz de funcionar, depois de limparem bem a areia que o obstrui – e fazer dela a fuselagem do novo aparelho. "Se tirarmos a asa de estibordo e a acoplarmos à fuselagem de bombordo", explica-se, finalmente, Dorfmann diante dos outros, reunidos a seu redor, "e, depois, com a asa de trás fizermos uma operação similar, podemos obter, com isso, a base de uma estrutura inteiramente nova e aerodinâmica." "Está claro?", pergunta, como se duvidasse sinceramente que os outros o haviam entendido.

Não, não está claro, pelo menos para Towns, que aproveita para apresentar seu ceticismo acerca da viabilidade do protótipo do modo mais desagradável que conhece. Mas o pior chega quando Dorfmann sugere que a carga, "isto é, nós mesmos", seja distribuída entre as duas asas; isso significa que no momento da decolagem cada homem irá amarrado à asa "como um saco de batatas", segundo a muito ilustrativa expressão do capitão Towns; tudo isso levanta uma questão humanitária: o que fazer com Gabriele, o italiano ferido, que a duras penas poderá sair bem da experiência de voar amarrado com cordas à asa de um avião? Dorfmann não vê nisso nenhuma dificuldade: Gabriele estará morto antes de o protótipo estar pronto para voar. Towns revolta-se diante de tanta e tão ofensiva frieza: "Você não tem coração?", espeta. "Como pode dizer isso?" Dorfmann ignora as demonstrações de emotividade desordenada de Towns e propõe começar sem demora, na mesma noite, os trabalhos mais difíceis, como transportar a asa de estibordo que pesa cerca de uma tonelada por cima do corpo central do avião até acoplá-la à fuselagem de bombordo; melhor começar com a parte mais exigente no aspecto físico, agora que ainda estão com forças. Towns ainda objeta que o plano de Dorfmann requer um trabalho de doze dias (estimativa de tempo feita pelo próprio Dorfmann), e acontece que só dispõem de água para dez. Dorfmann também tem resposta para isso: destilando o líquido anticongelante do avião, tirarão água para mais quatro ou cinco dias.

Independentemente do peso que poderiam ter os mais que meticulosos comentários de Towns, o piloto começa a perder a batalha pela liderança do grupo por uma coisa que o doutor Renaud consegue expressar perfeitamente: todos precisam se aferrar à esperança de que há um projeto específico que os possa tirar do atoleiro em que estão, em vez de confiar nas inconstantes forças do acaso ou, pior ainda, deixar-se afundar no abatimento, ver como passam os dias, como a água rareia e uns assistem à morte dos outros. Qualquer coisa, por mais quimérica que pareça, é preferível a uma imagem tão devastadora para o ânimo. Até Towns tem que reconhecer o peso desse argumento: sentir que se pode fazer algo efetivo para sobreviver melhora, de fato, as probabilidades de sobrevivência. Dorfmann é um lutador nato e proporcionou a todos o antídoto contra o pior de seus males atuais: a sensação de indefensabilidade, sentir que estão à mercê de algo que não controlam e contra o que não há nada de útil a fazer; mas não, parece que há algo útil e específico para fugir disso que parecia uma morte certa, e o projeto de Dorfmann é posto em marcha nessa mesma noite.

As duas peças centrais para que o plano vingue são Dorfmann (que possui os conhecimentos teóricos e práticos para remodelar o avião) e Towns, que é o único capaz de pilotá-lo. Mas a ordem temporal aqui é importante: por ora, e até que o protótipo esteja construído, as habilidades de Dorfmann são as que contam para a salvação do grupo; só depois entrarão em jogo as de Towns. De fato, um deles sabe o que o outro ignora, e o resultado que Dorfmann conseguir servirá como meio ou recurso para que Towns entre em jogo. Há complementaridade entre seus saberes, e essa é a base principal da divisão do trabalho no grupo; seus demais componentes – seja dito sem intenção de ofender – são também indispensáveis, mas sua utilidade mal excede a da força de tração animal. Todos são necessários, mas uns mais que outros. Towns era, no início, o que dava as ordens, mas sua obstinação pode se tornar – no sentir de Dorfmann – um impedimento para seu projeto; e, com um enorme e frio senso prático, Dorfmann está disposto a destronar Towns e fazer que suas indicações sejam obedecidas sem reclamações. Como tem consciência de seu papel privilegiado na divisão do trabalho para realizar o plano, faz-se valer e, efetivamente, apodera-se da direção do grupo. Até para o descontente Towns não resta outro remédio senão acatar as instruções – aliás, muito sensatas – de Dorfmann.

Apuros para Dorfmann

Há, porém, três momentos em que Dorfmann está a um passo de perder a liderança. Um deles acontece quando Towns descobre que alguém andou roubando água do depósito; um ultraje inqualificável, pois todos sabem que a sobrevivência, dia a dia, depende da água, mais do que de qualquer outra coisa. Como a água é um recurso escasso, mas, por ora, essa escassez é *moderada* (não extrema), todos concordaram desde o princípio com a divisão estritamente igualitária das rações. Estamos outra vez diante de um caso de justiça processual perfeita, como o da divisão do bolo ou a divisão do ouro entre Ben e o Sócio em *Os Aventureiros do Ouro*: sabe-se, independente do processo, qual é o resultado justo (a distribuição igualitária da água) e dispõe-se de um método para chegar a esse resultado: fazer a divisão em público e diante de todos, de modo que cada um possa comprovar que ninguém ganha mais.

Assim, pois, é de esperar que todos fiquem revoltados ao descobrir que, entre eles, alguém rouba água. Uma indignação generalizada apodera-se do grupo; seus sentimentos morais eriçam-se como espinhos diante de tamanha felonia. Towns promete matar, ele mesmo, o ladrão se o descobrir roubando de novo. Acaba de proferir essa ameaça quando Dorfmann diz com voz firme: "Fui eu". Primeiro a incredulidade e depois um arroubo de fúria toma conta desse grupo de náufragos do deserto. Mesmo sabendo que sem Dorfmann o avião meio montado não serve para nada, a revelação de que andou trapaceando, e com trapaça de uma natureza tão abominável, faz que uma irritação animal se apodere do ambiente. Um do grupo, Crow (Ian Bannen), começa a chutar o chão como um macaco frenético; seus gestos lembram claramente os de um símio raivoso. Deve estar muito incrustada em nossas disposições anímicas evoluídas a propensão a castigar (inclusive sem pensar nas consequências) os trapaceiros sociais. Ouvem-se vozes que gritam para Towns: "O que está esperando, capitão? Mate-o, mate-o!".

Dessa vez é Towns que se recusa a vingar-se pelas humilhações que o sabichão Dorfmann vinha lhe fazendo passar, e pede calma e silêncio. Espera que Dorfmann explique, se puder, seu inqualificável ato.

– Seja como for, eu não a roubei – começa Dorfmann em sua defesa. – Peguei-a.
– Pegou, hein! – irrita-se Towns, dirigindo-se ameaçador para ele. – Você sabe que qualquer um pode morrer por falta de água e a "pegou"?
– Sim – replica Dorfmann sem perder o aprumo. – Sim, porque enquanto vocês estavam dormindo ou cuidavam de seus interesses ridículos e mesquinhos, eu continuava trabalhando. E, posto que trabalhava mais intensamente que vocês, precisava também de mais água que vocês. Mas agora – continua Dorfmann após uma brevíssima pausa – não tornará a ocorrer. Porque todos trabalharemos, de agora em diante, com a mesma intensidade. Está claro?
– Não, não está – responde Towns com ardor. – Pode ser que você me julgue um idiota, mas sua explicação não me convenceu. Você acha que é especial e, portanto, tem direito a consumir a ração de água de seus companheiros? Por que a roubou? Por que não pediu, em vez de roubar?

– Porque você não me teria dado! – Dorfmann faz uma expressão cômica ao dizer isso, incongruente e fora de lugar.

– Claro que não a teria dado! – conclui o capitão com fúria contida e desprezo, andando em linha reta rapidamente e acertando Dorfmann em sua trajetória, empurrando-o com o ombro esquerdo e lançando-o ao chão.

Não obstante, Frank Towns, que sabe que nesse momento se move a favor do vento, não aproveita as circunstâncias até o fim para se desfazer de seu rival. Sabe que ninguém lhe cobraria nada se o matasse ali mesmo, como o "miserável" que é. Sua generosidade, para chamar de alguma coisa sua atitude, e também, talvez, o reconhecimento tácito de que sem o crânio privilegiado do alemão estão perdidos tornam possível que tanto Dorfmann quanto seu projeto continuem vivos.

Dorfmann sabe que precisa fazer alguma coisa, que tem que conseguir o perdão pela infâmia em que foi surpreendido, e, mais simbolicamente que outra coisa, despeja sua ração de água desse dia no depósito comunitário.

As circunstâncias da justiça

O momento crítico fica salvo dessa forma. O que vimos? Por um lado, Dorfmann violou uma regra sagrada e não escrita em nenhum lugar (salvo, talvez, nas profundezas de nossa psique e na linguagem genética); que, em uma situação de necessidade, a divisão igualitária de um recurso crítico – do qual os membros do grupo dependem para continuar vivos – é a norma, e que quem desobedecer a uma norma dessas deve ser castigado sem dó. Emoções muito viscerais de rancor e sanha acendem-se em nós quando descobrimos trapaceiros sociais fazendo jogos tão perigosos em momentos tão delicados. Segundo os psicólogos evolucionistas, desembaraçar-se dos aproveitadores – principalmente quando perpetravam seus abusos em situações críticas – foi uma regra que certamente melhorou as oportunidades de sobreviver daqueles que a punham em prática (contra os que formavam grupos mais permissivos), de modo que é provável que essa seja uma disposição ao comportamento reparador por seleção natural. Segundo a escola evolucionista da Psicologia, herdamos de nossos antepassados um cérebro com estruturas específicas (próprias de nossa espécie e, ao mesmo tempo, especializadas em tarefas assim) que se desenvolveram por evolução "para" resolver problemas de interação social que já cansaram nossos ancestrais remotos e comprometeram sua subsistência, como esse de identificar e castigar os não cumpridores das normas do grupo.[1]

Dorfmann defendeu-se dizendo, em poucas palavras, que um homem indispensável e avantajado como ele merece privilégios, direitos especiais que só a ele são devidos. Seu princípio meritocrático de justiça ("Eu faço mais que você, eu *valho* mais que você, logo, tenho direito a mais que você") ofende as próprias raízes das emoções morais dos outros. Mas também acontece que essas emoções morais, por mais arraigadas que estejam em nosso cérebro, são moduláveis pelo contexto. Esses doze sobreviventes (não, onze: Gabriele acaba de morrer) encontram-se em uma situação muito especial em relação à água e sua divisão. Se a água houvesse sido um recurso abundante (como as tâmaras secas, das quais dispõem sem restrições para comer), então o argumento meritocrático de Dorfmann talvez houvesse sido admitido sem desconfiança; é até possível que os outros vissem com naturalidade o fato de ele tomar mais água do depósito que eles. É muito provável que, pelas mesmas razões alegadas para roubar a água, Dorfmann tenha de fato consumido mais tâmaras que os outros e, mesmo assim, ninguém se opôs a isso.

Se, para falar agora do caso oposto, a escassez de água fosse extrema e ninguém pudesse viver nem dois dias (digamos) com as reservas disponíveis, então é possível que a questão da divisão *justa* nem chegasse a ser levantada e cada um cuidasse de si, e nada mais. Pensemos, por exemplo, nas circunstâncias em que a fragata *La Méduse* naufragou, quando atolou nos bancos de Arguin – nas costas da Mauritânia, entre o cabo Branco e o cabo Mirik – em 2 de junho de 1816 com cerca de quatrocentas pessoas a bordo. O capitão e os oficiais utilizaram os botes salva-vidas, mas a tripulação (149 pessoas) teve que improvisar uma jangada, e nela partiram à deriva. Em tal palco – mais cruel do que Aldrich mostra em seu filme – deram-se cenas terríveis, os náufragos fustigados pela fome e pela sede. Em condições assim, reconhece o filósofo escocês David Hume, "as leis da justiça seriam suspensas [...] cedendo lugar a motivos mais urgentes de necessidade e autoconservação".[2] Finalmente, quando os náufragos foram resgatados pelo navio *Argus*, em 17 de julho, só restavam quinze sobreviventes, quase moribundos, devastados pelos sofrimentos.[3]

Tudo o que eu disse significa que as questões de justiça ou injustiça são sensíveis ao contexto e resolvidas de maneiras diferentes, conforme a situação dada. Por um lado, a justiça é desalojada pela necessidade de autoconservação se os recursos para subsistir forem tão poucos que nenhuma divisão justa ajudaria a ninguém. Na outra ponta, a concepção meritocrática da justiça (dar mais a quem mais empenho e dotes colocou) ganha corpos de vantagem em condições de relativa opulência material. Evidentemente, sempre cabe perguntar aos defensores da meritocracia se quem foi mais bem servido pela natureza (como Dorfmann, que é mais inteligente que os outros) *mereceu* isso, e, se mereceu, o que isso lhe proporciona a mais. É uma pergunta oportuna, à qual teremos que voltar.

Mas acontece que os protagonistas do filme encontram-se na faixa intermediária e crítica – nem escassez extrema de algum recurso indispensável nem opulência relativa de todos –, e, aqui, a mera alusão a privilégios e divisão segundo o mérito e as capacidades é ofensiva. A água não é tão escassa a ponto de não haver para todos, nem tão abundante para que cada um possa se servir dela de acordo com sua contribuição no trabalho de equipe. Há possibilidades razoáveis – razoáveis para o próprio Dorfmann, que foi quem fez os cálculos – de que todos se salvem com a água que têm para um prazo de dez ou doze dias, o tempo necessário para reciclar o velho avião e transformá-lo em algo capaz de voar.

A perigosa teimosia de Towns

Uma nova situação delicada acontece quando Towns insiste em testar, prematuramente, o motor do aeroplano. Dorfmann lhe explica que se colocar o motor em marcha nesse momento – como ensaio geral da decolagem –, acontecerá uma vibração perigosa em toda a estrutura, para não dizer que será preciso gastar também alguns cartuchos para alimentar o motor de partida; e se não tiverem cartuchos suficientes quando chegar o momento decisivo da decolagem, o aeroplano, com todos os esforços que lhes custou, não servirá para absolutamente nada.

A explosiva mistura de paciência e condescendência com que Dorfmann diz tudo isso a Towns faz que este último não consiga evitar a tentação de reunir os restos dispersos de seu orgulho e enfrentar Dorfmann: dá ordem aos outros componentes do grupo para que o ajudem a pôr o aparelho em movimento. Dorfmann primeiro perde as estribeiras e joga uma ferramenta na cabeça de Towns (sem intenção de acertar), e depois se retira para seu catre, ruminando o abatimento moral em que ficou por causa dessa penúltima demonstração de idiotice e honra inoportunas do piloto.

Nesse ponto delicado, Lew Moran, o copiloto, é quem passa a ser a figura decisiva: os percalços da história fazem que o mais valioso nesse momento seja o bom negociador. Ele é o amigo mais íntimo e de mais longa data de Towns, e foi também o primeiro a prestar atenção ao projeto de reciclagem do avião que Dorfmann tinha em sua fértil inteligência. Ele se dá bem com ambos, e possui as qualidades para fazer o papel de mediador: suas maneiras suaves, sua voz cadenciada e sua bondade transformam-no, por breves momentos, na pessoa sobre cujos talentos descansa o sucesso ou o fracasso de todo o esforçado empreendimento. Moran move-se como uma lançadeira entre o piloto e o engenheiro alemão, jogando todo o lubrificante possível entre ambos com seus gestos e palavras:

Towns, pelo menos, está pronto para reconhecer que se enganou:

– Compliquei as coisas com Dorfmann, não é?

– Com Dorfmann? – Moran se faz de desentendido.

– Sim, andei pensando nisso, e cheguei à conclusão de que nunca fui uma pessoa que gosta que lhe digam o que deve fazer. Esse é o problema. E a questão é que... Ele está certo com relação ao motor. E isso é o que eu não posso lhe perdoar. Ele sempre tem razão, sempre tem! – explode Towns com raiva – E é muito difícil aceitar isso.

Moran vai com as notícias do "arrependimento" de Towns até Dorfmann, que continua arrastando seu ataque de "cólera de Aquiles", aborrecido e deprimido por sua supremacia dentro da comunidade ser, a essa altura, questionada por um caipira pretensioso e antiquado. Depois de o aeroplano já estar quase pronto para tirá-los da agonia, depois de ter dado tão excelsas demonstrações de inteligência teórica e prática! Dorfmann precisa dessa mistura de elogios e ameaças que Moran está lhe proporcionando: "Amanhã é o último dia", lembra Moran. "O depósito está praticamente vazio. Não haverá mais água suficiente para todos. O que você quer? Que briguemos por ela? É isso que você pretende?"

Repare como é interessante essa onda variável da divisão do trabalho: sem a providencial presença de Moran, sem seus dotes negociadores (que são *agora* decisivos, e não os talentos adjacentes de Dorfmann e Towns), tudo corre o risco de acabar em trabalho perdido. Mas, na manhã seguinte, a do último dia, Dorfmann acorda do sono e também de seu transe depressivo; está belicoso, com vontade de deixar as coisas claras de uma vez por todas. Enfrenta Towns diretamente.

> *– Quero falar com você – diz a ele. – Não, melhor ainda, quero falar com todos vocês. (*Aqui, corre seu olhar em volta. Há uma pausa, que serve para que todos se ajeitem de maneira quase militar diante de Dorfmann.*) Senhor Towns, diga quem é que manda aqui.*

Towns lança um breve olhar para o resto do grupo, especialmente para seu amigo Moran, para todo esse sofrido coletivo que está lutando pela vida em circunstâncias de agonia, e algo que se parece muito com piedade – se é que não é isso mesmo – brota em seus olhos. Em momentos tão cruciais, na hora do lance decisivo, esses dois gorilas estão aí disputando algo tão (aparentemente) pueril quanto quem é que manda nessa congregação de desventurados.

> *– Você – reconhece Towns, para imenso alívio de todos. O trabalho é retomado.*

O renascimento do Fênix

Resta relatar uma última desventura. Conversando tranquilamente com Dorfmann no último dia – o dia decisivo –, Moran e Towns descobrem, para seu próprio espanto, que Dorfmann só projeta aviões de brinquedo, que se dedica ao aeromodelismo, não aos "aviões de verdade". Dorfmann lamenta-se por ter ocasionado um equívoco no qual, por outro lado, ele é completamente inocente e ao qual não dá a menor importância; sim, ele é aeromodelista, não *designer* de aviões grandes, "mas isso não importa, os fundamentos são os mesmos", garante, alheio ainda à ducha fria a que submete as esperanças de seus estremecidos interlocutores. Sozinhos, Lew Moran e Frank Towns decidem ajuizadamente não contar nada aos outros; todos estão alquebrados, no limite da resistência física e anímica; se algum deles sucumbir diante de uma notícia como essa – mesmo que só um deles jogue a toalha –, não conseguirão reunir forças suficientes para arrastar o aeroplano até a pista de decolagem. É melhor ficarem calados.

O que ocorre a seguir é melhor que você mesmo veja (ainda não viu?); não resta dúvida de que vale a pena. Saiba só que, depois de construído o aeromodelo de tamanho natural, Towns, já no comando do avião, tem o gostinho de, finalmente, desacatar as ordens de Dorfmann (agora com impunidade), reivindicar a si mesmo e recuperar seu posto no mais alto degrau do grupo. Uma vez concluído o trabalho de Dorfmann, a divisão do trabalho faz dele, agora, a peça indispensável.

A divisão do trabalho vista do alto

O filme de Aldrich mostra um caso em miniatura de divisão do trabalho, uma maquete do fenômeno (como esses aeromodelos que Dorfmann criava), mas agora será bom que vejamos todo o assunto em uma escala maior.

Caçador-coletor, mirmecologista, professor de Filosofia, palafreneiro, samurai, encanador, boiadeiro, físico de partículas, aedo, programador de *software*, plantador de inhame, estalajadeiro, mecânico de automóveis, psiquiatra, cabeleireiro, atriz de cinema, advogado, bombeiro, tecelão de cestos de vime, enólogo, caminhoneiro, corretor da Bolsa, instrutor de esgrima, soprano, médico, piloto de aviões, aeromodelista... Eis aqui uma demonstração (não representativa de nada) de diferentes profissões. Algumas delas (samurai, aedo) já desapareceram da grade de ocupações viáveis em nossa sociedade ou nunca chegaram a entrar nela; outras, por outro lado (programador de *software*) entraram recentemente; e há, por fim, as que têm um futuro muito incerto, no mínimo (caçador-coletor, tecelão de cestos).

Há uma variedade de circunstâncias que podem levar uma pessoa a exercer uma ou outra dessas profissões: dotes naturais (soprano), salários altos (advogado), vocação científica (físico de partículas, mirmecologista), fama (atriz), tradição familiar (cabeleireiro), gosto pelo risco (bombeiro) etc. Ou, talvez, uma combinação, em proporções variáveis, de alguns desses ingredientes (e de outros, talvez). Outra coisa digna de nota é que, nas sociedades complexas, a retícula de ocupações é, ao mesmo tempo, mais extensa e de malha mais fechada. Nas sociedades mais simples que nossa espécie já visitou, como as de caçadores-coletores, a divisão do trabalho é estabelecida por questões de idade e sexo: as mulheres colhem frutos, os homens vão à caça. As mulheres fornecem os carboidratos indispensáveis à dieta; os homens, as proteínas, não menos necessárias. Não há, aqui, atrizes, nem pilotos, nem bombeiros, nem sopranos. Nem sequer há ocupações que esperaríamos encontrar em qualquer sociedade, por mais reduzida que fosse: não encontramos policiais, nem juízes, nem sequer autoridade política reconhecível. Isso não quer dizer que não existam as funções subjacentes, apenas que essas funções são desempenhadas de maneira não especializada por todos: cada um faz o papel de polícia (espontânea) do comportamento dos outros, cada um intervém para dirimir conflitos que possam surgir dentro do grupo, e há pessoas com mais prestígio – normalmente, os de mais idade e homens –, cuja opinião costuma pesar mais na tomada coletiva de decisões, mas que não podem ser conceituados como chefes; para começar, porque seu prestígio pode decair e, evidentemente, porque esse prestígio não é automaticamente herdado por seus descendentes.

Em contraste, em sociedades complexas há muito mais ocupações (esse é exatamente um dos melhores indicadores da complexidade de um grupo humano), e em cada uma delas se leva a cabo uma parte muito reduzida – às vezes até ridiculamente especializada – do trabalho total necessário para manter o grupo e satisfazer as necessidades e desejos de seus membros.

Uma questão intrigante é como todas essas tarefas especializadas conseguem se engrenar umas com outras e produzir um funcionamento harmônico (pelo menos que não chie), em vez de provocar caos e desorganização. Que inteligência superdotada (ou, na realidade, muito mais que isso) manipula e distribui, de modo organizado, toda essa pululante complexidade funcional? O mais surpreendente de tudo é que não existe essa inteligência organizadora *por trás*, no quadro de comando, que designe tarefas específicas a pessoas específicas e depois coordene suas atividades. Se você tem uma mentalidade conspiratória ou utópica, se acha que há inteligências tão eminentes quanto distorcidas que manipulam os fios da trama social, se pensa que *deve haver* inteligências tão eminentes quanto benévolas que deveriam fazer isso, se você, em suma, é um intelectualista político com hábitos mentais pré-darwinistas e incapaz de conceber ordem sem que exista uma mente ordenadora por trás, será reticente em aceitar que a complexidade social de funções e tarefas é um fenômeno essencialmente auto-organizado e emergente, não projetado nem controlado por ninguém. Mas é disso que quero persuadi-lo.

A história de um lápis

Em vez de divagar por mais tempo, passo a lhe contar a bela história de como se fabrica um lápis; que inclui a história, não menos bonita, de como ninguém sabe fabricá-lo. Encontramos essa história no livro de Milton e Rose Friedman, *Liberdade para escolher*, e diz o seguinte:

> *Um lindo conto intitulado* I, Pencil *[Eu, lápis] mostra claramente como o intercâmbio voluntário torna possível que milhões de pessoas cooperem entre si. O senhor Read (culto, instruído, mordaz), no papel do "lápis de grafite, o típico lápis de madeira tão conhecido por todos os meninos, meninas e adultos que sabem ler e escrever", começa sua história com a fantástica afirmação de que "nem uma única pessoa [...] sabe como me fabricar". Prossegue, então, explicando tudo o que é necessário para fabricar um lápis. Primeiro obtém-se a madeira da árvore, "um cedro de fibra reta que cresce no norte da Califórnia e no Oregon". Cortar a árvore e transportar os troncos até o desvio da estrada de ferro requer "serras e cordas e [...] muitos outros equipamentos". De sua fabricação participam muitas pessoas e um sem-número de técnicas: "a extração de mineral, a*

obtenção de aço e sua transformação em serras, eixos, motores; o cultivo do cânhamo e sua passagem por todas as etapas até chegar à corda pesada e resistente; os acampamentos dos trabalhadores com suas camas e refeitórios [...] Incalculáveis milhares de pessoas participaram de cada xícara de café que os lenhadores bebem".

E, desse modo, o senhor Read continua explicando o transporte dos troncos para a serraria, a serra mecânica que transforma os troncos em placas e o transporte das placas da Califórnia até Wilkes-Barre, onde foi manufaturado exatamente o lápis que narra o conto. E, até aqui, temos só a madeira exterior do lápis. A mina é de grafite extraído no Ceilão, e deve ser submetida a complicados processos.

O pedaço de metal que há perto do extremo superior do lápis é de latão. "Pense em todas as pessoas", diz, "que trabalham na mineração do zinco e do cobre e em todos os que têm a maquinaria necessária para transformar esses produtos da natureza em brilhantes lâminas de latão."

O que chamamos de borracha para apagar não é borracha. O senhor Read esclarece que a borracha só é usada para ligar seus componentes, e que a borracha usada para apagar é feita, na verdade, com um produto parecido com a borracha, obtido por meio da reação entre azeite de semente de colza das Índias Orientais Holandesas (atualmente, Indonésia) e cloreto de enxofre.

Depois de tudo isso, o lápis pergunta: "Por acaso há alguém que se atreva a negar a afirmação que fiz no começo da minha história, de que nem uma única pessoa na face da Terra sabe como me fabricar?".

Nem um único indivíduo entre os milhares que participam da fabricação do lápis realizou sua tarefa porque queria um lápis. Alguns nem teriam visto um lápis e não saberiam para que serve. Cada um deles via seu trabalho como um meio para obter bens e serviços que desejava, bens e serviços que produzimos para obter o lápis que desejávamos. Cada vez que vamos à loja e compramos um lápis, trocamos uma pequena parte de nossos serviços por uma parte infinitesimal dos serviços que cada um dos milhares de pessoas aplicou para fabricar o lápis.

É mesmo muito assombroso que este chegue a ser fabricado. Ninguém que ocupe um escritório central deu ordens a esses milhares de pessoas.

Nenhuma polícia militar fez que as ordens fossem cumpridas, porque não foram dadas. Os que participaram do processo moram em vários países, falam línguas diferentes, praticam religiões diferentes, podem, inclusive, odiar-se entre si, mas nem sequer essas diferenças impediram sua cooperação para fabricar um lápis. Como chegou, então, a ser produzido? Adam Smith nos deu a resposta há duzentos anos [...]

O sistema de preços é o mecanismo que desempenha essa missão sem necessidade de uma direção centralizada, sem obrigar as pessoas a conversar entre si ou a se gostarem mutuamente. Quando você compra seu lápis ou seu pão de cada dia, ignora se o lápis foi fabricado ou se o trigo foi cultivado por um homem branco ou negro, por um chinês ou um indiano. Como resultado disso, o sistema de preços permite que os indivíduos cooperem pacificamente durante breves momentos, enquanto, durante o resto do tempo, cada um se ocupa com seus próprios assuntos.

O mérito de Adam Smith consistiu em reconhecer que os preços estabelecidos nas transações voluntárias entre compradores e vendedores – para abreviar, em um mercado livre – podiam coordenar a atividade de milhões de pessoas, buscando, cada uma delas, seu próprio interesse, de tal modo que todas se beneficiassem.

Foi uma ideia brilhante naquele tempo, e continua sendo agora, que a ordem econômica pudesse aparecer como uma consequência involuntária dos atos de várias pessoas em busca, cada uma, de seu próprio benefício.[4]

A fabricação de algo aparentemente tão banal quanto um lápis requer um volume tão grande de conhecimentos (tanto teóricos quanto, principalmente, práticos) que ninguém individualmente os possui por completo. Ninguém sabe como construir um lápis desde o começo até o final porque ninguém sabe como construir serras e cordas, cortar árvores, obter ligas de zinco e cobre para produzir latão, extrair a borracha ou sintetizar cloreto de enxofre. Nem sequer esse poço de ciência, esse manancial de sabedoria que foi Dorfmann sabia como construir placas de aço ou hélices de motor ou os demais recursos para montar um avião; nem, uma vez montado, sabia como pilotá-lo.

Segundo o economista austríaco Ludwig von Mises, "a divisão do trabalho, com seu corolário, a cooperação humana, é o fenômeno social fundamental".[5] A divisão do trabalho é sustentada por três fatores:

Em primeiro lugar, a divisão desigual de talentos, capacidades e aspirações dos seres humanos, e as complementaridades que isso facilita entre os indivíduos se for permitido a cada um se especializar naquilo que faz comparativamente melhor, vendê-lo e adquirir no mercado o que seus semelhantes fazem comparativamente melhor. Desse modo, ninguém tem que passar pelas tribulações de um Robinson Crusoé, que nem sequer desfrutava da (escassa) divisão do trabalho por sexo que se observa em grupos de caçadores-coletores e tinha que fazer tudo sozinho (pelo menos até Sexta-feira chegar à ilha).

Em segundo lugar, a heterogênea distribuição de matérias-primas e bens de capital físico no planeta, o que explica as vantagens do comércio internacional, do mesmo modo que o fator anterior explica as vantagens do comércio nacional.

Em terceiro lugar, certos trabalhos requerem o esforço pactuado de vários indivíduos, posto que um só não poderia realizá-los. As grandes sociedades – pelo simples fato de serem maiores e disporem de mais integrantes – podem realizar coisas que os pequenos grupos não poderiam.

O Voo do Fênix chama a atenção para a importância do primeiro e do último fator (diferentes capacidades, número mínimo suficiente de pessoas) para levar a termo uma tarefa que um homem sozinho ou um grupo de homens com capacidades homogêneas (todos médicos ou todos pilotos) não conseguiriam efetuar. O aroma épico que o filme todo exala procede do fato de o grupo contar com a quantidade mínima de homens e de conhecimentos indispensáveis para fazer bem o que se propõem a fazer; eles trabalham no limite de suas possibilidades.

A fábrica de alfinetes de Adam Smith

Mas por que tanta divisão do trabalho? Que sentido tem, se é que tem algum, segmentar tanto as capacidades humanas e favorecer, com isso, o que Ortega y Gasset chamava de "a barbárie da especialização"? Não é, afinal de contas, idiota que ninguém no mundo saiba fazer algo aparentemente tão simples quanto um lápis? Uma parte da resposta a essa pergunta foi dada por Adam Smith depois de fazer uma visita a uma fábrica de alfinetes. Depois, contou o seguinte:

> *Vejamos o exemplo em uma manufatura de algo muito pequeno, mas cuja divisão do trabalho em suas operações é muito famosa, que é a obra da fábrica de alfinetes: um operário que não esteja habituado a essa indústria [...] só poderia acabar, embora aplicasse toda sua destreza, um alfinete por dia, ou pelo menos é verdade que não conseguiria fazer vinte. Mas no estado em que, hoje em dia, se encontra esse ofício, a obra inteira ou total de um alfinete não é um artefato particular, sendo constituída por certo número de ramos, dos quais cada um constitui um ofício diferente e peculiar. Um puxa o metal ou arame, outro o endireita, outro o corta, o quarto o afia, o quinto o prepara para receber a cabeça; e formar esta última requer duas ou três diferentes operações; colocá-la é outra operação particular; é ofício diferente polir todo o alfinete; e muito diferente, também, colocá-los organizadamente nos papéis. E, com isso, o importante negócio de fazer um alfinete vem a se dividir em dezoito ou mais operações diferentes [...] Vi uma pequena fábrica desse tipo onde só havia dez homens empregados, e cada um, por conseguinte, fazia duas ou três operações diferentes [...] Mas, embora fossem muito pobres, e muito mal aparelhados das máquinas necessárias, quando se esforçavam para trabalhar faziam cerca de doze libras de alfinetes por dia. Em cada libra haveria mais de 4 mil de tamanho médio e, por conseguinte, essas dez pessoas podiam fazer, a cada dia, mais de 48 mil alfinetes, quantidade que, repartida entre dez, caberia a cada um fazer 4800 por dia. Mas se eles houvessem trabalhado separada e independentemente, sem terem sido educados para este ramo particular de produção, nenhum certamente teria podido chegar a fabricar vinte alfinetes por dia, e talvez nem um único.*[6]

De modo que, do ponto de vista de Adam Smith, não só não é necessário que alguém saiba fazer sozinho um lápis, ou um alfinete, mas também seria antieconômico se o fizesse. Para aumentar a capacidade de produção individual, mais vale fragmentar a tarefa global em subtarefas mais simples e atribuir a cada trabalhador uma dessas subtarefas, de modo que o resultado de sua atividade sirva de recurso ou meio para que outro comece seu trabalho a partir de onde o anterior o deixou. Essa divisão do trabalho e dos conhecimentos permite, se se encontrarem, depois, as complementaridades e interdependências entre esses conhecimentos e trabalhos parciais, obter um volume de produção várias vezes multiplicado. Como diz o próprio Adam Smith, se só um trabalhador não especializado trabalhasse na fábrica de alfinetes, a duras penas conseguiria produzir um alfinete por dia; mas se dez forem empregados, a tarefa for dividida entre eles e permitir-se que cada um se especialize em uma fase, serão obtidos de cada trabalhador 4800 alfinetes (dividindo a produção total de 48 mil alfinetes por dia na fábrica pelos dez operários agora empregados). Isto é, ao multiplicar por dez o número de trabalhadores na fábrica, conseguiu-se aumentar em 4800 a quantidade produzida por cada um. Se supusermos, para simplificar, que o custo da mão de obra não variou, terão sido alcançadas importantes economias de escala (o custo de cada alfinete é agora muito mais baixo), e são essas economias de escala que convidam à divisão e especialização do trabalho.

O advogado e sua secretária[7]

Outra boa razão para dividir os conhecimentos e o trabalho entre muitos foi fornecida pouco tempo depois por outro economista clássico, David Ricardo, e é conhecida como o princípio da "vantagem comparativa". Para entendê-lo, vejamos o caso de um advogado excelente em sua profissão e também um estupendo datilógrafo; de fato, é melhor que sua secretária, a quem, porém, contratou para que datilografasse seus documentos. Por que, se ele faz isso melhor que ela? Porque se dedicasse seu tempo, escasso e suscetível a usos alternativos, a datilografar documentos, ganharia menos dinheiro que se dedicasse esse tempo a uma atividade mais lucrativa, a advocacia. Por isso, sob seu ponto de vista, faz sentido contratar uma secretária para trabalhos de datilografia e ganhar, assim, tempo para consagrar à atividade que lhe proporciona mais renda: a de advogado. Podemos dizer que, embora o advogado seja melhor, em termos absolutos, que sua secretária tanto em tarefas de datilografia quanto de advocacia, *é comparativamente melhor* nestas últimas, e é mais proveitoso para ele *especializar-se nas tarefas de advogado e contratar, no mercado de trabalho, uma secretária.* Dessa maneira, *advogado e secretária dividem o trabalho* do escritório da melhor maneira para os dois.[8]

O advogado (que é o indivíduo com uma dotação de faculdades maior no exemplo) *é beneficiado com a presença da secretária e de seus serviços.* O princípio da vantagem comparativa é difícil de entender (e, quando é entendido, é visto com desconfiança) por todos aqueles – que formam uma legião – que consideram que nos intercâmbios de mercado dá-se um jogo de soma zero, e que tudo o que alguns ganham o fazem à custa de outros; ou, em outra modalidade próxima de pensamento, que os mais desvalidos são explorados sem misericórdia pelos mais poderosos.[9] Este é o momento oportuno de recordar que *a secretária também sai ganhando quando é contratada pelo advogado*: fica melhor do que se o advogado decidir datilografar seus próprios documentos e não recorrer a ela. Como diz, de maneira muito ilustrativa, Miguel Ángel Fernández Ordónez,

> *[...] o intercâmbio permite utilizar os mais ineptos. Essa é uma das grandes descobertas da economia, talvez a mais interessante e surpreendente: que o intercâmbio permite que até mesmo aqueles que fazem as coisas pior que os outros acabem encontrando seu lugar na economia, acabem produzindo ou prestando serviços que interessem aos outros. É a teoria da* vantagem comparativa *de David Ricardo que muito serviu para apoiar as políticas de liberação do comércio internacional.*[10]

Podemos notar que *tanto a secretária quanto o advogado* saem ganhando com diferença e complementaridade de talentos e faculdades, pois cada um deles possui vantagem comparativa, de modo que faz sentido afirmar que a diversidade e riqueza de talentos presentes nos componentes de uma sociedade constitui, como diz Rawls, um "ativo comum" para cada um dos que a integram, e é melhor recorrer ao mercado, onde se encontra esse ativo comum, para obter os bens e serviços nos quais a pessoa não tem vantagem comparativa, em vez de empenhar-se em fazer tudo por si mesma (*mesmo na hipótese improvável de que faça tudo bem*).

Como você já deve ter imaginado, a ideia da vantagem comparativa não vale somente para a divisão do trabalho dentro de uma sociedade, mas também para a divisão *internacional* do trabalho. Nesse âmbito mais amplo, o melhor que pode ocorrer é que cada país se especialize em fabricar aquilo em que tem vantagem comparativa e, por meio do comércio, importe os bens obtidos em outros países que desfrutam de vantagem comparativa em sua produção. De fato, a lei da vantagem comparativa de David Ricardo foi desenvolvida por esse grande economista clássico para demonstrar a superioridade do livre-comércio internacional sobre qualquer política de protecionismo econômico de cunho nacionalista.[11]

O mercado como dispositivo coordenador

A divisão do trabalho faz aumentar a quantidade de bens produzidos com a mesma quantidade de recursos empregados (economias de escala);[12] a divisão do trabalho faz, também, uma coletividade exprimir melhor os talentos de *quase todos* os seus componentes, sejam quais forem as qualificações ou aptidões para elevar a prosperidade geral de cada um deles; pouco é desaproveitado; o mais inepto e o mais deslumbrantemente dotado encontram seu nicho ocupacional sem se estorvarem entre si (vantagem comparativa).

Você precisa, por acaso, lembrar-me que o quadro real é menos idílico do que o pintado aqui? Não, na realidade, não é preciso. Como expliquei em várias ocasiões anteriormente, não há razão alguma para pressupor que uma ordem espontânea vai tocar a perfeição com ambas as mãos, nem sequer roçá-la, e isso fica evidente uma vez mais com essa ordem espontânea que é a divisão do trabalho. Há pessoas que não entram na rede de divisão do trabalho, e não por falta de vontade, mas talvez porque sofrem incapacidades físicas ou psíquicas graves, ou porque as expectativas que o capital humano (os conhecimentos e destrezas que acumularam ao longo de sua formação) lhes dá não correspondem às ofertas de trabalho que lhes fazem, ou talvez por outras razões. Há quem seja despedido dessa rede de divisão do trabalho e não reingresse nela por muito tempo ou indefinidamente. Há, por fim, os que entram e saem da divisão do trabalho mais rapidamente do que gostariam: têm empregos excessivamente precários ou pouco atraentes para eles, ou ambas as coisas. Não tenho intenção alguma de negar esses atritos ou desajustes, nem de ignorar que alguns deles (mas não todos) são ocasionados por grupos de pressão (patrões que procuram proteção política contra competidores estrangeiros, sindicatos que tornam as condições de contratação mais rígidas), isto é, por intervenções deliberadas em um subproduto coletivo que acabam piorando ainda mais sua qualidade.[13] O problema dos incapacitados e, em geral, dos maltratados pelo acaso social ou natural é diferente e requer soluções também diferentes; soluções que têm a ver com a justiça distributiva, sobre a qual falarei um pouco em seu momento.

Mas ainda nos falta algo mais para entender a divisão do trabalho, sua outra e necessária face, o mercado: um dispositivo para coordenar esses conhecimentos pulverizados entre muitos para, assim, obter bens e serviços acabados e prontos para serem consumidos. De que serve o grafite extraído no Ceilão (hoje, Sri Lanka) se não for combinado com a madeira do cedro cortado na Califórnia e no Oregon? Quem aproveitará a borracha de apagar, que não é borracha, se não for transportada até Wilkes-Barre (Pensilvânia), onde está a fábrica de lápis, e até onde também tiveram que chegar as placas de madeira do Oregon e da Califórnia e o grafite do Sri Lanka? Quem põe em contato esses bens intermediários produzidos em locais tão distantes para obter um artigo acabado que chegue ao varejista em uma papelaria e possa ser comprado, uma manhã qualquer, por uma criança antes de ir para a escola?

O fabricante de lápis de Wilkes-Barre terá aproveitado os saberes espalhados de muitos trabalhadores e empresários: os que fabricam serras mecânicas, os que as utilizam, os que transportam madeira, os especialistas na mineração do zinco e do cobre ou do grafite, os químicos que sabem sintetizar cloreto de enxofre e misturá-lo com semente de colza. Evidentemente, o fabricante de Wilkes-Barre poderia pensar em integrar em sua empresa todas essas fases intermediárias da elaboração de um lápis, mas o simples fato de esses processos intermediários acontecerem em locais geograficamente tão distantes (desde o Sri Lanka até a Califórnia) o dissuadirá, e ele preferirá adquirir no mercado o que outros empresários e trabalhadores – a quem nem sequer conhece, mas que produzem mais barato (que ele) – fizeram e lhe interessa para dar forma a um lápis.[14]

É bem provável que o fabricante de madeiras do Oregon e o produtor de grafite do Sri Lanka não chegassem nunca a suspeitar que seus produtos seriam integrados na elaboração de um artigo tão diferente quanto um lápis; e foi o empresário de Wilkes-Barre ou outro colega seu que descobriu essa complementaridade latente entre processos de produção tão diferentes e tão separados no espaço. Em geral, a densa trama de comunicações que é o mercado foi sendo tecida passo a passo pelos impulsos (pequenos impulsos) de tudo o que as pessoas que viram oportunidades de ganho empresarial foram fazendo, e que, ao aproveitá-las no âmbito local, foram suscitando, de maneira não deliberada, efeitos de coordenação em escala global. E são os preços que dirigem o tráfego mercantil nessa muito extensa rede de circulação: encaminham, então, os produtos acabados aos consumidores finais; e deixam, também, os recursos para elaborar esses produtos nas mãos de quem melhor souber combiná-los. Os preços distribuem bens (para quem estiver em condições de pagar por eles) e designam recursos (para quem saiba utilizá-los para produzir esses bens demandados). Quando os cavalos, como principal animal de tração, foram substituídos pouco a pouco por automóveis (e isso não aconteceu senão nas primeiras décadas do século XX), os ofícios de postilhão, palafreneiro ou cocheiro começaram a deixar de ser necessários (e os de fabricante ou mecânico de automóveis começaram a ser cada vez mais). Isso fez que os serviços que os primeiros ofereciam baixassem de preço (seus salários fossem reduzidos), e que as pessoas afetadas por essa diminuição salarial tivessem que procurar um novo ofício; e, talvez, esse novo ofício fosse de chofer ou mecânico de automóveis ou carreteiro, cuja cotação estava em alta. Os preços (salários, nesse caso) coroam ou destronam ocupações dentro da divisão do trabalho, por ficarem coroados ou destronados os bens e serviços produzidos mediante essas ocupações.[15]

Cooperação sem altruísmo

A liberdade individual confere mais eficiência à organização do trabalho do que se ele fosse dirigido por uma "mente social". Nenhuma agência central pode lidar com o enorme volume de conhecimento espalhado entre os participantes individuais. Além disso, o *tipo* de conhecimento necessário para que a divisão do trabalho funcione de forma bem engrenada é muito diferente do conhecimento teórico: é conhecimento prático e normalmente tácito (não explicitamente articulável verbalmente por quem o possui). Para desenvolver-se com sucesso na divisão social do trabalho, não é necessário ter uma visão sinóptica prévia que englobe, teoricamente, a totalidade de seu funcionamento. Não é preciso dizer a si mesmo: "Leia este manual de economia antes de ir ao supermercado, porque, senão, vão engolir você".

Tudo é, para nossa sorte e, talvez, para nosso espanto, muito mais simples. O dono de um bar abre todos os dias às sete da manhã, não só e não tanto porque assim pode atender os gostos de sua clientela, mas porque sabe que, de outro modo, não conseguirá receita suficiente para custear seus próprios desejos e necessidades. Cada um oferece um bem ou serviço de que outros precisam, e as receitas que obtém com sua venda servem para comprar os bens e serviços que ele, por sua vez, precisa e são produzidos pelos outros.

Em alguns casos, a pessoa que oferece um artigo conhece seus clientes, mas em muitos outros não. Os fabricantes de automóveis ou de lápis põem bens no mercado sem saber de antemão quem serão seus futuros compradores, o que descarta a possibilidade de que prestem esse serviço por especial simpatia para com eles ou porque os conhecem de toda a vida. A sociedade pode funcionar mediante esse sistema de interesses mutuamente compensados. Como explicava, em uma passagem justamente célebre, Adam Smith:

> *Qualquer um que, em matéria de interesses, estipula algo com outro, propõe-se a fazer isto: "Você me dá o que eu preciso, e eu lhe dou o que lhe falta" [...] Não é da benevolência do açougueiro, do taverneiro, do padeiro, mas de seu foco no próprio interesse que esperamos e devemos esperar nosso alimento. Não imploramos sua humanidade, mas recorremos a seu amor-próprio; nunca lhes falamos sobre nossas necessidades, mas sobre suas vantagens.*[16]

Para que esse funcionamento seja harmonioso, não é preciso existir nenhuma coincidência entre os fins e as preferências das pessoas. Não é necessário que haja unanimidade de interesses como passo prévio e indispensável para que essa ordem surja. Se alguma coisa é verdade, é justamente o contrário: a ordem econômica baseada na divisão do trabalho e na coordenação de seus resultados por meio do mercado operará mais fluentemente quanto maior for a discrepância harmônica entre os gostos e desejos dos particulares. Essa discrepância se manifesta, como vimos, já na escolha de ocupação: uns dedicam-se a dar aulas de Filosofia, outros a dar concertos de piano, outros a produzir discos, outros a vendê-los, outros agem como corretores de seguros ou como intermediários na Bolsa. É muito preferível essa disparidade de gostos e capacidades a uma situação na qual todos quisessem se dedicar à mesma coisa, dar aulas de Filosofia, por exemplo (imagine!). Não haveria, nesse caso, gente que fornecesse alimentos, meios de transporte, espetáculos e entretenimento, cosméticos, filmes em DVD etc.

A disparidade de gostos é, também, a própria base do intercâmbio voluntário: as partes que trocam valorizam de maneira diferente o que está passando de uma mão para outra no intercâmbio; o padeiro valoriza mais o dinheiro que seu cliente lhe entrega do que a baguete, e o cliente, por sua vez, concede mais importância ao bem que leva do que ao dinheiro que tem que pagar por ele. Ambos ficam melhor, depois do intercâmbio, do que estavam antes; de outro modo, o intercâmbio não seria voluntário. Apesar do que muitos pensam, nem sempre estamos jogando pôquer, e os jogos de intercâmbio de mercado são jogos de soma não nula, onde ambas as partes ganham (coisa que, evidentemente, é compatível com o fato de uma ganhar mais que a outra). O combustível de toda essa maquinaria é, portanto, o egoísmo ou interesse particular. Não temos nenhum motivo para pensar que esses artigos que adquirimos no mercado foram colocados a nosso alcance por sentimentos de benevolência em relação a nossa específica pessoa.

Essa ordem espontânea da divisão do trabalho e do mercado também não é fruto de uma inteligência diretora que indique a cada um o que deve fazer. A sociedade não funciona como uma fábrica, hierarquicamente regida por um regulamento estipulado por alguém, que diga o que produzir, quanto produzir, como fazê-lo e para quem. "Ordem", dizia Ortega y Gasset, "não é uma pressão exercida de fora sobre a sociedade, mas um equilíbrio suscitado em seu interior".[17] Sem planos quinquenais de nenhum tipo, os comerciantes abrem suas lojas, o motorista de ônibus aparece para trabalhar no horário (digamos que sim), os professores vão à escola, os médicos atendem nos hospitais etc. E tudo isso ocorre sem que nenhuma dessas pessoas tenha previamente recebido instruções expressas, de alguém que sobrevoe a urdidura completa da divisão do trabalho, observe-a do alto e encomende tarefas específicas a pessoas específicas para fazer, a cada dia, aquilo que está fazendo. Cada um é livre para seguir seu próprio interesse, e essa permissão para cada um defender o seu não desencadeia o caos, como alguém poderia ingenuamente imaginar, mas uma situação em que, sem pressão, a pessoa faz uma pequena parte das tarefas sociais necessárias para que a comunidade funcione, guiada só pela expectativa de que, com aquilo que conseguir por seu trabalho, terá acesso aos frutos do trabalho dos outros, bens e serviços que ele precisa para viver. Eis aqui uma forma de cooperação social *indolor e involuntária*, um caso de *cooperação sem altruísmo*, onde os interesses do indivíduo e o proveitoso para o grupo não se opõem, mas dão-se as mãos; uma mão invisível, como dizia Adam Smith em outra passagem muito célebre:

> *[...] cada um, por si, esforça-se, sem tentar diretamente, para conseguir o máximo de renda anual da sociedade comunitária. Nenhum deles, em geral, se propõe originariamente a promover o interesse público, nem sabe que o está fazendo. Quando prefere a indústria nacional à estrangeira, só visa sua própria segurança, e quando dirige a primeira de modo que seu produto seja o maior possível, só pensa em seus próprios ganhos, mas neste e em outros muitos casos é conduzido, por uma mão invisível, a promover um fim que nunca fez parte de sua intenção. Não é contra a sociedade o fato de esse louvável fim não ser por todos premeditado, porque, seguindo cada particular por um caminho justo e bem dirigido, as miras em seu interesse próprio promovem o do comum com mais eficácia, às vezes, do que quando intencionalmente pensa fomentá-lo diretamente.*[18]

Veremos que nem sempre a cooperação do indivíduo com a ordem social é tão espontânea; e, nesses casos menos afortunados, é preciso recorrer à coerção, tanto formal quanto informal.

A ordem espontânea da divisão social do trabalho e do mercado não só é compatível com a inexistência de uma mente ordenadora, como é mais bem alcançada *sem* ela: tudo o que se necessita é a liberdade de escolha de todos os que contribuem com essa ordem sem saber e guiados tão somente pela necessidade de conseguir, a cada dia, aquilo de que precisam para subsistir e desfrutar a vida. O efeito benéfico global dessa busca descentralizada de interesses particulares passa despercebido para todos, que não precisam saber disso para contribuir, sem premeditação, com seu levantamento e construção. Vemo-nos novamente diante de um subproduto coletivo.

A teia social

Estamos vendo que alguns dos fenômenos sociais encontrados entre os mais básicos e significativos emergiram sem plano nem projeto algum: assim acontece com as cidades, com a evolução das línguas, a história, a divisão do trabalho, os mercados ou, como veremos no capítulo seguinte, o dinheiro-mercadoria. Todos esses subprodutos coletivos estão tecidos e entretecidos sem vontade expressa pelos seres humanos, formando uma densa teia social que serve de fundo para suas vidas e as comprime, depois, com suavidade. Dito de modo que lembre Ortega y Gasset, os homens vão originando, calmamente, circunstâncias que depois indicam as oportunidades e restrições dentro das quais suas vidas se moverão.

Uma teia institucional vai assim se tecendo com os pequenos filamentos que, sem pretender, os componentes de uma coletividade secretam enquanto agem movidos por outros objetivos conscientes. Além disso, essa teia, que constitui o quadro mais profundo e inconsciente da vida coletiva, tem história, uma história impossível de ser contada por nenhum historiador, dada a lentidão com que transcorre e a miríade de pequenos detalhes que a forma. A teia de subprodutos coletivos que forma o tapete sobre o qual se assenta a existência da comunidade vai se modificando sossegada e imperceptivelmente, aproveitando como alimento essas diminutas contribuições individuais involuntárias; e só tomando extensos períodos de tempo é possível apreciar o efeito cumulativo que essas mínimas alterações locais foram deixando em sua estrutura global.

NOTAS

1 Leda Cosmides e John Tooby defenderam com especial vigor e fortes argumentos esse ponto de vista no ensaio "Cognitive Adaptations for Social Exchange", em J. H. Barkow, L. Cosmides e J. Tooby, *The Adapted Mind*, Oxford University Press, Nova York, p. 163-228.

2 David Hume, *Investigación sobre los principios de la moral*, Madri, Alianza Editorial, 1993, p. 51 [Edição brasileira: *Investigação sobre o entendimento humano e sobre os princípios da moral*, São Paulo, Unesp, 2004]. Veja também John Rawls, *A Theory of Justice*, op. cit., p. 126 e 127.

3 Sobre esse fato, Théodore Géricault pintou, em 1819, sua vasta tela *A jangada da Medusa*, verdadeiro manifesto da escola pictórica romântica.

4 M. Friedman e R. Friedman, *Libertad de elegir*, Barcelona, Grijalbo, 1980, p. 28-31.

5 Ludwig von Mises, *La acción humana*, Madri, Unión Editorial, 1995, p. 189. Totalmente recomendáveis são as claras e sagazes páginas que Jesús Huerta de Soto dedica à divisão do trabalho (entendida, no rastro de Friedrich Hayek, como divisão do conhecimento) em seu livro *Socialismo, cálculo económico y función empresarial*, Madri, Unión Editorial, 2001, p. 51-85.

6 A. Smith, *Investigación de la naturaleza y causas de riqueza de las naciones*, Barcelona, Bosch, 1983, vol. 1, p. 45 [Edição brasileira: *A riqueza das nações*, São Paulo, Martins Fontes, 2003].

7 Se você é excessivamente desconfiado, fará bem em trocar o sexo dos personagens deste tópico: o episódio se dará, então, entre uma advogada e seu secretário.

8 P. A. Samuelson e W. D. Nordhaus, *Economía*, Madri, McGraw-Hill, 1986, p. 1018 e 1019 [Edição brasileira: *Economia*, São Paulo, McGraw-Hill, 2004.]

9 Os jogos de soma zero, como o pôquer, são jogos competitivos ao máximo ou não cooperativos em absoluto. Chamam-se "de soma zero" porque a soma dos ganhos e perdas dos jogadores, em qualquer momento do jogo, há de dar forçosamente zero. Suponhamos que três pessoas estão jogando uma partida de pôquer, e que, em um determinado momento, uma delas ganha trezentos euros e outra perde duzentos euros. O que acontece com a terceira? Sabemos que só pode acontecer uma coisa: estar perdendo cem euros. Dessa forma, a soma do que o primeiro ganha e do que os outros dois perdem dá zero.

10 M. A. Fernández Ordóñez, *La competencia* [A competição], Madri, Alianza Editorial, 2000, p. 60.

11 Os detratores atuais da globalização têm como principal cavalo de batalha derrotar esse princípio da vantagem comparativa, o que não é fácil.

12 Na realidade, isso que acabo de enunciar chama-se "rendimentos crescentes em escala"; mas tornam-se economias de escala se supusermos, para simplificar, que os custos de produção não variaram. Prescinda totalmente deste esclarecimento se, longe de esclarecer, lhe der dor de cabeça.

13 Você talvez queira ler mais alguma coisa sobre esse assunto; assim sendo, recomendo Joaquín Trigo Portela, *Ensayos sobre la economía española en el siglo XXI*, Barcelona, Ediciones Gestión, 2000, 2005, p. 85-110.

14 Consulte, se quiser saber mais sobre por que o fabricante de Wilkes-Barre age dessa maneira, o influente artigo de Ronald Harry Coase, "La naturaleza de la empresa" , em A. Cuervo, M. Ortigueira e A. Suárez, *Lecturas de introducción a la economía de la empresa*, Madri, Pirámide, 1979, p. 15-30.

15 Um quilo de maçãs, uma geladeira, um terno ou um carro são *bens*: quando comprados com dinheiro, há um objeto físico que muda de mãos (do vendedor ao comprador); por outro lado, um corte de cabelo, uma viagem de ônibus ou uma sessão de cinema são *serviços*: quando se paga por um serviço, não há um objeto físico que passe de uma pessoa a outra. Devo acrescentar que os preços não são o único mecanismo de coordenação da atividade econômica: dentro da unidade hierárquica de produção que é a empresa, esse trabalho de coordenação é desempenhado pelos gerentes.

16 A. Smith, *Investigación de la naturaleza y causas de riqueza de las naciones*, op. cit., p. 54.

17 José Ortega y Gasset, *Mirabeau o el político*, em suas *Obras completas*, Madri, Alianza Editorial, 1987, vol. 3, p. 607.

18 A. Smith, *Investigación de la naturaleza y causas de riqueza de las naciones*, op. cit., vol. II, p. 191.

TRILHAS DESTRUÍDAS
Inferno nº 17

O papel do dinheiro (em vez do dinheiro de papel)

A divisão do trabalho é, também, divisão dos conhecimentos e, pulverizando em grãos cada vez mais finos esse conhecimento coletivo, cada indivíduo eleva seu nível de especialização e a produtividade de seu trabalho. Em outras palavras, aumenta sua colaboração não premeditada com a riqueza coletivamente reunida. Mas, para que tudo isso adquira sentido para ele, precisa ter algum acesso a essa riqueza coletivamente reunida. É o dinheiro que proporciona esse acesso, e sem ele simplesmente não haveria divisão do trabalho. Eu sou professor de Filosofia, mas preciso, ou quero, ter a meu alcance os bens e serviços produzidos por pessoas que não se interessam pelo ensino da Filosofia (como é fácil de imaginar), mas por fabricar cordões de sapatos, dirigir filmes, consertar automóveis ou computadores, produzir alimentos ou cortar o cabelo. Isso significa que o dinheiro é um fenômeno social muito básico e primitivo, e que emerge à superfície de uma coletividade assim que tem oportunidade para isso. Diferentemente de tudo o que se poderia pensar lendo alguns teóricos da Política, nem o dinheiro nem o mercado são pérfidas invenções recentes do "capitalismo selvagem" ou do "neoliberalismo" (tenha cuidado, rogo-lhe, para não se deixar intimidar por essas truculências verbais), mas, muito pelo contrário, há indícios de intercâmbio mercantil desde cerca de 40 mil anos atrás, no período Paleolítico Superior.[1] O próprio Platão, em *A República*, mostrava-se sabedor das vantagens da divisão do trabalho e do dinheiro. Entre Sócrates e Adimanto ocorreu este saboroso diálogo, que levaria qualquer economista atual que o lesse a dar constantes cabeçadas de assentimento (Sócrates é o primeiro a tomar a palavra):

> *– Pois percebo, agora que você diz, que cada um não tem os mesmos dotes naturais que o outro, mas é diferente quanto a sua disposição natural: um é apto para realizar uma tarefa, outro para outra. Você não acha?*
> *– Acho sim.*
> *– Então, será melhor que uma única pessoa exercite muitos ofícios ou um só?*
> *– Que exercite um só. [...]*
> *– Por conseguinte, produzir-se-ão mais coisas e melhor e mais facilmente se cada um trabalhar no momento oportuno e de acordo com suas aptidões naturais, liberado das demais ocupações.*
> *– Absolutamente certo. [...]*
> *– Pois bem, no seio do próprio Estado, como os cidadãos farão o intercâmbio daquilo que cada um tenha fabricado? Pois, em vista disso, criamos a sociedade e fundamos um Estado.*
> *– É óbvio que por meio da compra e da venda.*
> *– Daí, portanto, surgirá um mercado e um símbolo monetário com vistas ao intercâmbio.*
> *– Claro.*[2]

"Claro", como diz Adimanto. Também pareciam claras as vantagens da divisão do trabalho ao intelectual que faz o papel de narrador no absorvente romance de Jack London *O lobo do mar*, que se dispõe a visitar de barco, como passageiro, um amigo que mora do outro lado da baía de São Francisco:

> *Lembro quão acertada me parecia essa divisão do trabalho graças à qual eu não precisava estudar nada referente às névoas, ventos, marés*

ou à arte da navegação para poder visitar meu amigo, que morava do outro lado da baía. Era uma boa coisa isso de os homens se especializarem, dizia eu para mim mesmo. O adequado conhecimento do piloto e do capitão eram suficientes para vários milhares de pessoas que não sabiam mais do que eu sobre mar e náutica. Por outro lado, em vez de ter que dispersar minha energia na aprendizagem de um monte de coisas, podia concentrá-la em umas poucas especificamente, por exemplo, a análise do papel de Poe na literatura americana, um ensaio meu que, a propósito, acabava de sair no Atlantic.

Inferno nº 17, de Billy Wilder, mostra-nos com quanta facilidade o dinheiro aparece, mesmo nas circunstâncias mais desfavoráveis, para pôr à disposição de uns aquilo que outros produziram em partes diferentes e distantes da divisão do trabalho.

Os cigarros como dinheiro

O *Stalag* 17 é um campo alemão de prisioneiros de guerra localizado junto ao Danúbio, e nele se amontoam cerca de 40 mil soldados capturados em combate durante a Segunda Guerra Mundial (russos, poloneses, tchecos etc.). O filme conta os acontecimentos de uma semana antes do Natal de 1944, em uma seção do campo ocupada por 630 prisioneiros norte-americanos, todos eles com a patente de sargento; e, para ser mais específico, no barracão 4, onde essa noite está sendo preparada uma fuga por um túnel que parte do barracão e sai do outro lado dos alambrados do campo. Manfred e Johnson são os que tentam. Quando já afastaram o aquecedor de ferro do barracão, que cobria a entrada do túnel, e estão deslizando por ela, o sargento Sefton (William Holden) aposta dois maços de cigarros que nem Manfred nem Johnson conseguirão alcançar o bosque que circunda o campo de concentração.

– Este aqui apostaria que um caminhão atropela sua mãe – diz indignado outro dos militares, Harry Shapiro (Harvey Lembeck).

– Ninguém aceita? – insiste Sefton.

– Um momento, Hoffy – responde finalmente Duke (Neville Brand), cobrindo, finalmente, a aposta. – Quero apostar pelos garotos. Dez cigarros.

A partir desse momento correm rapidamente as apostas em favor dos "garotos", todas elas feitas em cigarros, o meio de pagamento vigente no *Stalag* 17. Quanto aos "garotos", assim que saem do túnel, do outro lado dos alambrados, são metralhados por uma patrulha alemã que parecia estar esperando sua chegada. O ruído das metralhadoras chega até seus companheiros do barracão 4, e Sefton, em um gesto que só a câmera capta, não seus companheiros, lamenta-se por ter ganhado *essa* aposta.

Na manhã seguinte, quando estão em formação para a revista, o pessoal do barracão 4 descobre os dois fugitivos transformados em cadáveres cobertos por mantas. O sargento Hoffy (Richard Erdman), chefe do barracão 4, protesta ao comandante do campo – o muito civilizado, culto e sardônico coronel Von Scherbach (Otto Preminger, dessa vez do lado de lá da câmera) –, por terem deixado os prisioneiros jogados na fria lama durante a noite toda; lembra-lhe, inclusive, a Convenção de Genebra com relação a dar digna sepultura aos mortos. O coronel concorda sem constrangimento, mas ordena privar o barracão do aquecedor de ferro, que ocultava a boca do túnel pelo qual haviam tentado a fuga, e, para que eles não passassem frio sem o aquecedor, dá, com ironia, a ordem de voltar a encher o túnel de terra.

A forma tão precisa em que os alemães sabiam da tentativa de fuga, inclusive o detalhe do aquecedor de ferro, faz o exaltado Duke suspeitar que há um delator entre eles, um sujo espião que conta as coisas do barracão aos alemães. Mas a atmosfera ominosa e cheia de presságios que essa acusação sem nome faz flutuar no ambiente dissipa-se quando corre a notícia de que chegou uma nova remessa de prisioneiras russas em um barracão vizinho. O tom de comédia nunca abandona totalmente o filme; esse não é um desses tétricos longas-metragens sobre campos de concentração nazistas; poderia ter sido, evidentemente e com toda justificativa, mas não com Billy Wilder no comando do roteiro e da câmera.

Chega a hora da comida e, enquanto os outros dão conta de seu cozido miserável, Sefton consegue arranjar um ovo frito, diante dos cobiçosos olhos dos outros; depois, ele concluirá a refeição com um café não muito forte. A inveja e o ressentimento apoderam-se do excitável Duke, que encara Sefton:

– Então, trambiqueiro, explique-se – exige. – O que você lhes deu em troca do ovo?
– Quarenta e cinco cigarros – responde com ofensiva exatidão Sefton. – Os preços subiram.
– Não seriam os nossos que você levou ontem à noite? – continua Duke, cada vez mais agressivo, revoltado diante da possibilidade de Sefton ter pago com os cigarros que ganhou de seus companheiros apostando que a tentativa de fuga não teria sucesso, como realmente aconteceu.
– Eu só fumo charutos – responde com um amplo sorriso Sefton. – O que eu ia fazer com eles?
– Desgraçado! Esses canalhas mataram Manfred e Johnson ontem à noite e você já está fazendo negócio com eles.
– Ouça – diz Sefton em tom prático –, eles vão levar o aquecedor e este poderá ser meu último café da manhã quente. Por que não me deixa tomá-lo em paz?
– Que pena! – junta-se Stanislas Kasava (Robert Strauss), uma clara demonstração de nosso parentesco próximo com os chimpanzés. – Amanhã você terá que comer o ovo cru.
– Ele não tem problemas – agora é Harry Shapiro que joga lenha na fogueira. – Ele já vai se virar para encontrar um fogareiro a gás e, se se esforçar, uma geladeira também.
– Por que o espanto? – defende-se Sefton. – Porque negocio com eles? Todo mundo faz isso! Pode ser que eu leve mais vantagem. Isso é ser colaboracionista?
– Você joga com vantagem continua – Duke, cada vez com piores modos.
*– Eu bem que gostaria de ter parte do que você guarda aí. [*Duke aponta para o baú de pertences de Sefton, custodiado por seu acólito Cookie (Gil Stratton), que é, ainda, o narrador da história.*]*
– Gostaria, é? Você deve saber que na primeira semana que estive aqui me roubaram o pacote da Cruz Vermelha, a manta e o pé esquerdo do sapato. Isto aqui não é um jardim de infância, cada um cuida de si mesmo. Já somos homenzinhos, aqui não há babás.

– Você me dá nojo! – diz Duke, e, sem poder mais se conter, lança-se sobre Sefton, com intenção de sair aos socos com ele.

No último instante, Hoffy, o chefe do barracão, detém o ataque de violência; mas Sefton, a essa altura, perdeu a vontade de comer seu ovo frito e o dá a Joey, um soldado meio abobado que toca ocarina.

– Eu não incomodo ninguém – continua pouco depois Sefton, enfrentando as pouco veladas insinuações de que ele poderia ser o traidor infiltrado, o infame dedo-duro, e que por isso apostava na certeza quando predizia a morte dos fugitivos. – ...Vocês podem ser heróis, desses que põem o peito na frente das balas. Eu vivo aqui muito bem e tentarei ficar o mais confortável possível. Se tiver que negociar com o inimigo para conseguir mais comida ou um colchão melhor, farei isso cem vezes.

A situação se acalma, finalmente, quando alguém de outro barracão lhes passa um rádio, para que saibam do avanço dos alemães pelas Ardenas para Bastogne (onde os soldados aliados, os "acabados bastardos de Bastogne", que aparecem em *O Preço da Glória*, de William Wellman, estão travando nesse mesmo momento sua batalha particular contra os nazistas).

Um empresário em um campo de concentração

Sefton é capaz de fazer qualquer coisa que lhe traga benefícios. Um exemplo são as "corridas de cavalos" que acontecem todos os sábados e domingos no barracão. Ele é o proprietário do hipódromo, o presidente do clube, o juiz de chegada e de largada, o cuidador e o corretor de apostas (tudo em um). Cookie, seu ajudante, encarrega-se apenas de fazer o papel de cavalariço por cinco cigarros diários. Você deve ter adivinhado que os "cavalos" são, na realidade, ratos, que dão voltas em um circuito feito com dois círculos concêntricos de madeira.

Outro de seus negócios é uma destilaria, que lhe permite montar um bar, onde vende aguardente a dois cigarros o trago. A aguardente sai de cascas de batatas, às quais acrescenta, às vezes, barbantes usados nos pacotes da Cruz

Vermelha, "para dar mais sabor". Não é uísque de marca, evidentemente, mas pelo menos a casa garante que ninguém que ingerir a beberagem ficará cego.

Mas a melhor das iniciativas empresariais de Sefton é o "observatório". Conseguiu umas lentes alemãs de grande potência e um espelho de aumento, e comprou os bons ofícios de dois soldados do barracão 2 para que montassem tudo e construíssem um telescópio rudimentar, mas funcional, tudo em troca de uma libra de café. O "observatório" servia para espiar as prisioneiras russas, cuja barraca de higienização estava a uns quinhentos metros. Olhar pelo telescópio durante vinte segundos custava um cigarro ou meia barra de chocolate. E não é que se visse grande coisa: por causa do vapor que se formava na barraca de higiene, era preciso deixar quase tudo por conta da imaginação do consumidor. Mas, para homens que estavam (alguns deles) até dois anos enfiados no *Stalag* 17, essas silhuetas femininas mal entrevistas em meio ao vapor bem valiam o que se pagava por elas. As filas de *voyeurs* iam de um barracão a outro.

Sefton consegue a tolerância dos guardas alemães molhando suas mãos com 10% de todos os seus ganhos.

A animadversão pelo empresário

Como se vê, Sefton tem uma economia em miniatura montada: fornece bens e serviços a seus companheiros de cativeiro (e até mantém um assalariado), e com os ganhos faz intercâmbios com os guardas do campo. Vende em um lugar para comprar em outro. As corridas de cavalos, o bar e o "observatório" melhoram a qualidade de vida de seus compatriotas, e ele tenta melhorar a sua própria usando parte do que ganha para comprar de seus captores coisas úteis para ele. Até mesmo em circunstâncias tão hostis há lugar para fazer negócios, utilizando dinheiro (cigarros) para realizá-los. Vemos que os cigarros são, para todos os efeitos, dinheiro; funcionam como meio de pagamento, e não porque alguma autoridade monetária assim estabeleceu, mas porque são aceitos sem reclamação como instrumento de câmbio por todos: seus companheiros de barracão pagam Sefton com cigarros, e ele, por sua vez, usa-os para comprar outras coisas dos alemães. Se todos o admitem como meio para efetuar trocas, então *isso* (seja o que for) é dinheiro. Recordemos, aqui, aquilo que nos dizia

Milton Friedman no capítulo 2: o dinheiro não funciona como instrumento de troca porque algum mandachuva político assim o impôs, mas porque atingiu uma legitimidade tácita para funcionar como tal; todos o aceitam como mercadoria universal porque todos os outros o fazem; e todos os demais o fazem porque ocorria assim no passado, e já ninguém repara em um processo que se automatizou e funciona sem interferências.

O filme mostra claramente, por outro lado, a difundida ojeriza para com o empresário que enriquece sem, aparentemente, produzir nada de proveitoso; só transferindo bens de um local a outro (ou de um momento a outro do tempo) ou proporcionando "pão e circo". É verdade que Sefton, por ser o único a oferecer em todos os "setores" de que participa, pode fixar preços de monopolista; mas não é menos verdade que é um monopolista porque ninguém se pôs a competir com ele, não porque ele tenha proibido a entrada de competidores nos setores em que opera.

É verdade, também, que os comerciantes têm uma bem conquistada fama de serem moral, política e religiosamente neutros, e capazes de trocar quase qualquer coisa com quase qualquer pessoa se isso lhes trouxer benefícios. Mas é preciso, ainda, ter em conta que sua atitude cínica e descrente de valores espinhosos (como o patriotismo, que os confrades de Sefton alardeiam) lhes permite passagem franca em comunidades humanas divididas entre si por essas ríspidas diferenças de fé ou de organização política, que com tanta facilidade conduzem ao enfrentamento bélico. Como dizia Montesquieu, o comércio adoça os costumes por onde passa, e facilita a colaboração pacífica e involuntária entre pessoas que não se conhecem e que, se se conhecessem, talvez se odiassem por discrepâncias ideológicas ou de outro tipo (lembre-se da história do lápis).[3] Além disso, Sefton tem a cara e o irresistível encanto pessoal de William Holden, não se esqueça, e é difícil sentir antipatia por Holden. Você sente? Mesmo? Não acredito. Acha, por acaso, que Sefton-Holden é o traidor no inferno? Ou será outro, com o peito inflado de suposto patriotismo, que é o dedo-duro para os nazistas?

Por outro lado, esse desapego dos comerciantes aos valores muito difundidos, e ao mesmo tempo tribais, não os impede de desenvolver, na prática, uma moralidade, muito estrita às vezes, em relação a suas próprias práticas mercantis, e abominar a fraude ou o não cumprimento dos contratos com a mesma intensidade com que outros abominam o pecado.

De uma economia de troca a uma economia monetária

Com o filme de Billy Wilder voltamos ao assunto da importância do dinheiro como instituição social, algo que já começamos a apreciar no capítulo 2 relembrando o filme *Loucuras de Milionário*, de Ronald Neame. Mas, lá, tratava-se de um dinheiro de aparência mais sofisticada e abstrata: o papel-moeda; especificamente, uma nota promissória com a exorbitante cifra de um milhão de libras estampada nela. O dinheiro que Sefton manipula no *Stalag* 17 é uma forma mais primitiva de dinheiro: o dinheiro-mercadoria, isto é, uma mercadoria que, por algumas qualidades especiais, torna-se mercadoria universal, instrumento intermediador e unanimemente aceito para trocar uns bens por outros. Também, evidentemente, o pó de ouro que caía nos pisos da Cidade Sem Nome era dinheiro-mercadoria.

O dinheiro-mercadoria evoluiu muitas vezes, de maneira pausada e sem pressão, desde economias de troca e às vezes em convivência com elas no tempo. As vantagens de convergir espontaneamente ao uso de uma mercadoria universal que faça as vezes de dinheiro são fáceis de entender partindo de uma forma de intercâmbio mais primitiva, como a troca.

Em uma economia de troca, como é sabido, os produtos são trocados diretamente entre si. Suponhamos que Aquiles, o *primus inter pares* da Ilíada, a antonomásia do herói entre os gregos, tenha uma armadura e esteja disposto a trocá-la por cinco espadas, de propriedade de Heitor. Para que, nessas condições, a troca aconteça, é preciso haver uma *dupla coincidência de desejos*. Heitor precisa ter as espadas que Aquiles deseja e valorizá-las menos que a armadura deste (primeira coincidência); e Aquiles tem que ser dono de uma armadura que Heitor aprecie mais que a suas cinco espadas (segunda coincidência). Se ocorrer essa dupla coincidência de desejos, o intercâmbio de espadas e armadura será possível. Perceba que, em uma troca, cada parte é comprador e vendedor ao mesmo tempo; a distinção entre comprar e vender só ganha sentido em uma economia monetária. É fácil imaginar, por outro lado, que essa dupla coincidência de desejos será rara e que o comércio se verá impedido pelos elevados custos (de transação) que haverá de suportar aquele que desejar se desfazer de um bem e tiver que descobrir onde está a pessoa interessada nele e que, ainda por cima, possua os artigos que ele quer em troca.

Mas Aquiles ainda poderá negociar com Heitor e conseguir essas cinco espadas se seguir uma via indireta, e percebe que, afinal de contas, uma armadura é um bem no qual pouca gente costuma estar interessada, inclusive Heitor; Aquiles estará mais perto de atingir seus propósitos se encontrar outra pessoa (Tersites, digamos, o anti-herói grego por excelência), que sempre se encantou com a armadura de Aquiles e com a aparência física e dignidade que conferirá a uma pessoa com seus gostos duvidosos, e está disposto a ficar com a vistosa armadura oferecendo a Aquiles um de seus cavalos em troca. Na época de Homero, a mercadoria com maior capacidade de venda era exatamente o gado; e, como é possível que Heitor esteja mais necessitado de cavalos que de uma nova armadura (e Aquiles sabe disso), é provável que Aquiles entre em negociação com Tersites e lhe venda a armadura em troca de um cavalo de que não precisa, e depois vá oferecer esse cavalo a Heitor para obter suas desejadas espadas. A estratégia de Aquiles é trocar bens menos vendáveis por outros mais vendáveis e negociar com estes últimos.

Vejamos o detalhe importante de que Aquiles está disposto, sem pressão alguma, mas guiado pela busca de sua vantagem pessoal, a trocar um produto que possui por outro que não lhe interessa (o cavalo) para, assim, e por essa via indireta, conseguir o que realmente lhe apetece ter, as espadas de Heitor. (Sefton fazia a mesma coisa no *Stalag* 17: aceitava cigarros, embora não os consumisse – "só fumo charutos" –, para, assim, conseguir outras coisas que consumia.) Para que essa estratégia funcione, os outros membros das comunidades gregas hão de ir percebendo que a maneira de proceder de pessoas como Aquiles é extremamente hábil e serve melhor a seus propósitos do que a estratégia mais direta da troca. Desse modo, a prática de trocar outros bens por animais vai se generalizando, e o gado acabará sendo aceito como meio de troca para o comércio de bens; em outras palavras, o gado passa a ser, para todos os efeitos, dinheiro.[4] O fato de certos animais terem feito as vezes de dinheiro em comunidades nômades de criadores de gado ou nos primeiros centros agrícolas foi um processo espontâneo, um subproduto coletivo, no qual nenhuma autoridade central (como um banco emissor, digamos) levou a efeito algum ato institucional que conferisse esse valor de meio de troca generalizada (de mercadoria intermediária universalmente aceitada) às cabeças de gado. Foi tão somente a percepção das vantagens de agir assim entre grupos cada vez mais amplos que conduziu ao aparecimento do dinheiro-mercadoria, a forma mais rudimentar de dinheiro. Evidentemente, à medida que mais pessoas entram nesse jogo de intercâmbios indiretos (isto é, à medida que aumentam as externalidades de rede que faz um certo tipo de bem ser aceito como meio de troca por cada vez mais gente), mais fluente e fácil se torna o comércio. Carl Menger, o fundador da Escola Austríaca de Economia, destacou com energia o caráter espontâneo e não institucionalmente dirigido de todo esse processo, assim como a importância do conhecimento intuitivo de que mercadorias são as mais aptas para funcionar como dinheiro:

> *O intercâmbio de mercadorias com pouca capacidade de venda por outras cuja capacidade é maior favorece os interesses econômicos de todos os implicados na operação, mas a realização prática das transações pressupõe o conhecimento desse interesse por aqueles que estão dispostos a aceitar um bem, talvez totalmente inútil, em troca de suas mercadorias só porque tem maior capacidade de venda. A verdade é que esse conhecimento nunca se dá ao mesmo tempo em todos os membros de um povo. Ao contrário, nas primeiras etapas, só um reduzido número de sujeitos econômicos percebe as vantagens que derivam quando, por não poderem trocar suas mercadorias por bens de uso direto, ou quando essa troca é muito insegura, aceitam como contrapartida outras mercadorias com maior facilidade de venda [...] Mas, dado que o melhor meio para instruir os homens sobre suas vantagens econômicas é mostrar-lhes o sucesso dos que utilizam os meios mais adequados para alcançar seus objetivos, é claro que nada favoreceu tanto a origem do dinheiro quanto ver os grandes benefícios alcançados pelos indivíduos mais habilidosos, graças a sua decisão de aceitar, durante longo tempo, mercadorias de alta capacidade de venda em troca de todas as outras. É, pois, certeza que a prática e o costume contribuíram, em muito boa medida, para tornar as mercadorias mais vendáveis em cada situação específica em bens que aceitavam, em troca de suas próprias mercadorias, não alguns, mas a totalidade dos indivíduos econômicos [...]*

> *A origem do dinheiro (que deve ser diferenciado do subgênero das moedas cunhadas) é, como vimos, totalmente natural e, por conseguinte, só em muito poucos casos pode ser atribuída a influências legislativas. O dinheiro não é uma invenção estatal nem o produto de um ato legislador. A sanção ou aprovação da autoridade estatal é, pois, um fator alheio ao conceito de dinheiro. O fato de que determinadas mercadorias alcançam a categoria de dinheiro surge espontaneamente das relações econômicas existentes, sem que sejam necessárias medidas estatais.*[5]

Tudo o que acontece no filme de Billy Wilder abona a interpretação de Menger acerca de o dinheiro-mercadoria aflorar sem mais, sem a intermediação do desígnio expresso de ninguém. Não parece, evidentemente, que o coronel Von Scherbach nem nenhuma outra autoridade do *Stalag* 17 tenha decretado, em algum momento, que os cigarros deviam fazer as vezes de dinheiro. Sem ordens nem convênios expressos, os cigarros começaram a desempenhar o papel de dinheiro entre os prisioneiros do campo de concentração e entre estes e seus carcereiros. Como isso aconteceu? Talvez alguém tão esperto quanto Sefton tenha passado, antes de o próprio Sefton chegar, pelo *Stalag* 17 e tenha começado, em algum momento do passado que ninguém se encarregou de registrar, a utilizar os cigarros não para fumar, mas como meio de pagamento; mais alguns notaram as vantagens desse proceder indireto, imitaram-no, e o costume de utilizar os cigarros como dinheiro começou a se difundir como uma mancha de óleo, devido às muito evidentes vantagens que proporcionava; e quanto mais arraigada se tornava essa prática, de maior legitimidade tácita gozava o uso dos cigarros para pagar coisas. É muito possível que Sefton encontrasse essa tradição já em andamento ao chegar ao campo de concentração e se limitasse a montar nela e aproveitá-la, isso sim, em novas direções.

O peso da contingência na história do dinheiro

Os gregos, os romanos, os árabes, os persas e os hebreus utilizaram o gado como primeiro meio de troca. Mas isso obedeceu à circunstância de que em toda a Eurásia (e no norte da África) os animais domésticos de bom tamanho (ovelha, cabra, vaca, porco, cavalo) eram abundantes. Mas isso não ocorria em todos os lugares. No México que os conquistadores espanhóis conheceram, o comércio já estava muito desenvolvido, mas o peru era praticamente o único animal doméstico conhecido, e não era usado como dinheiro. Os meios de troca utilizados eram, na verdade, saquinhos que continham entre oito e 24 grãos de cacau, pequenos retalhos de algodão, ouro em pó dentro das hastes das plumas de ganso, peças de cobre e finas lâminas de zinco. Entre os povos caçadores da baía de Hudson, até finais do século XIX as peles de castor eram utilizadas como dinheiro; no curso superior do Amazonas, os favos de cera; na Islândia e Terra Nova, o bacalhau; em Maryland e Virgínia, o tabaco; nas Índias Ocidentais inglesas, o açúcar; nas antigas posses portuguesas na África, as presas de elefante; as tâmaras eram empregadas no oásis de Siwah (Egito) para tal efeito, os pacotes de chá na Ásia setentrional e as contas de vidro na Núbia (Sudão).[6] Em *Viver para Contar*, a primeira parte de sua autobiografia, Gabriel García Márquez explica o que fazia as vezes de dinheiro em um internato em que esteve:

> *No refeitório funcionava um sistema de mercado que permitia a cada um arranjar a comida a seu gosto. O dinheiro carecia de valor. Os dois ovos do café da manhã eram a moeda mais cotada, pois com eles era possível comprar com vantagem qualquer outro prato das três comidas. Cada coisa tinha seu equivalente justo, e nada perturbou aquele comércio legítimo. Mais ainda: não lembro de nenhuma briga a socos por motivo algum em quatro anos de internato.*

A própria circunstância de que mercadorias tão diferentes nas diversas partes do mundo (adaptando-se às disponibilidades locais – dadas ao acaso – de bens comercializáveis) tenham exercido a função de dinheiro, e que essas formas de dinheiro-mercadoria tenham surgido independentes umas das outras, fala eloquentemente a favor da origem espontânea do dinheiro.

Nos locais onde estão disponíveis, os metais – especialmente o ouro e a prata – transformam-se na forma de dinheiro-mercadoria favorita do público porque são facilmente transportáveis, deterioram-se pouco com o uso, são divisíveis (o que permite comprar mercadorias de muito diferentes preços com eles) e têm um grande valor em relação a seu peso. John Locke indicou a durabilidade como uma qualidade básica para que algo funcionasse como dinheiro-mercadoria: quem tinha ameixas, preferia trocá-las por nozes, e estas últimas por peças de metal. "Foi assim", comenta, "que se introduziu o uso do dinheiro: uma coisa que os homens podiam conservar sem que apodrecesse, e que, por mútuo consentimento, podiam trocar por produtos verdadeiramente úteis para a vida, mas de natureza perecível".[7] De modo que, se houver várias formas de dinheiro-mercadoria em campo, a rede de quem utilizar dinheiro metálico crescerá, à custa das restantes, e acabará por absorver todos os que negociam na área. Novamente, e como já vimos em outras situações, as externalidades de rede fazem que seja conveniente para todos convergir para o uso de uma forma única de dinheiro-mercadoria, se estiver disponível em quantidade suficiente, em vez de manter uma grande multiplicidade de meios de pagamento.

O dinheiro-mercadoria apareceu sempre por um processo evolutivo de ensaio e erro e se fixou, depois, por mecanismos de retroação positiva, como as externalidades de rede. A convenção assim estabelecida, apesar de ter promovido a coordenação das atividades comerciais de muitas pessoas, não precisou da idealização consciente de uma autoridade política, que houvesse previsto as vantagens dessa inovação cultural (o dinheiro-mercadoria) e, a seguir, as houvesse posto em marcha de maneira pensada e atenta. A facilitação da ordem econômica por meio do dinheiro-mercadoria não precisou, em nenhum ponto, de uma mentalidade previdente e projetista dessa ordem, como já afirmou Carl Menger.

Darwinistas antes de Darwin

A ideia de que *tudo* o que exibe uma ordem ou parece ter um propósito deve ter sido projetado expressamente por alguém é uma dessas ideias às quais parece difícil resistir, mas que, porém, é falsa. É a conhecida "falácia do *design*", de muito reconhecível cunho intelectualista, e que no campo da Biologia atingiu sua expressão máxima por meio do reverendo inglês William Paley (1743-1805), em seu *Teologia natural*, obra publicada em 1802, na qual mostra qual seria nossa reação intelectual se, caminhando por um terreno de urzes, encontrássemos uma pedra ou um relógio. A tosca e irregular pedra tem todo o jeito de estar ali casualmente; mas, por outro lado, o relógio, um mecanismo complexo e com todo o jeito de ter sido construído para um propósito, mostra indiretamente que foi criado por um relojoeiro e que só por intermédio de sua inteligência pôde entrar no mundo. Paley diz assim: "A dedução, pensamos, é inevitável; o relógio deve ter tido um fabricante; tem que ter existido, em algum momento e lugar, um artífice ou artífices que o criaram com o propósito ao qual realmente serve; alguém que compreendeu seu processo de construção e que projetou seu modo de utilização". Daqui, só resta a Paley um passo para chegar onde realmente quer. Para ele, isso é evidente, não interessam os relógios, mas sim a analogia, facilmente perceptível, entre um relógio e um organismo vivo que, como aquele, manifesta os atributos de complexidade e ordem mesmo em uma escala muito superior; e são exatamente esses atributos que dão a pista da presença, como no caso do relógio, de um artífice criador e *designer* dos seres vivos. William Paley entrega-se sem reservas à falácia do *design* quando faz essa afirmação: "Não pode existir *design* sem *designer*; invenção sem inventor... As marcas de um *design* [nos seres vivos] são muito claras para serem ignoradas. O *design* exige a existência de um *designer*. Esse *designer* tem que ter sido uma pessoa. Essa pessoa é DEUS".[8]

Os biólogos só conseguiram se safar totalmente da falácia do *design* com a inestimável ajuda de Charles Darwin, que mostrou que a ordem que os seres vivos apresentam é também uma ordem espontânea (não produzida deliberadamente), e que os principais artífices dessa ordem são forças impessoais: a variação ao acaso que surge sem direção diversas vezes na natureza (os seres vivos individuais são diferentes de seus progenitores e, mais ainda, de outros seres vivos) e a seleção natural, que favorece aqueles que são capazes de se apropriar de mais recursos que outros para sobreviver, crescer e se reproduzir em um certo ambiente. Tais recursos são sempre poucos para manter todos os seres vivos que nascem, e só os que apresentam uma aptidão superior para capturá-los sobrevivem e transmitem a sua descendência essas qualidades que lhes deram superioridade na luta pela existência. Para resolver bem esse problema econômico de conseguir os recursos escassos (entre os quais estão outros seres vivos) e desbancar os competidores, os organismos precisam ter certas características de forma, função e comportamento; quem não possui essas características adequadas simplesmente é descartado: não sobrevive ou, se sobreviver, não o faz o tempo suficiente para se reproduzir; vingam somente os que parecem mais bem projetados para se apossar dos meios escassos presentes no entorno, os mais bem adaptados. A boa ordem e a adaptação ao ambiente que os seres vivos exibem são uma consequência colateral da escassez de meios para se manter na existência e da luta por eles.

Certos cientistas sociais (historiadores, linguistas, economistas) e os biólogos estão em melhores condições que outros para evitar pensamentos intelectualistas e entender como pode surgir ordem na ausência de uma inteligência ordenadora. Por isso não é estranho que se tenham influenciado mutuamente, mas, contra o que se costuma acreditar, foram os biólogos (Darwin, em primeiro lugar) que entenderam a natureza de uma ordem espontânea lendo coisas que economistas e outros cientistas sociais já haviam pensado a respeito. Houve darwinistas antes de Darwin.

A ilustrados escoceses corresponde, em grande parte, o mérito de ter lançado a ideia, nada intuitiva, de que um objeto ordenado pode ter chegado por si só (ou concomitantemente a outros) a adquirir essa ordem, sem que esta responda ao projeto de uma inteligência externa organizadora. A essa mesma ideia chegaria, um século depois, Charles Darwin, aplicando-a com sucesso à explicação da ordem espontânea dos seres vivos, produto não da intervenção direta de Deus, mas das forças indiretas da variação biológica e da seleção natural dos organismos com variantes mais adequadas para sobreviver, crescer e se reproduzir em um determinado entorno. Foi isso que levou esses pensadores escoceses a serem considerados "darwinistas antes de Darwin". Friedrich Hayek assim o fez notar:

> *Como o conceito de evolução terá um papel central ao longo de nossa discussão, é importante esclarecer alguns mal-entendidos que recentemente os estudiosos da sociedade resistentes a utilizá-lo andaram cometendo. O primeiro é a crença errônea de que essa concepção foi tomada de empréstimo da Biologia pelas Ciências Sociais. A verdade é o contrário, e se Charles Darwin foi capaz de aplicar com sucesso*

> *à Biologia um conceito que aprendeu em grande parte das Ciências Sociais, isso não o torna menos importante no campo em que originariamente surgiu. Foi no tratamento de formações sociais como a linguagem e a moral, o Direito e a moeda, que no século* XVIII *as concepções gêmeas da evolução e da formação de uma ordem espontânea foram, por fim, claramente formuladas, e forneceram as ferramentas intelectuais que Darwin e seus contemporâneos foram capazes de aplicar à evolução biológica. Esses filósofos morais do século* XVIII *e as escolas históricas do Direito e da linguagem poderiam muito bem ser descritos, como alguns teóricos da linguagem do século* XIX *realmente descreveram a si mesmos, como darwinistas antes de Darwin.*[9]

É interessante que um distinto biólogo, Stephen Jay Gould, reconheça também essa dívida de Darwin para com a Filosofia escocesa:

> *Sabemos que Darwin sentia grande interesse pelos economistas escoceses e que, durante os meses cruciais de 1838, enquanto reunia as peças que logo seriam arrematadas com a mencionada ideia malthusiana,*[10] *Darwin estava estudando o pensamento de Adam Smith. A teoria da seleção natural é misteriosamente parecida ao eixo doutrinário da economia do* laissez-faire *[...] No sistema do* laissez-faire, *e para atingir o objetivo de uma economia ordenada, não se legisla de cima mediante a adoção de leis explícitas que visem estabelecer uma ordem. Faz-se algo que, à primeira vista, pode parecer completamente contrário ao objetivo desejado: simplesmente, deixa-se que os indivíduos lutem com liberdade por seu proveito pessoal.*[11]

Não obstante, a falácia do *design* e, em geral, a ideia hiperiluminista de que "a razão faz tudo melhor" (ou ainda, "a razão humana é a única força capaz de ordenar algo tão complexo") continua incrustada muito profundamente em nossos hábitos de pensar. Uma das formas que essa idolatria à razão adota, essa "idolatria racional", é o intelectualismo político, cujos frutos mais amargos foram os totalitarismos do século XX.

Razão prepotente

O problema central da política é quais produtos coletivos elaborar e distribuir entre a população, apoiando-se em um pano de fundo de subprodutos coletivos. Esse pano de fundo, embora tenha surgido pausada e apoliticamente, pode ser objeto, também, de intervenções políticas deliberadas quando estiver danificado e for nocivo; então, podem ser requeridas as mãos de um Estado cirurgião ou reparador. Mas, quando essas intervenções pretendem ser de massa e transformar todo o subproduto coletivo (normas sociais, divisão do trabalho, funcionamento econômico, língua, curso da história) em produtos coletivos oferecidos pelo Estado, vemo-nos diante de algo bem diferente, ao mesmo tempo mais excitante e perigoso: tentar tornar realidade uma utopia social. Essas tentativas em grande escala de alcançar uma utopia social acabaram, uma após outra, sem exceções, em regimes totalitários, onde se buscava, entre outras coisas, suprimir a alienação e a indefensabilidade humanas diante dos subprodutos coletivos tornando-os produtos coletivos conscientemente idealizados e perseguidos. Essa tendência a transformar os subprodutos coletivos – que foram se autoformando historicamente como urdidura social não deliberada – em produtos coletivos servidos por um Estado plenipotenciário reflete esse arraigadíssimo preconceito de que "a razão faz melhor", *tem* que fazer melhor do que a evolução social cega e sem rumo. Os totalitarismos, por essa "idolatria racional", tornam-se regimes hiperpolíticos, isto é, formas de organização coletiva que buscam transformar em produto político tudo o que é transpolítico, tudo aquilo que constitui o pano de fundo não voluntariamente construído da vida coletiva. Essas excrescências e resíduos não deliberados, todas essas "trilhas no bosque" de que estivemos falando, hão de se tornar produtos projetados e, depois, fabricados; a própria sociedade totalitária adota a forma de *empresa total* que emprega seus recursos humanos e não humanos na fabricação consciente disso que, até então, havia sido um subproduto coletivo. Isso, por acaso, é uma vitória da razão humana? Até mesmo, talvez, sua maior conquista?

A teia rasgada

Em seu afã de pôr ordem e razão na invenção coletiva, os governos totalitários tendem a rasgar a teia social; e isso significa jogar no lixo uma formidável quantidade de sabedoria sem reflexão que foi se acumulando paulatina e evolutivamente ao longo de muito tempo. Esse tipo de sabedoria prática, disseminada entre muitas cabeças, conquistada em circunstâncias específicas de tempo e lugar, e que muda com elas, tácita e difícil de capturar em enunciados, não é entendida nem apreciada. Ao contrário, é denegrida como obra morta, como parte do lastro do passado do qual é preciso se desfazer para reinventar, desde o início, um novo tipo de ordem social. Isso pode ser visto tanto na teoria quanto na prática.

É provável que você esteja familiarizado com *1984*, o romance de Orwell, ou com o filme de mesmo título de Michael Radford (não perca tempo com este se não leu antes o primeiro); se for o caso, lembrará, com certeza, das tentativas deliberadas de depauperar o idioma descritas na obra de Orwell; todo esse empenho em criar uma *neolíngua* da qual tenham sido extirpadas as palavras que permitam pensar com liberdade e profundidade, à margem da obtusa ortodoxia política. Vitali Chentalinski, em seu livro *De los archivos literarios del KGB*, queixa-se de que se tentou algo similar com a língua russa na época soviética:

> *O regime soviético, em luta contra seu próprio povo, privou-o de sua história e se esforçou para destruir sua vida material e espiritual, atentando contra sua consciência e contra o que constituía o fundamento de sua própria existência: sua língua materna.*
>
> *A luta contra a língua, crime horrendo em qualquer lugar que existir, começou desde os primeiros anos do novo poder: foram exterminados os camponeses e os intelectuais, que eram ao mesmo tempo os criadores e os principais portadores da linguagem; empobreceram o vocabulário, reduzindo-o a uma espécie de jargão soviético formado de frases feitas e de ordens políticas, salpicada de acrônimos monstruosos tais como* VKP *(b),* Tseka e Checa, Narkompros e agitprop, *l*ikhez e kultprosvet, Revtrihunal koljoz...[12]

Como se sabe, também tentaram substituir o mercado por uma agência econômica central e planos de produção quinquenais. Foram feitas tentativas, sem sucesso, de suprimir o dinheiro na União Soviética depois da revolução de 1917 (e também na Espanha republicana durante a Guerra Civil); sinais eloquentes da animosidade que o dinheiro desperta. A inspiração dessas iniciativas provinha do próprio Marx, que no segundo volume de sua obra *O capital* já afirmou que poderíamos dispensar o dinheiro em uma economia centralizada: "No caso da produção socializada, o dinheiro é eliminado... Os produtores podem, para todos os efeitos, receber bônus de papel que lhes deem direito a retirar da oferta social de bens de consumo uma quantidade que corresponda ao tempo de trabalho feito. Esses bônus não são dinheiro. Não circulam".[13]

Um exemplo especialmente interessante é a tentativa de controlar o curso da história (nada menos que isso). Marx e os marxistas, muito em particular, buscaram transformar a história em um produto coletivo – previamente projetado e depois executado – e não permitir que continuasse sendo um subproduto coletivo. Era preciso pilotar a história como um veículo no qual toda a humanidade iria montada, de maneira consciente e deliberada, rumo a um futuro desejável; só assim a história deixaria de ser algo que sobrevém, que nos acontece e cai em cima de nós (essa é a impressão que causa), e ficaria sujeita a uma condução humana tenaz rumo a metas melhores. A alienação do indivíduo diante da história seria superada se todos os seres humanos (e, especialmente, a vanguarda da humanidade, o proletariado, ou pelo menos seu braço político, o partido operário) tomassem "consciência de sua missão histórica" (eis aqui uma frase típica) e unissem seus esforços para fazer da marcha da história algo intelectualmente dirigido. Para isso, era preciso que a disparidade de interesses entre as pessoas desaparecesse, e como essa disparidade estava ancorada em sua pertinência a classes sociais diferentes, era preciso abolir a divisão classista da sociedade, e conseguir, assim, fazer cada ser humano subordinar seus afãs pessoais a esse afã coletivo de levar o curso histórico do capitalismo para o comunismo, passando pelo socialismo como estação de trânsito. Um antigo marxista polonês, Leszek Kolakowski, expressou com toda a clareza o muito diferente modo como, de acordo com Marx, a história deveria fluir antes e depois do socialismo; antes fluía sem ninguém ao volante, como efeito residual e inadvertido de muitos egoísmos dispersos; a partir de agora tinha que ser de maneira preconcebida.

> *Ninguém se havia proposto a tarefa de "criar o capitalismo". Houve comerciantes que queriam comprar barato e vender caro. Os navegantes e descobridores haviam singrado os mares em busca de aventuras ou tesouros ou para aumentar os domínios de sua pátria. Mais tarde surgiram os empresários, ansiosos por benefícios. Cada um desses homens lutava por seu próprio interesse, mas nenhum deles se interessava pelo "capitalismo", que foi o resultado gradual e impessoal de milhões de esforços e aspirações individuais, um processo "objetivo" do qual a consciência humana não participava... Mas a necessidade do socialismo, tal como Marx a concebeu, era de outro tipo. O socialismo só poderia surgir de homens que soubessem o que estavam fazendo; o atendimento à necessidade histórica dependia de o proletariado ter consciência de seu papel no processo produtivo e de sua missão histórica.*[14]

Nesse empenho hercúleo e megalômano para controlar o devir histórico (e superar, com isso, o que Marx chamava de "pré-história da humanidade", todo esse tempo em que a história havia sido um subproduto coletivo, em que ninguém tinha consciência do que ocorria às suas costas, pois cada um cuidava de si, na defesa de seus interesses) vemos com especial clareza como os planos coletivos, que costumam ser apresentados com a aparatosa ostentação e prosopopeia da racionalidade, como utópicos ou maximamente desejáveis, exigem o desalojamento sem contemplações de qualquer outra espécie de plano (individuais ou de pequenos grupos), que passam, sem demora, a ser apresentados como sabotadores do único projeto que importa e ao qual qualquer outro deve se submeter. A "idolatria racional" coletivista é um monstro político com a boca sempre aberta, e guloso de qualquer forma de liberdade individual, que será rapidamente deglutida se cair em suas proximidades. Aqueles que ficam obcecados em dirigir suas próprias vidas, sem ser pastoreados por substitutos que falam em nome do bem comum, são facilmente tachados de egoístas, mesquinhos e de visão estreita. Como pretender, na verdade, comparar qualquer meta individual com o propósito gigantesco de dirigir a história da humanidade rumo a um final feliz? O ruim de planos coletivos tão imensos, ou de quem se apresenta como seu intérprete privilegiado, é sua voracidade descomedida, o fato de que precisam recrutar para si as forças de todos e de cada um dos indivíduos e despedaçar seus planos de vida. A Utopia Coletiva destrói e passa por cima das utopias individuais.

Uma vida triturada

Tudo o que foi dito significa, certamente, que, para os defensores de planos coletivos "racionais", não se pode consentir que os indivíduos escolham o nicho ocupacional que mais lhes apeteça na divisão do trabalho. Já comprovamos isso no capítulo 1, ao ver como, no projeto de sua cidade-estado ideal, Platão prescrevia que fossem os esclarecidos governantes que, agindo como recepcionistas na sala de conferências de Schelling, deveriam determinar para cada indivíduo, desde o nascimento, seu futuro profissional: uns poucos iriam parar na casta dos militares (da qual depois sairiam, por escrupulosa seleção meritocrática, os futuros filósofos-reis) e o resto cairia nesse balaio da terceira classe, onde estavam produtores diretos, comerciantes, profissionais liberais e outros.

Marx se propôs a criticar a divisão do trabalho como fenômeno espontâneo de outra forma: sugerindo que cada pessoa devia se tornar um "trabalhador total". Com um reconhecível ardor faustiano, e deixando-se arrastar por um entusiasmo delirante – não muito habitual nele, verdade seja dita –, registrou essa ideia em um parágrafo famoso de sua obra de juventude *A ideologia alemã* (escrita meio a meio com seu amigo Friedrich Engels):

> *Finalmente, a divisão do trabalho nos oferece o primeiro exemplo de como, enquanto os homens vivem em uma sociedade natural, enquanto se dá, portanto, uma separação entre o interesse particular e o interesse comum, enquanto as atividades, por conseguinte, não são divididas voluntariamente, mas de modo natural, os próprios atos do homem erguem-se diante dele como um poder alheio e hostil, que o subjuga, em vez de ser dominado por ele. Com efeito, a partir do momento em que o trabalho começa a ser dividido, cada um se move em um determinado círculo exclusivo de atividades, que lhe é imposto e do qual não consegue sair; o homem é caçador, pescador, pastor ou crítico, e não tem mais remédio*

senão continuar sendo, se não quiser se ver privado dos meios de vida; ao passo que, na sociedade comunista, onde cada indivíduo não tem um círculo exclusivo de atividades atribuído, e pode desenvolver suas aptidões no ramo que melhor lhe parecer, a sociedade se encarrega de regular a produção geral, e com isso torna-se possível que eu possa me dedicar hoje a isso e amanhã àquilo, que possa caçar de manhã, à tarde pescar e à noite cuidar do gado, e depois do jantar, se me aprouver, dedicar-me a criticar, sem necessidade de ser exclusivamente caçador, pescador, pastor ou crítico, conforme o caso.

Como digo, e para ser justo, Marx não costuma usar argumentos tão desdentados nem dizer disparates tão rotundos e, de qualquer maneira, é fácil simpatizar com esse desejo de uma pessoa não deixar que lhe amputem a maior parte de suas capacidades (em favor da hipertrofia de uma só delas), e se esforce o quanto puder para se desdobrar em todas as direções. Mas, em todo caso, nos ensaios de engenharia social em grande escala inspirados em suas ideias, não se buscava esse desenvolvimento multilateral das faculdades humanas, mas a colocação e recolocação coativas dos indivíduos em tarefas para as quais muitas vezes não reuniam condições.

Por meio de um belo artigo de Eugenio Galego, "Desde las islas de los vientos" [Das ilhas dos ventos], travei conhecimento com um russo de aptidões e humanidade eminentes, Pavel Aleksandrovich Florenski, preso na máquina trituradora de vidas e talentos em que a Rússia soviética se transformou.[15] Florenski era uma espécie de sábio renascentista; de fato, era chamado de "Leonardo da Vinci russo": poeta, filósofo, historiador da arte, arquivista, matemático, físico, inventor, engenheiro e pope da Igreja ortodoxa russa. Alguns dos títulos de suas obras refletem suas polivalentes faculdades: *Dielétricos*, *O número enquanto formador*, *Filosofia do culto*, *Nomes russos antigos e pedras preciosas*, *Compostos líquidos para manguitos de cabos*... Um homem assim foi preso por causa de sua fé ortodoxa (só por isso) em 26 de maio de 1928 e levado às dependências da Lubianka, a temida sede da OGPU.

[A polícia política do Estado russo – "os órgãos", como eram chamados popularmente – passou por diversas denominações: Cheka (Comissão

Extraordinária de Luta contra a Contrarrevolução e a Sabotagem; 1917-1922),[16] GPU (Direção Política Estatal; 1922-1923), OGPU (Direção Política Estatal Unificada; 1923-1934), NKVD (Comissariado do Povo do Interior; 1934-1943), NKGB (Comissariado do Povo de Segurança Estatal; 1943-1946), MGB (Ministério de Segurança Estatal; 1946-1953), MVD (Ministério do Interior; 1953), KGB (Comitê de Segurança Estatal; 1953-1991); como se pode ver, diferentes coleiras para um mesmo cão.]

Florenski viu-se obrigado a ir para Nijni Novgorod, onde passou três meses desterrado, depois se ser julgado por um tribunal, em 8 de junho. Voltou a Moscou três meses depois, graças à mediação de amigos influentes. Cinco anos depois, em 1933, foi novamente chamado à Lubianka e acusado de atividades antissoviéticas, pelo que foi condenado a dez anos em um campo de trabalho ou *lager*. No ano seguinte foi transferido para o *lager* do arquipélago das Solovki, o primeiro a ser criado, em meados dos anos 1920, um lugar terrível, pelas brutais condições de "reeducação pelo trabalho" que ali imperavam, e onde se calcula que morreram mais de um milhão de prisioneiros. O poeta Joseph Brodski chamou-o de "ilhas do martírio", mas Florenski deu-lhe o mais tranquilizador nome de "ilhas dos ventos", pois era açoitado por eles o ano todo; também chamou-o assim porque Florenski sabia que os antigos gregos acreditavam que, mais ao norte do Norte, mais além do país dos hiperbóreos, encontrava-se a Gruta dos Ventos, de onde os ventos fugiam para vagar por todo o mundo. Lá fez de tudo: escolher batatas, lavá-las, descascá-las, limpar a forragem, trabalhar nas plantações, carregar sacos de nabos... Até que foi encarregado de organizar uma fábrica para a extração de iodo a partir das abundantes algas do mar Branco, em condições pouco menos que heroicas, que Eugenio Gallego detalha nestes termos:

> *Por exemplo, precisava de sulfato ferroso para substituir outros produtos de que carecia. Mas não havia sulfato, de modo que tinha que produzi-lo a partir de resíduos de ferro. Se bastassem uns poucos gramas, teria sido fácil para Florenski, mas precisava de dez a vinte quilos. Para isso, era indispensável uma bomba a vácuo, que também não tinha. Então, teve que construir uma. Isto é, para avançar um passo, tinha que repetir,*

em condições precárias, os que a tecnologia já havia dado... Na realidade, passava o dia fazendo coisas, de manhã até tarde da noite. Não só observava as algas ao microscópio e as desenhava, como também dava palestras, aulas de Matemática, escrevia artigos para os murais, ensinava Física em uma escola avançada, dirigia um círculo matemático de engenheiros, ajudava na catalogação da biblioteca...

Florenski era o mais parecido a esse "trabalhador total" sonhado por Marx, só que um trabalhador forçado, submetido às exigências extravagantes das autoridades do *lager*, sempre ávidas por atingir cifras de produção de iodo e outras substâncias com a máxima rapidez e ao mais puro estilo soviético: aumentando sem trégua a fabricação, fosse ou não necessário. Esse sofrido e diligente indivíduo ficou sabendo que a fábrica seria fechada em fevereiro de 1937 e de repente ficou sem nada para fazer, andando pelo pátio do edifício central do *lager*; e tudo isso como sempre, sem receber explicação alguma das autoridades do campo, a todo momento prontas para humilhar o menor vislumbre de orgulho individualista de qualquer um, para fazer cada um sentir sua desvalia diante da maquinaria de arbitrariedades que controlava suas existências e decidia como empregá-las ou deixar de fazê-lo. Os comandos do *lager* receberam ignotas ordens de exterminar centenas de presos e, não se sabe por que, um deles foi ele. Passou por uma farsa de julgamento no NKVD em 25 de novembro, foi condenado por atividades contrarrevolucionárias e fuzilado em 8 de dezembro, nas imediações de Leningrado. Assim, dessa forma absurda, uma vida e aptidões destinadas aos mais altos voos foi desperdiçada.[17]

A tentação do bem na política[18]

É em si mesmo interessante perguntar-se por que essas tentativas de racionalizar a fundo a vida coletiva (essa tentação do bem na política) tenham resultado e continuem resultando nefastas. Há três razões principais:

A primeira e mais crucial é a perda das liberdades individuais, porque os indivíduos ficam submetidos a um plano "comum" decidido de antemão para o conjunto da sociedade por uns poucos iluminados. É o problema dos "temíveis recepcionistas" que já conhecemos, e que Florenski e outros sofreram profundamente em suas carnes, levados daqui para lá pelos "recepcionistas", e por último aniquilados sem sentido. Não é um problema absolutamente casual: a pompa e circunstância com que os projetos coletivos são apresentados, a aura de magnificência que os cerca, faz parecer ter pleno sentido pedir às pessoas que abandonem seus projetos particulares de vida (os que tenham conseguido traçar fazendo uso de sua liberdade de escolher e errar) e até que se sacrifiquem pelos tais planos coletivos. É fácil, muito fácil, apresentar como egoísta e de mente estreita quem resistir a esse trabalho de amputação da autonomia individual. A liberdade é a primeira vítima de qualquer utopia coletiva.

A segunda razão do fracasso dessa "idolatria racional" coletivista é que nenhuma inteligência humana pode antecipar corretamente o devir social. Os acontecimentos históricos obedecem a múltiplas causas a tal ponto que é pura pretensão intelectual querer conhecer antecipadamente suas vicissitudes futuras e achar que é possível preparar, já no presente, soluções "de uma vez por todas" para elas. A existência de planos quinquenais de produção revela até que extremos chegava essa pretensão das possibilidades da racionalidade humana de predizer e controlar o futuro.

A terceira razão é que o volume de conhecimentos manipulados por um grupo na divisão do trabalho (que é também divisão do conhecimento), e as redes institucionais (mercado, costumes e tradições) que a seguir interconectam entre si esses fragmentos de conhecimento dispersos entre muitas pessoas e em diversas épocas, é muitíssimo maior que o conhecimento que um único cérebro humano possa abrigar, por mais dotado que seja. Bernard de Mandeville, em seu livro *La fábula de las abejas* [A fábula das abelhas], foi um dos primeiros a perceber que as maiores proezas humanas não costumam dever-se a talentos individuais, mas a saberes práticos distribuídos entre muitas pessoas de faculdades que não excedem a média; saberes que depois são reunidos no tempo e no espaço pela experiência acumulada e conservada nas práticas tradicionais e nos mecanismos de intercâmbio; algo que esse diálogo entre Cleômenes e Horácio deixa transparecer:

CLEÔMENES – *Para os homens que nunca analisaram este problema, é certamente quase inconcebível a prodigiosa altura alcançada por algumas artes graças à aplicação e ao talento humanos, ao ininterrupto trabalho e longa experiência de muitas épocas, ainda que somente pessoas de capacidades medianas tenham se dedicado a fomentá-las. Que nobre, maravilhosa e gloriosa máquina é um bom navio de guerra quando navega bem equipado e armado!... Há muitas mãos na nação que, com materiais suficientes, poderiam construir, ajustar e conduzir em menos de meio ano um navio de guerra. Porém, é evidente que esse trabalho seria impraticável se não fosse dividido e subdividido em uma grande quantidade de tarefas. E é evidente, também, que nenhuma dessas tarefas requer outra coisa além de trabalhadores de capacidades medianas.*

HORÁCIO – O que você deduz disso?

CLEÔMENES – Que frequentemente atribuímos à excelência do cérebro humano e à profundidade de sua penetração o que, na realidade, deve-se ao tempo e à experiência de muitas gerações, todas elas mais ou menos iguais no que diz respeito a talento e sagacidade.[19]

Admito que o exemplo do navio de guerra pode parecer antipático; assim sendo, pense em algo de calibre ainda maior. Vimos que boa parte da ordem social está apoiada em conhecimentos disseminados e depois reunidos e retidos por subprodutos coletivos; e que esses conhecimentos são, principalmente, mas não exclusivamente, conhecimentos de índole mais prática que teórica, vinculados a circunstâncias variáveis de tempo e lugar e que se adaptam a elas; um acervo de conhecimentos, em suma, mais flexível, menos esclerosado, que aquele que um confeccionador teórico de utopias sociais possa ter.

Em poucas palavras, é preferível que a marcha da sociedade fique nas mãos de muitos agentes com aptidões práticas e teóricas especializadas, que comunicam entre si suas parcelas limitadas de saber por meio de urdiduras institucionais pelas quais essa informação circula, e que, além disso, não pretendem deliberadamente conduzir a nave social a nenhum porto determinado; muito preferível é isso, digo, a ficar em mãos de um superagente intelectual (ou de alguém que se apresente como tal), que tem teoricamente claro em que consiste o bem comum, e que está disposto a encaminhar os outros para esse destino maravilhoso que o subjugou. A tentação do bem (comum) na Política é uma miragem perigosa, e, para que uma sociedade permaneça livre, é preciso evitar essa obstinada ilusão de que é necessário submeter seus subprodutos coletivos a controle racional, fazendo deles produtos coletivos, pensados antecipadamente e depois elaborados.

Qualquer sinonímia entre "racional" e "ótimo" no âmbito coletivo é enganosa. Os subprodutos coletivos não têm nada de racionais, o que está longe de implicar que sejam deficientes. Ao contrário: quando se pretendeu transformar em racional e meditadamente executado esse pano de fundo de normas e instituições sociais, o resultado foi uma mistura de estrépito e calamidade. Essa concepção utópica da ordem social (baseada em transformar os subprodutos em produtos coletivos) mostrou com suficiente eloquência (especialmente durante o século XX) que é uma atmosfera tóxica para a liberdade e para a vida dos indivíduos, uma das flores mais negras brotadas do plantel do pensamento europeu iluminista do século XVIII.

É melhor para a liberdade individual, e também para a prosperidade coletiva, que o grosso da ordem social tenha se auto-organizado de maneira não racional, como ordem espontânea, e que, de qualquer maneira, as intervenções deliberadas nessa ordem venham depois e tenham importância, sim, mas uma importância geralmente secundária e marginal. Por mais paradoxal que pareça em um primeiro momento, só se a teia de aranha social houver sido urdida de forma não intencional (e não de maneira intencionalmente racional desde o princípio) haverá alguma possibilidade de os que vivem em seu âmbito poderem fazê-lo de modo autônomo e de acordo com as luzes de sua própria razão. Dito ao contrário: a imposição de uma suposta racionalidade coletiva (à guisa e sob a aparência de plano utópico) impede qualquer possibilidade de as pessoas exercerem os poderes racionais com que contam para dirigir suas vidas de acordo com seu leal saber e entender.

Conforme veremos bastante, e até prolixamente nos capítulos que restam, onde entra em jogo a produção de bens coletivos, o uso da racionalidade individual há de ser limitado em alguma medida, pois, senão, o bem coletivo em questão corre o risco de não ser fornecido, com prejuízo para o grupo em sua totalidade. Esse conflito entre a racionalidade individual e a coletiva está no próprio coração da Política. Mas, no caso dos subprodutos coletivos, tais discrepâncias entre o bem-estar do indivíduo e o da coletividade *não* se dão, e o indivíduo pode – se o subproduto coletivo não for prejudicial – entregar-se sem restrições ao exercício de sua liberdade de escolha, ao mesmo tempo que, como resíduo inadvertido de tudo o que faz, vai nutrindo esse subproduto coletivo benéfico ou, no mínimo, não prejudicial. A busca ativa do indivíduo pelo que pessoalmente lhe interessa não tem por que causar danos, e o normal é que gere benefícios sociais, *mas só quando o indivíduo se move no âmbito dos subprodutos coletivos* (muito diferente é o panorama no que diz respeito aos bens ou produtos coletivos, conforme veremos nos dois capítulos seguintes). Além disso, e talvez não menos assombroso para nossos habituais modos de pensar, esses benefícios sociais não são buscados, nem sequer percebidos, pelas pessoas que os promovem, que estão pensando em outra coisa, em *suas* coisas. Talvez, afinal, não seja tão estranho que Adam Smith considerasse quase mágicas essas felizes circunstâncias que se dão na ordem dos subprodutos coletivos (e só nela), e falasse da presença de uma benfeitora "mão invisível".

Direi novamente, e um pouco mais alto, porque acho que este é um ponto decisivo. Nos subprodutos coletivos não se adverte discórdia entre o indivíduo e seu grupo: o indivíduo coopera de maneira involuntária e indolor com a obtenção de um certo estado de coisas, frequentemente favorável para todos, para o qual outros também fazem contribuições inconscientes. O aparecimento de subprodutos coletivos não compromete a liberdade das pessoas. Isso deixa de ser assim quando entramos no terreno dos produtos coletivos: aqui, em nome da provisão de um certo bem coletivo, um pouco da liberdade individual deve ser sacrificada, pois, se assim não fosse, o bem coletivo não chegaria sequer a ver a luz. É verdade, realmente, e é coisa que já vimos, que alguns subprodutos coletivos são perniciosos e exigem (se as pressões coevolutivas por parte de outros grupos não bastarem para corrigi-los) a intervenção deliberada em seu curso e, com isso, sua transformação (pelo menos parcial) em produtos coletivos; tudo isso dentro de um processo de "engenharia social fragmentária", como o chamaria Popper, isto é, de cirurgia do tecido social. Quando o Estado intervém para deter um processo social espontâneo degenerativo (como a poluição, a desertificação etc.), também está, sem remédio, impondo limites à liberdade das pessoas, ao livre exercício e desenvolvimento de seus interesses individuais, uma vez provado que esse livre exercício está causando prejuízo a todos. A reparação de danos sociais outorga legitimidade ao exercício da coação política e ao estabelecimento de limites na liberdade individual de fazer. Mas se a engenharia social fragmentária pode ser justificada às vezes, a engenharia social total ou totalitária nunca o será, seja em nome do que for: não há *nenhuma* boa razão para a tentativa de substituir em massa os subprodutos coletivos por produtos coletivos, pois tal empenho implica sacrificar, também em massa, a liberdade das pessoas. E não há coisa alguma que valha preço tão alto.

Notas

1 Veja o livro de Richard Leakey e Roger Lewin, *Nuestros orígenes* [Nossas origens], Barcelona, Crítica, 1995, p. 261.

2 Platão, *República*, 370a-371b, op. cit., p. 123-125.

3 Acerca da posição de Montesquieu em relação ao dom do comércio para deixar os ânimos mais brandos e pacíficos, veja o estudo já clássico de Albert Hirschman, *Las pasiones y los intereses*, México, Fondo de Cultura Económica, 1978, p. 67 [Edição brasileira: *As paixões e os interesses*, Rio de Janeiro, Record, 2002].

4 O dinheiro tem também outros usos (como unidade de conta, como depósito de valor ou como padrão de pagamento a prazo), mas sua função como meio de troca é a mais importante e a primigênia, e na qual aqui nos centraremos. Para transações de menos envergadura utilizavam-se, na Grécia homérica, instrumentos de pagamento diferentes do gado: espeto para assados, trípodes, vasilhas, machados e anéis.

5 Carl Menger, *Principios de economía política*, Madri, Unión Editorial, 1997, p. 322-326. O próprio Menger reconheceu de bom grado que foi o escocês John Law – de infausta memória entre os banqueiros franceses do século XVIII – o primeiro a advertir sobre a origem evolutiva e espontânea do dinheiro. Também Jesús Huerta de Soto faz constar isso em sua obra *Dinero, crédito bancario y ciclos económicos*, Madri, Unión Editorial, 1998, p. 90 e 91.

6 Acerca desse e outros muitos detalhes na evolução do dinheiro, veja E. Victor Morgan, *Historia del dinero*, Madri, Istmo, 1972.

7 John Locke, *Segundo tratado sobre el gobierno civil*, Madri, Alianza Editorial, 2003, p. 73 [Edição brasileira: *Segundo tratado sobre o governo civil*, Vozes,

Petrópolis, 1994]. Para um tratamento fácil e simples do dinheiro, é ideal o livro de Antonio Argandoña, *El dinero*, Barcelona, Salvat, 1973.

8 S. J. Gould, *Ocho cerditos* [Oito porquinhos], Barcelona, Crítica, 1994, p. 132-134.

9 F. A. Hayek, *Law, Legislation and Liberty*, op. cit., p. 22 e 23. É *Sir* Frederick Pollock, em seu *Oxford Lectures and Other Discourses* [Conferências Oxford e outros discursos], que classifica como "darwinistas antes de Darwin" Burke, Savigny, Montesquieu e outros apreciadores de ordens espontâneas no mundo social, cujo surgimento e permanência tentam explicar do jeito que Darwin explicaria depois o surgimento e a permanência dessas outras ordens espontâneas que são os seres vivos: evolutivamente, independente de todo vício de pensamento intelectualista. Hayek acrescenta, e é também interessante, que essa classificação como "darwinistas antes de Darwin" foi aplicada antes já aos teóricos da linguagem, que é outro subproduto coletivo, como já vimos. Veja F. A. Hayek, "The Results of Human Action but not of Human Design" [Os resultados da ação humana mas não do projeto humano], em F. A. Hayek, *Studies in Philosophy, Politics and Economics*, op. cit., p. 103 e 104. David Hume é, também, apresentado por Hayek como um "darwinista antes de Darwin" em "La filosofía política y jurídica de David Hume", em F. A. Hayek, *Obras completas*. Vol. III: *La tendencia del pensamento económico*, Madri, Unión Editorial, 1995, p. 114. O mesmo título de "darwinistas antes de Darwin" é aplicado por Lorenzo Infantino a Bernard de Mandeville, Hume e Adam Smith em seus livros *El orden sin plan* (Madri, Unión Editorial, 2000, p. 66) e *Ignorancia y libertad* (Madri, Unión Editorial, 2004, p. 146).

10 Gould refere-se, aqui, à ideia de Thomas Malthus de que as populações naturais crescem a um ritmo superior ao dos recursos para sustentá-las, de modo que – pensava Darwin –, se isso for assim, entre os indivíduos travar-se-á uma luta por esses recursos escassos, que acabará com a sobrevivência dos mais bem adaptados.

11 S. J. Gould, *Ocho cerditos*, Barcelona, Crítica, 1994, p. 139. Veja também S. J. Gould, *El pulgar del panda,* Blume, Madri, 1983, p. 66 e 67 [Edição brasileira: *O polegar do panda: reflexões sobre a história da natureza*, São Paulo, Martins Fontes, 2004]; e, do mesmo autor, sua ciclópica obra *La estructura de la teoría de la evolución*, Barcelona, Tusquets Editores, 2004, p. 146-150 [Edição brasileira: *Lance de dados: a ideia de evolução de Platão a Darwin*, Rio de Janeiro, Record, 2001].

12 Os "acrônimos monstruosos" significam, respectivamente, Partido Comunista (bolchevique) de toda a União, Comitê Executivo Central da União, Comitê Central, Comissão Extraordinária, Comissariado do Povo para a Educação, agitação e propaganda, liquidação do analfabetismo, educação cultural, tribunal revolucionário e exploração coletiva. Veja V. Chentalinski, *De los archivos literarios del* KGB, Madri, Anaya & Mario Muitnik, 1994, p. 185 e 524.

13 Extraí a citação de Marx do livro de Jesús Huerta de Soto, *Socialismo, cálculo económico y función empresarial*, op. cit., p. 187. Marx sugere que a substituição do dinheiro por bônus não intercambiáveis só a sociedade socialista conseguiria; na sociedade comunista que a seguiria, as coisas iriam ainda mais longe, posto que as pessoas já não seriam retribuídas conforme a quantidade de horas trabalhadas (quantidade que seria a refletida nos bônus), mas conforme suas necessidades, independente de qual fosse sua quantidade de trabalho ou se trabalhassem ou não; com isso, nessa sociedade comunista sonhada, não somente o dinheiro, mas também os próprios bônus, teriam desaparecido. Veja seu *Crítica del programa de Gotha*, em Karl Marx e Friedrich Engels, *Obras escojidas*, Madri, Akal, 1975, tomo 2, p. 13-17.

14 L. Kolakowski, *Las principales corrientes del marxismo*, Madri, Alianza Editorial, 1980, vol. 1, p. 370 e 371.

15 O artigo foi publicado em *Claves de Razón Prática* 111:62-67 (abril de 2001).

16 A famosa Cheka foi criada por Lenin em 7 de dezembro de 1917. Veja o livro de Robert Service, *Lenin. Una biografia*, Madri, Século XXI, 2001, p. 362 e 380. A supressão das liberdades de pensamento e expressão acompanhou desde sua origem a Revolução Russa, e também a figura de seu mais preclaro dirigente.

17 Se desejar saber mais sobre as tribulações de Florenski e sobre ele, consulte o livro de Chentalinski citado neste mesmo capítulo (nota 12). Nessa obra encontrará também notícias sobre outras vidas ilustres despedaçadas pelo regime soviético: Isaak Babel, Mikhail Bulgakov, Ossip Mandelstam, Andrei Platonov, Boris Pilniak etc.

18 Já falei da "tentação do bem" no meio intraindividual no capítulo 10 de *O que Sócrates diria a Woody Allen*, op. cit., 2003. Também sugeria, lá, que essa mesma tentação do bem podia se dar no âmbito coletivo.

19 Bernard de Mandeville, *La fábula de las abejas*, México, Fondo de Cultura Económica, 1982, p. 447 e 448.

HOWARD HAWKS E O DILEMA DO PRISIONEIRO

Onde Começa o Inferno

El Dorado

Rio Lobo

Problemas de lei e ordem em *Onde Começa o Inferno*

Perto da fronteira com o México está o pequeno povoado de Rio Bravo, guardado pelo xerife John T. Chance (John Wayne), auxiliado por um velho desdentado e manco, Stumpy (Walter Brennan), e por seu ajudante, Dude (Dean Martin), que há dois anos se entrega à bebida para afogar um velho mal de amor. Chance, Dude e Stumpy são os representantes da lei e da ordem em Rio Bravo, mas muitos outros indivíduos com coldre e revólver circulam pela cidade. A imagem de um homem com um revólver no cinto significa não só que estamos vendo um *western* (nesse caso, de Howard Hawks), mas que, como acontece em muitos dos filmes desse gênero, estamos diante de uma sociedade na qual as pessoas têm direitos de autoproteção e os exercem sem se deixarem substituir por outros; e isso quer dizer, também, que a agência de proteção oficial (os representantes do Estado: o xerife e seus ajudantes) não tem o monopólio da violência e tem que competir com indivíduos "independentes", dispostos a executar atos de justiça privada (entendida aqui como fazer justiça com as próprias mãos), sem delegar a resolução de suas diferenças a funcionários especializados nesses assuntos. O que boa parte dos filmes do Velho Oeste conta são conflitos entre independentes quando ainda não chegou ao local em questão nenhuma agência de proteção, ou atritos entre a agência de proteção oficial e os independentes (apresentados quase sempre como matadores de aluguel ou pistoleiros), ou entre a agência de proteção oficial e as agências de proteção rivais (algum cacique local que se cercou de uma guarda pretoriana privada), ou, por último, os problemas que uma agência de proteção tem para abrir caminho em território rebelde e ser reconhecida como oficial e única dispensadora de justiça e ordem.[1]

De qualquer maneira, descrever o Estado como agência de proteção oficial não deve nos fazer cair na crença de que essa condição de oficial é como uma marca de nascença, nem que o caráter oficial a torna imediatamente honrada e respeitável. Por um lado, é bom lembrar que os Estados começam como agências de proteção privadas que, só tempos depois, chegam à condição de únicos fornecedores de lei e ordem em um território, do mesmo modo que uma religião oficial dá seus primeiros passos no mundo apenas na qualidade de seita. Como diz Thrainn Eggertsson:

> *Em suas versões mais antigas e mais primitivas, o Estado aparece frequentemente identificado com um único indivíduo ou uma família que se encarrega de prover a comunidade de ordem pública, defesa e uma série de serviços como contrapartida ao direito de recolher impostos.*[2]

Também seria arriscado dar por certo que o Estado, por ser a única instituição autorizada para fornecer serviços de proteção a um grupo humano, é composto por funcionários honestos, com alto senso de dever cívico e uma integridade sem mácula, capazes de arriscar a pele no cumprimento de suas obrigações em troca de salários irrisórios. Isso acontece em *Onde Começa o Inferno*, *El Dorado*, *Rio Lobo* e *Matar ou Morrer*. Mas o próprio cinema mostrou quase todo o espectro de possibilidades, e entre elas está a de uma agência oficial corrupta contra um grupo de pistoleiros cujo comportamento está mais próximo a nosso senso de justiça: assim acontece com *Os Imperdoáveis*. Em

A Marca da Maldade e *Mississippi em Chamas* assistimos ao enfrentamento entre duas agências de proteção, ambas oficiais, mas uma delas tomada por indivíduos iníquos. E em *A Estrela Solitária*, de John Sayles, a batalha acontece no interior da própria agência de proteção oficial, entre representantes da lei transformados em indesejáveis e outros não.

De qualquer maneira, convém, aqui e sempre, não nos deixarmos impressionar por opulências verbais como essa que diz que o Estado é a agência *oficial* encarregada de velar pela segurança dos cidadãos em um território; convém, muito em particular, não esquecer que o Estado, como Leviatã político, pode se tornar uma potência homicida muito mais mortífera que os indivíduos ou grupos que vivem a sua margem. Afinal de contas, é o Estado que acumula mais recursos para matar, e é sabido que os utiliza às vezes contra seus próprios administrados: só no século xx, calcula-se que cerca de 170 milhões de pessoas foram assassinadas por seus próprios governos.[3]

Onde Começa o Inferno narra o enfrentamento entre o xerife e os seus e o bando do bandido da região, Nathan Burdette (John Russell), quando o irmão deste é detido pelo xerife e levado à prisão. E não sem motivo, pois Joe Burdette (Claude Akins), o irmão mais novo de Nathan, reúne todas as condições para passar longas temporadas à sombra: é um encrenqueiro, um mulherengo, um bebedor, simpático como uma hiena e, o mais específico de tudo, acaba de assassinar a sangue-frio, e até com mostras de despreocupação, um homem desarmado que se interpôs em seu caminho e tentou detê-lo quando estava surrando Dude, o alcoolizado ajudante do xerife. Joe Burdette aproveita a influência de seu irmão e age como se fosse o dono de Rio Bravo e pudesse ignorar o xerife Chance e suas funções institucionais de manter a lei e a ordem no povoado. Bem, você já imagina que, se o xerife tem o rosto e as maneiras de John Wayne, isso não pode durar muito tempo e, com efeito, o irmão mais novo dos Burdette acaba, não sem antes opor resistência, atrás das grades, acusado de assassinato e à espera de julgamento. O trabalho do xerife Chance aumenta de repente: terá que ficar com Joe Burdette sob custódia durante os seis dias que ainda faltam para o representante do Governo chegar e assumir o sujeito encrenqueiro e descerebrado que está na cadeia, e é certeza que nesse tempo o poderoso Nathan Burdette fará alguma coisa para resgatar seu irmão e livrá-lo do julgamento e, talvez, de uma condenação à morte.

Pouco depois desse incidente de máxima gravidade, chega a Rio Bravo Pat Wheeler (Ward Bond), um velho amigo do xerife Chance, com um carregamento de petróleo e dinamite. Na entrada do povoado, Dude os recebe, e Pat Wheeler mal reconhece o ajudante do xerife, pois é a primeira vez que o vê sóbrio. Com efeito, parece que Dude se propôs a deixar a bebida e estar à altura das exigências das circunstâncias especiais que estão atravessando: tem que ajudar seu amigo e chefe John T. Chance, e isso significa abandonar a bebida e, de quebra, recuperar sua agora maltrapilha dignidade; algo que sabe que não será fácil e para o que encontrará pouco apoio. O próprio Pat Wheeler, um homem honrado e íntegro, não o está ajudando muito ao recordar seu passado tão próximo no tempo, de bêbado inveterado. Dude sabe reconhecer quanto há de involuntário na mostra de surpresa e ceticismo de Wheeler diante dos seus primeiros e ainda vacilantes passos de regeneração, e engole sua mortificação, limitando-se a sugerir a Wheeler que estacione sua perigosa carga ao lado do rio, junto a um armazém de propriedade de, justamente, Nathan Burdette, o poderoso da região. Entre o pessoal contratado por Wheeler para guiar o comboio de petróleo e dinamite destaca-se especialmente um muito jovem guarda-costas, Colorado Ryan (Ricky Nelson), muito dono de si, que fala com o xerife com um aprumo e bom senso impróprios de seus poucos anos.

A troca de reféns

Na guarda e custódia do mais novo dos Burdette, Chance conta com o apoio principalmente de duas pessoas: seu ajudante Dude, evidentemente, e o "velho aleijado" e tagarela Stumpy, que assumiu para si a tarefa de transformar o escritório do xerife em um forte inexpugnável, atirando contra qualquer suspeito que se aproximar das imediações. O velho amigo de Chance, Pat Wheeler, que vê os parcos meios de que o xerife dispõe para levar a cabo seu trabalho e enfrentar a bem abastecida quadrilha de matadores de aluguel que Nathan Burdette recrutou, faz proselitismo entre o povo para recrutar novos ajudantes, além de oferecer-se ele mesmo, coisa que não lhe vale nada além de morrer enquanto dava um passeio noturno, atingido por uma bala disparada da janela de um celeiro por um dos emboscados de Burdette. Colorado Ryan, o imberbe e comedido guarda-costas de Wheeler, de repente ficou sem emprego, e acaba também fazendo as vezes de auxiliar do xerife Chance. E não quero esquecer de Feathers (Angie Dickinson), uma ex-jogadora de cartas ambulante (também ex-cantora, ex-bailarina e ex--esposa de um jogador morto; tudo isso com apenas 22 anos), que ainda ajuda o xerife, mas de uma maneira um tanto peculiar e muito encantadora: uma dessas heroínas de Hawks, de inteligência astuta, com iniciativa de sobra, nada tonta nem melindrosa e, ao mesmo tempo, de uma feminilidade deliciosa. Feathers trabalha como camareira ocasional no hotel de Rio Bravo onde o xerife, o "duro" John T., se hospeda, e dele vai extraindo e esculpindo, devagar e sempre, em cenas de irresistível comicidade, suas entranhas de macho domado.

Enquanto o elegante jogo erótico entre Feathers e John T. (Chance) vai se desenvolvendo diante de nosso sorridente olhar, os homens de Burdette preparam uma armadilha para o xerife e seu ajudante Dude no hotel, justo antes de ambos decidirem abandonar o estabelecimento para ficar na cadeia fazendo companhia a Stumpy durante os dias que ainda restam até a chegada do representante que irá assumir a custódia do mais novo dos Burdette. A armadilha funciona, e o xerife e Dude ficam à mercê dos matadores de aluguel, que lhes propõem deixá-los livres se Stumpy soltar Joe Burdette. O xerife Chance parece aceitar, mesmo sabendo da enorme teimosia, próxima da obstinação suicida, do velho Stumpy, que assumiu a custódia de Burdette como o trabalho de sua vida. Por sorte, Stumpy demonstra uma rapidez mental que nada tem a ver com a velocidade com que move seu corpo disforme: logo domina a situação quando vê Chance aparecer em seus domínios flanqueado por três dos esbirros de Burdette, e os três juntos, ele, Chance e o jovem Colorado, conseguem derrubar os que se atreviam a libertar Joe Burdette. Mas não conseguem evitar que, entretanto, os demais sicários levem Dude prisioneiro, que ficara refém no hotel enquanto a tentativa falida de libertar Burdette acontecia.

Isso dá oportunidade para um novo intercâmbio: Dude por Joe Burdette; o palco será o armazém dos Burdette junto ao rio (e onde recordo que foram parar o petróleo e a dinamite que o finado Pat Wheeler transportava para Rio Bravo); a hora, pouco depois do amanhecer. Depois de discutir o assunto uns instantes com Stumpy e Colorado, Chance aceita o trato: Joe Burdette por Dude, no armazém junto ao rio, assim que despontar o novo dia.

O dilema do prisioneiro[4]

A situação que se avizinha, a troca de reféns, lembra o jogo do dilema do prisioneiro, sem dúvida o mais famoso e sobre o que mais se escreveu em toda a teoria de jogos. O que chamamos de "jogo" em teoria de jogos não coincide totalmente com o significado habitual do termo. Os jogos de salão (xadrez, damas, pôquer, monopólio) são, certamente, jogos também no sentido dado à palavra em teoria de jogos, mas nessa teoria considera-se jogo qualquer situação que resulte da confluência de decisões tomadas por um grupo de pessoas (em uníssono ou de maneira sequencial), e que force cada membro do grupo a levar expressamente em conta as linhas de conduta que os outros têm abertas diante de si antes de escolher a sua própria.

O dilema do prisioneiro é uma dessas situações. Foi inventado em 1950 por Merril Flood e Melvin Dresher, pesquisadores da RAND Corporation, sendo formalizado pouco depois pelo professor da Universidade Princeton Albert W. Tucker.[5] O relato que costuma acompanhar o jogo pode tomar o seguinte aspecto: dois suspeitos de cumplicidade em um crime são detidos pela polícia e entregues a um juiz, que os tranca em celas separadas. O juiz dirige-se, a seguir, a cada um dos prisioneiros e lhes comunica as condições do cativeiro, que são estas: cada suspeito pode optar por falar, culpando seu colega, ou por permanecer em silêncio. As consequências possíveis são as que detalho a seguir:

1. Se um suspeito falar e seu cúmplice não, o primeiro servirá de testemunha de acusação contra o outro, que receberia cinco anos de prisão, enquanto o primeiro ficaria em liberdade.
2. Se ambos falarem, os dois irão para a prisão por três anos.
3. Se ambos permanecerem calados, só poderão ser acusados por um delito menor (porte ilegal de armas), que os manteria atrás das grades durante um ano.[6]

Antes de começar a analisar o "jogo" da troca de reféns em Rio Bravo, proponho imaginar que os dois "cabeças de chave" de ambos os grupos, John T. Chance e Nathan Burdette, são os prisioneiros aos quais o juiz do exemplo se dirige para expor os termos da prisão (e possível libertação). Depois de ouvirem o que o juiz tem a dizer, qual será a maneira de proceder de cada um?

No dilema do prisioneiro, como em qualquer outro jogo, o resultado final será a consequência daquilo que os dois jogadores (Chance e Burdette) optarem por fazer, e não só um deles; de modo que, a cada um, interessa, antes de agir, fazer duas coisas:

Em primeiro lugar, repassar as possibilidades de ação que a outra parte tem disponíveis; considerar todas elas, uma por uma, consecutivamente. No dilema do prisioneiro, essas possibilidades são que o outro fale ou que se cale. Diremos que a opção de calar é a opção "cooperativa" (de cooperação com o outro prisioneiro, não com a justiça, entenda-se), enquanto a opção de falar é a opção "ardilosa" ou "traiçoeira".

Em segundo lugar, após considerar os cursos de ação (falar ou calar) que o outro pode tomar, tanto Chance quanto Burdette precisam pensar, para cada curso de ação que a outra parte tem a seu alcance, qual é a linha de conduta que mais convém a si próprio. Nas situações de jogo ou interação estratégica como a descrita, é preciso refletir antes de agir. É um dos casos mais claros que ilustram como pensar antes de agir é a atitude correta. Mas o fato de ser o mais correto nesse tipo de situação não significa, nem um pouco, que o seja em *todo* tipo de situação, como pretendem os intelectualistas, isto é, todos aqueles que acham que *sempre* é preciso meditar antes de passar à ação.[7]

Está interessado em jogar um pouco o dilema do prisioneiro? Vou supor que sim, e também, certamente, que você vai preferir ficar na pele do xerife Chance; apesar de que, na verdade, daria no mesmo se preferisse assumir o papel de Burdette, pois nada de substancial mudaria no jogo. Seguindo as diretrizes antes mencionadas, você, que é o xerife Chance, considera primeiro a possibilidade de Burdette falar e o delatar. E calcula, a seguir, que resultado você conseguiria se, nessas condições, escolhesse se calar. O quadro de resultados, tanto para você quanto para Burdette, aparece na figura 2.

Preste atenção, primeiro, no que já foi dito: o resultado (cinco anos de prisão para você e Burdette sai livre) procede da confluência das decisões que, separadamente e na solidão de sua cela, tanto você quanto Burdette tomaram, extraindo essas decisões das duas opções de conduta que ambos têm disponíveis:

Fig. 2 – O pior para Chance é o melhor para Burdette.

Fig. 3 – Ruim para ambos.

calar ou falar. O resultado é fruto de decisões *conjuntas e interdependentes*, e é isso que convida cada prisioneiro a meditar com cautela sobre o que fazer. As flechas da figura indicam justamente que os "pagamentos" ou retribuições (medidos em anos de prisão) que cada jogador obtém são o produto das decisões que cada um toma separadamente. Evidentemente, o quadro que aparece na figura 2 é o pior que lhe pode acontecer: passar cinco anos preso; e, como é o pior, destaco isso marcando-o com dois sinais negativos: (–, –). Por outro lado, esse mesmo resultado é o melhor que Burdette pode esperar (sair livre como um pássaro) e, para indicar isso, marco-o com dois sinais positivos: (+, +). Seu pagamento ou retribuição, se você resolver se calar e Burdette resolver falar, está escrito no primeiro quadrinho; e o pagamento ou retribuição de Burdette, no segundo. Você prestará atenção principalmente ao pagamento que está escrito no quadrinho de cima – que é o seu, o que lhe corresponde se o jogo correr assim, e está claro como a luz do dia – e suponho que você também veja assim, ou seja, que não lhe interessa em absoluto guardar silêncio sob a hipótese, que é a que agora estamos considerando, de Burdette falar.

Em sua cabeça, o cenário mental agora muda, e você passa a considerar o que aconteceria se, supondo que Burdette falasse, você resolvesse fazer o mesmo e falar, denunciando-o também. As consequências de interagir assim encontram-se na figura 3.

Na figura 3, sua situação melhorou um pouco com relação ao que se via na figura 2: agora só passaria três anos na prisão, em vez dos cinco que lhe caberiam se acontecesse o indicado na figura 2. Em ambas as figuras, a 2 e a 3, você manteve constante a suposição de que Burdette vai falar e o trair, e limitou-se a jogar mentalmente com o que aconteceria se você se calasse (fig. 2), ou, ao contrário, se falasse (fig. 3). Comparando ambas as figuras, e mais especificamente seus pagamentos (que são os descritos no quadrinho superior), fica evidente que a você interessa falar, *desde que Burdette fale*. É melhor passar só três anos na prisão do que cinco. A fim de não esquecer qual dos dois resultados é o mais conveniente para você, considera duas vezes o pagamento que mais lhe interessa (três anos).

Mas o raciocínio ainda não está completo. Precisa passar a um segundo bloco de considerações, analisando agora a conjetura contrária, e talvez otimista demais, de que Burdette guardará silêncio e não o trairá. Talvez, efetivamente, seja uma visão otimista do assunto, mas, se você quiser jogar o dilema do prisioneiro direito, tem de considerar *todas* as vias de ação que Burdette pode seguir, inclusive a de que, afinal de contas, ele não seja tão ruim assim e seja capaz de se calar. O que é melhor para você neste caso? Procedemos sistematicamente de novo e consideramos, uma após outra, suas próprias vias de atuação, começando pela qual você também se cala. Os resultados estão na figura 4.

Fig. 4 – Bom para ambos.

Agora os dois passariam um ano atrás das grades, acusados somente de porte ilegal de armas; o que, comparado com os cinco ou três que lhe caberiam (segundo as figuras 2 e 3, respectivamente), não é um resultado para desprezar. É igualitário como o da figura 3, mas agora eles só têm que passar um ano atrás das grades, em vez de três.

Mas ainda não levamos em conta uma última possibilidade: que Burdette se cale enquanto você fala. Não se ofenda, rogo-lhe; limito-me a considerar mental e detalhadamente todos os possíveis resultados para, a seguir, poder calcular, sobre uma base sólida, qual é a melhor linha de conduta para você. Se Burdette guardasse silêncio e você, por sua vez, contasse o que sabe, teríamos o que aparece na figura 5.

Tanto na figura 4 quanto na 5, mantivemos constante a hipótese de que Burdette se cale, e a única coisa que imaginamos que mudaria de uma figura para outra é que você passe de se calar (fig. 4) a falar (fig. 5). Pois bem, acontece que, comparando seus pagamentos em ambas as figuras, é mais vantajoso para você ser "desonesto" e falar, enquanto Burdette, supomos, permanece com a boca fechada! Em vez de passar um ano na cadeia, ficaria livre imediatamente. Como este último resultado lhe interessa mais, considera-o duas vezes, como já fez com o da figura 3.

Após ter feito todos os seus cálculos com primor e aplicação beneditinos, você descobre algo tão diáfano quanto o fato de que *a você convém falar e denunciar Burdette, não importa o que ele fizer.* Os pagamentos das figuras 3 e 5 são os melhores, e ambos correspondem a escolher a conduta de falar e delatar o outro. Na figura 3, Burdette fala, na 5 se cala; mas dá no mesmo: tanto em um caso quanto em outro, para você é mais interessante falar. Só assim reduzirá ao mínimo sua permanência na prisão. Esta é sua melhor estratégia de ação: falar, falar, falar.

Fig. 5 – O melhor para Chance é o pior para Burdette.

O dilema do prisioneiro não é um jogo como o pôquer, puramente competitivo ou de soma zero, onde os interesses dos participantes entram em colisão frontal e tudo o que um ganha o faz às expensas do outro. É verdade que o melhor para Burdette é o pior para você, e vice-versa (figs. 2 e 5); mas não é menos verdade que tanto ele quanto você compartilham uma faixa de interesses comuns e que há resultados possíveis do jogo que beneficiam ou prejudicam a ambos (figs. 3 e 4). Na realidade, o dilema do prisioneiro é um jogo de *motivação mista*, em parte competitivo e em parte cooperativo, e não puramente uma coisa nem a outra. Está na metade do caminho entre jogar pôquer (uma atividade totalmente competitiva) e dirigir um carro pelo mesmo lado da rua que os outros (uma atividade pura e espontaneamente cooperativa).

Por sua vez, Burdette estará entregue a ruminações semelhantes – não duvide disso –, e, como as condições do cativeiro são as mesmas para ambos, também terá descoberto, a essa altura, que para ele é melhor trair e delatá-lo, seja o que for que você tenha planejado fazer. De modo que, no silêncio de sua consciência, tanto você quanto Burdette já decidiram acusar e incriminar o outro. O que significa isso? Que, quando se virem novamente diante do juiz, acontecerá o previsto na figura 3 ("Ruim para ambos"): que os dois falem, e os dois terão oportunidade de se *lamentar* durante três anos (os que passarão na prisão) pela decisão adotada. E por que terão motivos para lamentar? Porque compreenderão, então, em toda sua extensão, que havia outro resultado, o da figura 4 ("Bom para ambos"), que reduzia para um ano a pena de prisão para Burdette e para você, e teria sido *melhor* se os dois se calassem, a fim de atingir esse resultado.

Mas realmente foram tão idiotas, e teria sido melhor optar por guardar silêncio? Você e Burdette não comprovaram, minuciosamente, que falar era a melhor forma de proceder, seja o que for que a outra parte fizesse? Efetivamente, é assim. E nisso consiste o paradoxo do dilema do prisioneiro: em que cada um, calculando o que é melhor para si, acaba se inclinando por uma decisão que, tomada conjuntamente com a do outro jogador, faz ambos desembocarem em um resultado calamitoso e que deixa muito a desejar. E, ao contrário: se houvessem tendido à escolha menos racional para cada um (a de calar ou guardar silêncio), teria sido muito melhor para ambos. De fato, perceberão – tarde demais, repito – que enfrentaram uma situação em que aquilo que é melhor para cada um não é bom para o conjunto, e aquilo que é bom para o conjunto não é o melhor para cada um. Diferente do que víamos com os subprodutos coletivos, nas circunstâncias do dilema do prisioneiro percebe-se uma fenda, uma descontinuidade entre o bom para o grupo e o melhor para cada indivíduo. O uso da racionalidade individual conduz todos a um estado de coisas "coletivamente" irracional. Dito de maneira mais apropriada, a moral da história do dilema do prisioneiro é a seguinte: em situações desse tipo, aquilo que é melhor para você, *se só você o escolher*, começa a ser algo muito menos que bom se todos os outros também o escolherem. E o contrário também é verdade: se cada um se contivesse e não escolhesse sua estratégia favorita, o bem-estar do conjunto ficaria melhor.

Por que não um pacto?

Poderia pensar que o atoleiro em que se meteram Burdette e você jogando o dilema do prisioneiro procede do fato de não terem tido oportunidade de se comunicar (por estarem em celas separadas); se pudessem se comunicar, pensará, teriam chegado logo a estabelecer um pacto de silêncio mútuo, e com isso sairiam do buraco em que a míope racionalidade individual de cada um os mergulhou. Não seria preciso, na realidade, que ninguém, externo a vocês, os contivesse e impedisse de escolher uma forma de agir egoísta e racional, pois vocês mesmos teriam percebido que seria interessante chegar a um acordo por meio do qual renunciariam ao mais conveniente para cada um em favor do interesse coletivo.

Soa bem, não? Mas *Onde Começa o Inferno*, o filme de Hawks, mostra que as coisas podem não ser tão simples, e que o pacto talvez não seja o remédio definitivo, mas só a origem de novos conflitos e diferenças. Em primeiro lugar, porém, o mais urgente no momento é perceber que a troca de reféns mostrada no filme é uma situação que responde ao esquema ou padrão do dilema do prisioneiro. E não porque haja prisioneiros ou reféns envolvidos, esqueça essa coincidência! Tanto o grupo de Chance quanto o de Burdette perceberam que, se deixarem suas paixões sem rédeas, terão muito a perder, e que mais vale chegar a um acordo amistoso: Dude em troca do mais novo dos Burdette. Mas acontece que esse mesmo acordo é um dilema do prisioneiro, um "jogo" com a mesma matriz de pagamentos que a indicada nas figuras 2 a 5. Tanto Chance quanto Nathan Burdette têm duas opções básicas: cumprir o acordo ou fugir do roteiro e trapacear; e essas duas opções correspondem às de calar e falar no jogo do dilema do prisioneiro: cumprir o pacto é a conduta "cooperativa"; descumprir o pacto é a conduta "ardilosa" ou fraudulenta. Se Chance cooperar e se ativer ao acordado, e Burdette não, o quadro resultante é o mesmo que o da figura 2 ("O pior para Chance é o melhor para Burdette"): Burdette resgata seu irmão mais novo e não devolve Dude; eis aqui o melhor (+, +) para Burdette, e justamente isso é o pior (–, –) para Chance. Também poderia acontecer o contrário: só Chance não cumpre o acordo, pega Dude e consegue não entregar Joe Burdette. Temos aqui o equivalente à figura 5: Chance consegue o melhor saldo possível para ele (+, +) à custa de deixar Burdette na pior situação imaginável (–, –). Se tanto Chance quanto Burdette optarem por não se submeter ao acordado, a situação é ruim (–) para ambos: cada um fica sem resgatar o refém que lhe interessa e talvez pondo em risco sua vida; algo como o indicado na figura 3. Se, pelo contrário, ambos cumprirem o acordo, encontramo-nos com o equivalente à figura 4: acontece o resgate e Chance recupera Dude, ainda que para isso tenha sido necessário deixar Joe Burdette livre; e Nathan Burdette, por sua vez, renuncia a Dude, mas recupera seu irmão. Em suma, uma situação boa para ambos, justamente a que transformaram em objeto de pacto: todos concordaram em renunciar ao melhor dos mundos possíveis para ele em particular (+, +) para, assim, poder chegar a uma solução transacional que satisfaça, ainda que um pouco menos (+), as partes em conflito. Tanto Chance quanto Burdette expressaram em público sua intenção de não se deixar tentar pela faixa competitiva do jogo do dilema do prisioneiro em que estão imersos para, assim, aproveitar as áreas de interseção cooperativa: isso é o cerne do contrato.

Porém, fazendo considerações argumentativas totalmente similares às antes vistas no dilema do prisioneiro, tanto Chance quanto Burdette terão achado, logo em seguida, que o que mais lhes interessa é não se sujeitarem à palavra dada, seja o que for que o outro decida fazer, e aproveitar, assim, qualquer chance que a sorte e o modo como rolarem os acontecimentos lhe derem para se dar bem. Por exemplo, e sem ir mais longe, Chance sabe que, tanto se Burdette cumprir sua palavra como se não cumprir, para ele e seu grupo as coisas podem ficar melhor se se afastarem do verbalmente acertado.

Os bons também trapaceiam

E, com efeito, isso é o que vemos que acontece no filme. Estamos no armazém junto ao rio e acaba de amanhecer. O mais novo dos Burdette encaminha-se para o armazém onde o aguarda seu irmão mais velho, enquanto Dude faz a mesma coisa em sentido inverso, para juntar-se a Chance e Colorado em um celeiro. Mas, no meio do caminho, quando Dude e Joe Burdette se encontram, a poucos metros um do outro, o primeiro se joga sobre o segundo sem prévio aviso e o arrasta para uma luta corpo a corpo. Nem Colorado nem o xerife, por um lado, nem Burdette, por outro, esperavam por isso, e se abstêm de atirar nos reféns por medo de ferir ou matar o do seu bando. O que fazem é trocar tiros entre si.

Em seu particular dilema do prisioneiro, está claro que Dude fez trapaça, quebrou o pacto. Burdette e os seus teriam quebrado o acordo também? De qualquer maneira, os "bons" se adiantaram nessa corrida para desonrar a palavra dada. Além disso, para ser justo, nem Chance nem Burdette tinham interesse algum em quebrar o acordo: para Chance, a vida de seu ajudante e velho amigo é mais importante que a de Joe Burdette, e não é preciso dizer que para Nathan Burdette tanto faz soltar Dude, desde que volte a ter seu irmão junto a si. Foi Dude que, agindo por conta própria, levado por sua honra e pelo desejo de se redimir diante dos outros e de si mesmo, depois de ter descambado para o alcoolismo, decidiu improvisar um ato arriscado e até heroico com o qual resgatar sua valia.

Dude vence Joe Burdette em seu combate pessoal e, com este já fora do jogo, entra no tiroteio franco e aberto que começou entre ambos os lados. Em tão delicada situação, Chance e os seus, que estão em minoria, recebem o apoio de Stumpy e até do simpático dono do hotel de Rio Bravo, Carlos Robante (Pedro Gonzales-Gonzales), que chega com uma nova remessa de balas. Mas as munições de mais grosso calibre é Stumpy que descobre, pois, sem querer, postou-se junto a uma carroça carregada de dinamite, a dinamite do falecido Pat Wheeler. O xerife percebe e o avisa do perigo que corre em tão perigosa companhia; Stumpy se afasta mancando, mas não sem antes ter a boa ideia de carregar consigo uma caixa de explosivos, que depois vai lançando, cartucho por cartucho, contra o armazém em que Burdette está entrincheirado. É como um torneio de tiro ao pato: Stumpy joga o cartucho e Chance atira nele quando, em sua trajetória, está prestes a alcançar o armazém. A dinamite acaba despedaçando, assim, o aquartelamento de Burdette e seus sequazes.

Bem, o resto é fácil de imaginar. Por uma vez, e sem que sirva de precedente, os trapaceiros ganham sob o beneplácito de todos.

Hawks deve ter ficado muito satisfeito com a história, porque, como é sabido, plagiou a si mesmo, com muita arte, rodando posteriormente dois filmes que respondiam, essencialmente, ao mesmo roteiro: *El Dorado* e *Rio Lobo*, o último de sua maravilhosa filmografia. Ambos contam com atrativos próprios para serem vistos: em *El Dorado*, a troca de reféns se resolve de maneira "cooperativa", sem armadilhas, e talvez por isso o assunto tenha um menor apelo dramático no conjunto do longa-metragem; em *Rio Lobo*, os bons voltam a jogar sujo no dilema do prisioneiro; além disso, entre os bons está Jennifer O'Neill exibindo um vistoso rosto, no auge de sua beleza.

Uma noite na ópera

Após passar a tarde com Howard Hawks, gostaria de ir com você esta noite a uma apresentação de *Tosca*. Quero que me acompanhe a ver essa ópera de Puccini por dois motivos principais (além do gozo estético, evidentemente): primeiro, para que comprove que o dilema do prisioneiro pode se apresentar sob uma forma completamente diferente; e em segundo lugar, e mais importante, para que perceba até que ponto os heróis de *Onde Começa o Inferno* andaram brincando com fogo. As coisas deram certo para eles, mas na ópera de Puccini percebemos até que ponto tudo pode acabar em tragédia quando as partes envolvidas em um dilema do prisioneiro enganam simultaneamente uma à outra, rompendo o acordo.[8]

Os três pilares da história são o pintor Mario Cavaradossi, sua fogosa e possessiva amante, Floria Tosca, e o barão Scarpia, um chefe de polícia tão venal quanto libidinoso, um sátiro que deseja ardentemente a bela Tosca e odeia com todas as suas forças seu afortunado amante, Cavaradossi. A ação da ópera transcorre em Roma, durante o mês de junho de 1800. Na época, o cônsul Cesare Angelotti fugiu da prisão do castelo de Sant'Angelo, onde estava preso por suas ideias políticas, sob a custódia do cruel Scarpia. Em sua fuga, Angelotti entra na igreja de Sant'Andrea della Valle, onde se encontra Cavaradossi pintando um quadro de Maria Madalena. Cavaradossi presta-se de bom grado a ajudar seu amigo, tanto por afinidades políticas quanto para pô-lo a salvo das garras de Scarpia, odiado por todos na cidade. E precisa se apressar: um tiro de canhão proveniente do castelo anuncia que a fuga do preso político foi já percebida. Sua pista deve estar fresca, porque em pouco tempo Scarpia com seu séquito chegam à igreja.

No segundo ato, vemos que Angelotti desapareceu na noite, mas não Cavaradossi, que foi preso e levado diante de Scarpia, além de torturado para que revelasse o paradeiro de seu amigo. Não é só isso: a câmara de tortura é contígua ao escritório de Scarpia, onde está Tosca, que ele chamou para dar notícias do belo Mario, seu noivo. O demente chefe de polícia dá-se o gosto de assistir a uma dupla tortura: a de Cavaradossi e a de Tosca, forçada a ouvir os gritos de dor de seu amante, submetido a tortura na sala ao lado, a poucos metros dela. Scarpia lhe propõe um trato: deixar Cavaradossi são e salvo em troca de ela se entregar carnalmente a ele. Esse é o preço que Scarpia põe para a vida de Cavaradossi, um preço bastante modesto, segundo ele: "Você me pede uma vida; em troca, eu só lhe peço um instante!", explica a Tosca com cinismo.

Na realidade, o trato é um pouco mais complicado, porque Scarpia não pode deixar que Cavaradossi vá embora assim sem mais nem menos. Será submetido a um simulacro de fuzilamento, com balas de festim, e, quando não houver testemunhas inoportunas, poderá fugir de Roma com Tosca, ambos amparados por um salvo-conduto assinado pelo próprio Scarpia. Enquanto este redige o documento, Tosca aproveita para pegar um punhal cuja presença percebeu em uma mesa próxima e que esconde às costas. Quando, pouco depois, Scarpia se aproxima, com os olhos injetados de paixão, disposto a cobrar o preço, Tosca crava-lhe o punhal repetidamente, com sanha e deleite selvagem; quando, depois da copiosa chuva de estocadas, vê finalmente Scarpia jazer imóvel a seus pés, o flamífero temperamento de Tosca fica retratado nesta exclamação: "Ah, está morto! Agora o perdoo!".

Mas não se levante, ainda resta o último ato, que transcorre no terraço superior do castelo de Sant'Angelo, instantes antes da alvorada. Cavaradossi se prepara para sua execução, ainda sem saber do pacto selado entre Tosca e Scarpia. Depois de entoar seu célebre e belíssimo adeus à vida (*E lucevan le stelle*), Tosca se aproxima, escoltada pelos comparsas do já cadáver Scarpia. Diante de seus olhos incrédulos, Tosca mostra o salvo-conduto assinado por Scarpia, e seus ouvidos, não menos incrédulos, ouvem que foi combinado que seu fuzilamento será uma farsa, após a qual ambos poderão fugir para Civitavecchia, onde os aguarda um veleiro que os levará até o mar, e, lá, um barco permitirá aos amantes consumar sua fuga. Cavaradossi, quando por fim entende o plano combinado por Tosca e Scarpia, fica exultante de gozo e promete a Tosca fingir, com toda propriedade, que cai abatido pelas balas de festim. E, efetivamente, quando por fim se ouve a descarga de fuzilaria, Cavaradossi cai da maneira mais convincente, para orgulho de Tosca ("Pronto! Está morto! Eis aqui um artista!"). Mas logo comprova a atroz realidade: que não só ela enganou Scarpia, mas também ele a enganou. Não foram usadas balas de festim, mas balas de verdade, e Mario Cavaradossi está verdadeiramente morto, tão morto quanto Scarpia, tão morto quanto um morto pode estar.

"Os pactos sem a espada não são mais que palavras"

Tosca e Scarpia estavam jogando uma variante do dilema do prisioneiro. Tosca tinha duas opções: entregar-se fisicamente a Scarpia ou não; as de Scarpia eram usar balas de festim em um simulacro de fuzilamento de Cavaradossi ou balas de verdade. Ambos combinaram cooperar e fazer sua parte: Tosca se submeterá aos apetites de Scarpia, e este, por sua vez, fingirá o fuzilamento e deixará os amantes fugirem. E os dois descumpriram o acordo, desatando os horrores do final. É evidente que tanto Tosca quanto Scarpia pensaram, para sua própria vantagem, enganar um ao outro. O melhor para Scarpia era aplacar sua lascívia e depois ver seu odiado rival amoroso morto. Que grandioso espetáculo para sua tortuosa mente: não só gozar do corpo de Tosca, mas também, depois, de sua dor! Por sua vez, Tosca, a altiva Tosca, queria ao mesmo tempo salvar seu amante da morte sem ter que pagar *il prezzo*, o insuportável pedágio imposto pelo sádico. Como acontece em qualquer dilema do prisioneiro, os dois acham que o melhor para cada um é trair o outro, à espera de que este outro não faça o mesmo. Mas por que esperar tal coisa? Por que supor que o adversário seria menos inteligente e não perceberia algo que o outro já percebeu? O plano de não respeitar unilateralmente o acordo pode acabar, muito facilmente, em uma traição de ambas as partes que, ao se consumar, deixará as duas em um *equilíbrio ineficiente*. (Lembre-se de que, de qualquer maneira, ainda pior é, para cada um, não enganar e ser enganado.)

Essa expressão, "equilíbrio ineficiente", já apareceu quando contamos o que aconteceu na sala de conferências, no capítulo 4. Thomas Schelling, como você pode lembrar, tinha a impressão de que, se o público houvesse se sentado mais perto, muitas pessoas sairiam ganhando e ninguém seria prejudicado; assim sendo, a maneira como de fato haviam ocupado a plateia era *ineficiente*. Também é ineficiente a solução previsível do dilema do prisioneiro, a de que os dois falem e denunciem um ao outro (representada pela figura 3); e é ineficiente pela mesma razão: porque havia outro estado de coisas acessível (o da figura 4) em que os dois prisioneiros sairiam ganhando – ambos passariam de um nível (–) de bem-estar a um nível (+), e nenhum perderia.[9] A razão de ser do pacto é, como qualquer um pode imaginar, escapar justamente do inóspito equilíbrio da figura 3 e alcançar as circunstâncias da figura 4.

Mas acontece que a situação pactuada da figura 4 tem as propriedades inversas das da figura 3: é um *ótimo instável.*[10] É um ótimo porque ninguém mais pode obter uma posição de maior bem-estar sem piorar a do outro. E é instável porque (como vimos pelos filmes de Hawks ou pela ópera de Puccini) qualquer um que jogar o dilema do prisioneiro estará muito tentado a trair os termos do acordo que os conduziria à situação da figura 4, caindo, dessa forma, no obscuro panorama da figura 3, o equilíbrio ineficiente do qual ambos desejavam fugir justamente mediante o acordo. Quando se joga o dilema do prisioneiro (em situações que respondem a ele), os pactos são vulneráveis, pouco confiáveis, estão constantemente expostos à rapacidade, aparentemente inteligente, dos que buscam sua vantagem pessoal, passando por cima de suas promessas, se for preciso.

Poderíamos pensar na possibilidade de metapactos (pactos nos quais se combina honrar o combinado), mas eles seriam tão frágeis ou mais que os próprios pactos (o simples fato de pensar neles refletiria o pouco que cada parte confia na outra, e essa desconfiança seria um caso de profecia autorrealizável: o mero fato de pensar nela ajudaria a se materializar). Acabaríamos, com isso, movendo-nos sem fim em um ciclo fechado, indo de um (acordo) ótimo instável a um equilíbrio ineficiente, para, a seguir, desviarmo-nos para um novo ótimo instável, do qual nos precipitaríamos a um equilíbrio ineficiente diferente, e assim sucessivamente.

Por isso, o perspicaz e pessimista filósofo inglês Thomas Hobbes afirmava que a solução tinha que proceder de fora, não dos próprios jogadores, mas de um poder externo ao jogo: "Sem a espada, os pactos não são mais que palavras, e carecem absolutamente de força para assegurar um homem".[11] Para ele, era uma ingenuidade supor que as pessoas são capazes de uma autocontenção eficaz que as afaste do descumprimento das promessas quando têm muito a ganhar se não as cumprirem. A certeza de que os acordos serão respeitados só pode provir de uma força exógena, "da espada", com capacidade suficiente para obrigar as partes a se aterem, querendo ou não, aos assuntos acordados. Sem essa benéfica autoridade, a racionalidade egoísta original de fábrica nos humanos nos faria retroceder, pensava ele, a isso que chamava de "estado de natureza", a guerra de todos contra todos. A de Tosca contra Scarpia, a de Chance contra Burdette.[12] Um pouco desses agourentos vaticínios parece ser verdade, em vista de coisas que serão contadas no próximo capítulo.

Notas

1 A terminologia aqui utilizada – "agência de proteção", "independentes", "justiça privada" – procede de Robert Nozick, *Anarchy, State, and Utopia,* Nova York, Basic Books, 1974.

2 Thrainn Eggertsson, *El comportamiento econômico y las instituciones*, Madri, Alianza Editorial, 1995, p. 66. O último livro de Mancur Olson, *Power and*

Prosperity [Poder e prosperidade] (Nova York, Basic Books, 2000), também trabalha a hipótese de que os Estados começam sendo bandos de bandidos errantes que se aposentam em um território e acabam oferecendo serviços de proteção e outros bens coletivos a seus ocupantes, com quem acabam fazendo tratos de reciprocidade em longo prazo.

3 Steven Pinker, *La tabla rasa*, op. cit., p. 483.

4 Se achar demasiadamente prolixos e enfadonhos os detalhes do dilema do prisioneiro, aconselho-o a ler este tópico por alto. Bastará que sinta o aroma que o dilema do prisioneiro exala, na certeza de poder continuar lendo tranquilo o que vem a seguir.

5 Mais pormenores históricos e casos podem ser encontrados em W. Poundstone, *El dilema del prisionero*, Madri, Alianza Editorial, 1995.

6 Usei o relato de Morton Davis, *Introducción a la teoría de juegos,* Madri, Alianza Editorial, 1986, p. 122. Tomei a liberdade de alterar as quantias para fazê-las coincidir com as que Robert Axelrod utiliza em *The evolution of cooperation,* Nova York, Basic Books, 1984.

7 Tratei das sequelas deletérias ou absurdas que uma atitude intelectualista generalizada pode acarretar no capítulo 2 de *O que Sócrates diria a Woody Allen*, op. cit.

8 Até onde sei, o mérito de ter "visto" o dilema do prisioneiro camuflado no libreto de *Tosca*, escrito por Giuseppe Giacosa e Luigi Illica, corresponde a Anatol Rapoport, professor da Universidade de Toronto (Canadá); assim afirma John Haigh em seu livro *Matemáticas y juegos de azar*, Barcelona, Tusquets Editores, 2003, p. 131-136. Consulte também o livro de William Poundstone, *El dilema del prisionero*, op. cit., p. 186. Evidentemente, também poderíamos ver o filme *Tosca*, adaptação para o cinema do libreto de Illica e Giacosa, que ninguém menos que Jean Renoir começou a dirigir em 1940 e Carl Koch terminou mais tarde. Mas, aqui, meu conselho é assistir à ópera.

9 De fato, bastaria que só um dos dois ganhasse e o outro não perdesse para classificar de ineficiente, ou subótima, a situação em que estão presos na figura 3. Portanto, o fato de tanto a solução previsível do dilema do prisioneiro (pelo menos quando se joga uma única vez) quanto à forma de as pessoas se sentarem na sala de conferências de Schelling serem equilíbrios ineficientes não deve nos fazer perder de vista que a via de chegada a essas situações, em ambos os casos,

é muito diferente. A forma de ocupar a sala de conferências é um subproduto coletivo e o bloqueio em um resultado inferior é atribuível à inconsciência de todos os que contribuíram para ele e a sua incapacidade para renegociar a situação. No caso do dilema do prisioneiro, não é a inconsciência, mas justamente o uso premeditado da racionalidade individual que conduz todas as partes a uma armadilha de baixo nível, e a negociação e os tratos não oferecem garantias confiáveis de que será possível sair dessa armadilha.

10 Antes, fiz referência à inoportunidade e ao poder enganador de noções como as de eficiência ou otimização em contextos históricos, mas acho inofensivo falar de "ótimos" em relação a circunstâncias tão esquemáticas e miniaturizadas como o jogo do dilema do prisioneiro jogado uma única vez entre dois participantes.

11 Thomas Hobbes, *Leviatán*, Madri, Editora Nacional, 1983, p. 263 [Edição brasileira: *Leviatã*, São Paulo, Martins Fontes, 2003].

12 O estado de natureza de Hobbes é muito distante do descrito depois por Rousseau, e nada tem a ver com essa anarquia pacífica e cooperativa que vimos em *Os Aventureiros do Ouro*.

CONTRATO SOCIAL SEM ESTADO
Lord of the Flies[1]
[O Senhor das Moscas]

Estudantes ingleses perdidos nos mares do Sul

Em circunstâncias que nunca são totalmente esclarecidas, um avião sofre um acidente (ou talvez um ataque) e cai em uma inominada ilha coralina do Pacífico. Há trinta sobreviventes, todos eles crianças, nem um único adulto. As crianças procedem de várias escolas inglesas (faziam, talvez, uma viagem de final de curso?) e vão aparecendo com seus uniformes distintivos.

Conhecemos primeiro Ralph (James Aubrey) e Piggy (Hugh Edward). Ralph é um garoto tranquilo, de aparência agradável e cordial, de uns doze anos, um dos mais velhos do grupo de pré-púberes sobreviventes. Piggy é um rapaz roliço, míope, com óculos de lentes grossas, talvez um pouco mais novo que Ralph, ou talvez seja seu caráter tímido que o faça parecer mais novo. Passou boa parte da vida submetido à disciplina de sua tia, desde que ficou órfão. É uma pessoa organizada, metódica, um escriba; isso, sua aparência roliça, sua falta de destrezas físicas e seu caráter um tanto temeroso transformaram-no, desde que se conhece por gente, no alvo dessas ferozes brincadeiras que tantos pré-adolescentes fazem entre si nos pátios das escolas. Alguém como ele, acostumado aos maus-tratos físico e psicológico, logo procura, e quase instintivamente, um protetor, um companheiro ao mesmo tempo forte e benévolo, condições que Ralph parece reunir. Tenta granjear sua amizade revelando a Ralph – mas em tom confidencial e com a condição de que não o divulgue – o apelido que seus condiscípulos lhe deram na escola: Piggy (Porquinho), e também nós seremos forçados a chamá-lo assim, pois seu verdadeiro nome não é mencionado em nenhum momento.

Depois de rir um bom tempo ao ouvir esse maldoso apelido que carrega aquele que grudou nele como uma sombra, Ralph decide concentrar-se nas delícias da situação: uma ilha que parece saída dos contos de Robert Louis Stevenson ou dos pincéis de Paul Gauguin, não tocada pela mão do homem, com um clima tropical, cheia de árvores, frutas e água em abundância e, principalmente, sem adultos que controlem e supervisionem tudo. Em uma enseada de águas transparentes e mornas, Ralph mergulha enquanto Piggy se limita a tirar os sapatos e colocar, cautelosamente, seus pés no mar. Ralph o convida a nadar com ele, mas Piggy começa a falar de sua asma e de sua tia, que lhe proibira os exercícios violentos. Ralph ri, mas sem maldade, de tanta timidez. Após o banho, e dando um passeio pela praia, descobrem uma grande concha; ao soprar nela, Ralph extrai um som rouco e forte que serve, sem planejar, como instrumento para convocar os sobreviventes que estiverem na ilha.

Crianças muito pequenas começam a atender ao chamado, e Piggy, movido apenas por seus hábitos de escriba organizador, vai pedindo o nome e a escola de procedência. Pouco depois, aparece um grupo mais numeroso, desfilando pela margem da praia com rigorosa marcialidade, todos eles embutidos em impecáveis uniformes escolares, cantando com cadência castrense o *Kyrie* de uma missa sacra. Imediatamente percebem-se os modos militaristas, o espírito de grupo, a pirâmide de poder desse grupo que se aproxima, a cuja frente está Jack Merridew (Tom Chapin); de agora em diante, só Jack.

Logo surge a pergunta de quem será o chefe de toda essa coleção de sobreviventes de calças curtas, perdidos em uma ilha ignota e destinados a formar, de baixo, uma sociedade de sobrevivência e socorros mútuos até serem resgatados. Um quadro parecido, em certa medida, ao que vimos em *O Voo do Fênix*, só que aqui não há adultos, e o entorno físico é muito mais hospitaleiro. Sem pensar duas vezes, Jack se apresenta como chefe, alegando que é o mais velho e o primeiro tenor do coro de sua escola. Mas alguém propõe submeter o assunto a votação, coisa que todos aceitam. Os dois candidatos "naturais" à chefia são Jack e Ralph. Este último é eleito por maioria, mas, conciliador, oferece a Jack continuar com a direção do coro. Um coro não é algo realmente muito útil em uma ilha deserta, e seria necessário dar uma nova função a esse grupo. Jack decide, sem um instante de vacilação, qual será essa nova função: "Caçadores".

Erguer uma sociedade "com muitas regras"

A primeira resolução que Ralph toma é empreender uma batida para reconhecer o terreno e averiguar se realmente estão em uma ilha deserta. Irão ele, Jack e o pequeno Simon (Tom Gaman). Piggy se oferece para acompanhá-los, mas é rejeitado. Ralph o encarrega de fazer um censo de todos os sobreviventes. "Esse é seu trabalho", explica-lhe antes de partir. Quando regressam, os exploradores contam ao resto que, de fato, se encontram em uma ilha desabitada e terão que cuidar de si mesmos sem auxílio algum dos adultos; enfim, a ilha não poderia ser melhor para fundar nela uma microssociedade provisória: há água e frutas de sobra, alguns animais comestíveis (viram um filhote de javali) e nenhum animal grande.

Ralph propõe a primeira regra para essa nova sociedade: é preciso levantar a mão e pedir a concha para poder falar. Não podem falar todos ao mesmo tempo, e quem estiver com a concha estará no uso exclusivo da palavra; só poderá ser interrompido se ceder a concha a outra pessoa. Jack emenda, com entusiasmo:

> *– Concordo com Ralph. Temos que ter regras e as obedecer. Afinal de contas, não somos selvagens. Somos ingleses! E os ingleses são os melhores. Então teremos muitas regras, e se alguém as desobedecer...*

Termina seu breve discurso com umas reticências ameaçadoras. Os outros se levantam, excitados, um pequeno bosque de punhos e intimidam-se uns aos outros, festivamente. Eis aqui um novo e maravilhoso jogo: montar uma sociedade, com "muitas regras" e castigos para quem as desobedecer.

Piggy, oráculo da inteligência previdente, adverte-os de que, muito provavelmente, desviaram-se muito da rota comercial dos aviões e podem permanecer confinados na ilha por um longo tempo, talvez a vida toda. O pequeno Simon levanta a mão, mas, incapaz de falar em público, acaba sussurrando ao ouvido de Piggy alguma coisa estranha e inquietante, que logo comunica aos congregados: há uma serpente na ilha, e será preciso fazer alguma coisa a respeito. Os outros riem desses temores, mas só um pouco. Também nesse paraíso há uma serpente. Por que, em todos os paraísos, tem que haver uma serpente?

Depois de acalmada a agitação provocada pela ominosa notícia de Simon, outra medida tomada na assembleia é fazer uma fogueira em um promontório para indicar sua posição a quem possa vir em seu resgate. À falta de fósforos, Jack requisita à força os óculos de Piggy para usá-los como lupa a fim de concentrar os fortes raios do sol do meio-dia e, assim, pôr fogo em um monte de lenha empilhada por todos com ardorosa diligência. Tudo feito, Jack proclama, com uma solenidade um tanto cômica, que ele e seus gregários se encarregarão de manter o fogo sempre aceso.

Fazer uma fogueira e depois mantê-la acesa é um jogo muito divertido, mas há outros tanto ou mais que esse: nadar na praia, explorar o terreno ou caçar um javali, algo que se tornou uma verdadeira obsessão para Jack. Piggy se desespera diante da indisciplina com que Jack e seu coro descuidam das obrigações que prometeram com tanta ênfase cumprir. Percebe, melhor que ninguém, que sua principal tarefa é manter o fogo aceso, pois disso depende que sejam resgatados ou não, e desdenha de todas as outras criancices a que seus colegas de naufrágio se entregam, inclusive Ralph. Os negros presságios de Piggy tornam-se realidade quando, pouco tempo depois, um avião sobrevoa a ilha e os pega com o fogo apagado e sem tempo de reagir. Para desespero de Ralph, furioso por sua própria negligência, da qual só agora toma consciência, o aeroplano passa e não há meios de chamar a atenção do piloto. E, enquanto isso, para piorar as coisas, chegam os alegres caçadores comandados por seu corifeu, alheios ao ocorrido e cantando felizes por finalmente terem caçado um javali.

– Veja – Jack dirige-se a Ralph, embriagado ainda pela conquista. – Caçamos um porco! E já o abrimos!

– Vocês deixaram o fogo se apagar! – interrompe Ralph rispidamente.

– Vamos acender de novo – responde Jack despreocupado, ainda sem saber das consequências de o fogo ter se apagado em momento tão inoportuno.

– Passou um avião – grita Ralph. – Passou um avião! Poderia ter nos visto. Poderíamos ter ido para casa!

– Você e seu bando, Jack Merridew! – completa Piggy irado, pois percebeu, antes que todo mundo, as inquietantes tendências primitivas do chefe dos caçadores. – Você e seus caçadores! Poderíamos ter voltado para casa!

– Precisávamos de carne – defende-se Jack.

– Você não podia deixar que o fogo se apagasse! – insiste Piggy com certa sanha.

Jack dirige-se em linha reta para ele e lhe dá tão contundente safanão que os óculos de Piggy saltam de seu rosto e acabam se estatelando contra as rochas, onde uma das lentes fica meio quebrada, transformada em uma espécie de teia de aranha de vidro.

Mas algo mais além dos óculos de Piggy quebrou-se nesse episódio: Ralph não o defendeu, não fez valer sua condição de chefe máximo; deixou passar sem castigo, sem reprimenda verbal sequer, um gesto tão violento; a partir desse momento, começou a perder a direção do grupo. A ojeriza de Jack por Piggy já é de conhecimento público. Jack parece disposto a continuar matando porcos...

A fera

Ralph percebe o perigoso curso que os acontecimentos vão tomando e convoca todos para uma assembleia na praia. Evita acusar Jack de tudo o que aconteceu (a agressão a Piggy, o avião que passou sem vê-los porque o fogo estava abandonado), mas este logo capta as censuras latentes nas palavras de Ralph e se defende sem culpa e sem tirar o corpo fora: eles são, em primeiro lugar, caçadores, diz, e se há uma fera em forma de serpente na ilha, ele e seus guardas protegerão a todos; também cuidarão do fogo, evidentemente. De repente, e para surpresa geral, um dos menores pega a concha para falar: após muitas hesitações, sussurra no ouvido de Jack que viu um monstro que sai do mar. De novo, pânicos ancestrais, atávicos, tomam conta de todos, menos de Piggy, o "racionalista", o "esclarecido", que acha que a ignorância é que fecunda a mente com terrores e superstições banais. De maneira um tanto incongruente, Ralph propõe que a questão do monstro marinho seja submetida a votação: quantos acreditam nele, quantos não. Quase todos votam a favor da existência desse obscuro endríago; só Piggy, concha na mão, repete em voz alta sua incredulidade. Jack se joga de novo sobre ele, tenta tirar-lhe a concha, símbolo do que os gregos da época clássica chamavam de *isegoria*, a possibilidade aberta a todos igualmente de participar da assembleia. Ralph se interpõe com maneiras civilizadas, pedindo calma, mas, pela primeira vez e em público, Jack desafia sua condição diante do grupo:

> *– E você, cale-se. Quem é você para nos dizer o que devemos fazer? Você não caça, e não canta.*
> *– Eu sou o chefe – diz Ralph. – Fui escolhido... Você está quebrando as regras!*
> *– E quem se importa?*
> *– As regras são a única coisa que temos.*
> *– Ao diabo com as regras! – sibila Jack, desdenhoso. – Somos fortes, caçamos. Se há alguma fera, nós a caçaremos.*

Depois dessa cortante alegação guerreira, a assembleia se dissolve em uma debandada geral. A divisão no grupo começa a tomar corpo. Ralph mal conta com outro apoio de certa consideração além de Piggy, a quem confessa, desanimado, que, em vista do que aconteceu, terá que deixar de ser chefe. Piggy tenta dissuadi-lo, sabendo que a única coisa que o protege das agressões mais contundentes e diretas de Jack é o agora fraco anteparo de Ralph; tem que ser forte, diz a ele, tem que fazer a concha soar e convocar à assembleia de novo. "Se eu soprar a concha e eles não voltarem", responde Ralph com lucidez, "então está tudo acabado."

Piggy se deixa levar pelo desconsolo, sente falta da presença dos adultos: eles não acreditam em fantasmas nem sofrem de medos irracionais; são para ele, agora, a representação da ansiada ordem, que a partir desse momento pressente que está muito longe de conseguir. Com o passar dos dias tudo piora: medos imemoriais os fazem imaginar monstros de contornos imprecisos, criaturas lovecraftianas muito capazes de povoar de pesadelos seus sonhos, de inundar sua impressionável imaginação, ainda com um pé na infância, quando não com os dois metidos ainda nela; os impecáveis uniformes escolares já estão reduzidos a trapos; um rapaz violento, com vocação de caçador e uma estranha ânsia por tocar em sangue, está pouco a pouco assumindo o comando; os sinais da civilização da qual procediam estão indo embora um após o outro.

Cisão

Finalmente, um dia, Jack anuncia sua intenção de separar-se com seu bando de caçadores do resto; tem um plano de vida mais divertido que o de manter o fogo aceso, obedecer às ordens de Ralph ou frequentar assembleias idiotas. "Eu vou para as rochas caçar, fazer festas e me divertir", anuncia. "Quem quiser, que venha comigo." No começo parece que Jack vai ficar sozinho, mas pouco a pouco vão se juntando a ele os que buscam essas emoções mais fortes que a companhia de Jack – mas não a de Ralph ou a de Piggy – promete.

O cada dia mais numeroso grupo de Jack entrega-se com um afinco incessante à embriaguez dos prazeres venatórios. Um dia, depois de terem caçado um porco selvagem, atravessam sua cabeça em uma vara e Jack anuncia, ato contínuo, com toda a solenidade do caso, que a cabeça do porco morto é uma oferenda para aplacar a fera. A indefensabilidade diante de assustadores vestígios de perfis inespecíficos alimenta, como é costume, os rudimentos de uma religião pagã: fazendo sacrifícios à fera é possível conquistá-la, garante Jack. A cabeça do porco morto começa a se encher de moscas...

Certa tarde, Jack e seus pretorianos – os rostos untados com pinturas de guerra – assaltam o acampamento de Ralph e dos que ainda estão a seu lado e roubam-lhes o fogo. Abatidos, sem ânimo algum de revanche, Ralph, Piggy e seu minguante grupo vão em comitiva ao acampamento de Jack e seus prosélitos. "Dê-lhes alguma coisa para comer", ordena Jack condescendente, já assumido por todos como chefe e único e verdadeiro provedor, o fornecedor de segurança e bem-estar. Jack aproveita para recrutar os que ainda não estão em sua facção, prometendo-lhes comida e proteção contra a fera. Quase todos se unem a ele, menos Ralph, Piggy e alguns pequeninos, apressados para fugir, amedrontados, diante do quadro de veloz queda pela escada da desumanidade que percebem diante de si. Mas ainda ficam um pouco mais...

O enigmático Simon também não se junta às deserções, mas por outros motivos: amante da solidão, encontra-se nesse momento explorando por sua conta outra parte da ilha. Jack prepara uma festa noturna para celebrar as novas adesões. Todos se embriagam com seus próprios cânticos de vitória, com as danças, as pinturas de guerra, os caprichosos e fantásticos jogos de luz do fogo em plena noite. Falantes e exaltados, perdidos em seu frenesi de coribantes, confundem a sombra furtiva de Simon que se aproxima atraído pelo ruído e pela algazarra de onde eles estão, com a fera; atacam-no todos juntos, com medo e fúria ao mesmo tempo, proferindo gritos de morte; e em pouco tempo deixam seu corpo desfalecido, crivado de flechadas, boiando sobre as águas. Até Ralph, possuído como uma bacante, participou desse sangrento sacrifício; o assombro diante de tudo o que viu e *fez* não o abandonará jamais.

Jack e seus adeptos oscilam entre o medo reverencial da fera e o desejo (ainda esporeado pelo medo) de acabar com ela. Não demoram a se convencer de que a fera havia se disfarçado de Simon e tentara atacá-los; assim justificam, diante de seus olhos, a atrocidade cometida. Mas a fera pede mais sacrifícios.

A caça do homem

Na noite seguinte fazem outro assalto aos tristes restos do acampamento de Ralph e, em meio a brincadeiras pesadas, Jack arranca de Piggy seus já mutilados óculos, deixando-o praticamente cego. Quando amanhece o novo dia, Ralph, Piggy e os esquálidos restos de seu grupo aproximam-se do penhasco onde fica o assentamento de Jack e seus sequazes. Ralph faz soar a concha que levava consigo e convoca todos para uma assembleia. Uma chuva de pedras e deboches acolhe sua proposta. O próprio Jack se aproxima de Ralph, furioso, e o intima a abandonar seus territórios de caça e voltar a sua parte da ilha. Ralph pede os óculos meio destruídos de Piggy e o acusa de lhes roubar o fogo. Os dois se envolvem em um combate singular, corpo a corpo. Enquanto isso, Piggy tenta conservar por todos a sensatez perdida: com a concha na mão, na parte baixa do penhasco que é a guarida de Jack e os seus, pede que o deixem falar, mas o simples som de sua voz é recebido pelos confrades de Jack com uma salva de grunhidos de porco.

> *– O que é melhor? – começa Piggy, fazendo-se ouvir acima da algaravia. – Um grupo de selvagens pintados como vocês ou sensatos como Ralph? O que é melhor: ter regras e aceitá-las ou caçar e matar?*

Os deboches dos caçadores aumentam, e um deles, usando um tronco de árvore como alavanca na base de uma enorme rocha, deixa-a cair sobre Piggy e provoca sua morte instantânea. Outro cadáver boiando nas águas. Ralph solta um grito de terror e angústia, interrompe sua briga com Jack e foge da presença dessa corja de infra-humanos (ou talvez humanos, muito humanos). Para ser totalmente justo, Jack e seus fiéis ainda não se tornaram tão selvagens a ponto de o espetáculo dessa morte horrenda não os deixar mudos e surpresos por alguns instantes. Mas isso não dura muito, e na manhã seguinte Jack ordena sair à caça de Ralph e depois oferecer sua cabeça à fera. Escondido entre os outeiros e a folhagem, Ralph sente os caçadores que se aproximam, ouve a voz de Jack sussurrando muito perto de onde ele está, mandando seus acólitos pôr fogo na mata para tirá-lo de seu esconderijo. Ralph foge perseguido pelo fogo, pelos gritos ululantes dos caçadores e pelo tam-tam de seus instrumentos de percussão. Estão cada vez mais perto, com o mantra guerreiro: "Mate o porco! Degole-o! Acerte-o!". Arfante, de quatro, chega à beira do mar e de repente quase tropeça com impecáveis sapatos brancos, acima dos quais estão meias de uma brancura quase refulgente; continua levantando os olhos estupefatos: óculos, camisa impecável, barba e rosto de adulto. Um oficial da Marinha de Sua Majestade britânica olha-o, atento a tudo. Diante desse emblema ambulante da lei e da ordem, Jack, seus guerreiros, seus rostos untados, seus gritos de guerra... tudo fica em suspenso, derretido como cera ao calor da chama. O pesadelo chegou ao fim. Por muito pouco o massacre não foi completo. O assombro não se apoderou somente dos garotos, mas também dos militares que acabam de desembarcar na ilha atraídos pelo incêndio. Como pôde chegar tão longe essa explosão de fanatismo homicida?

"O homem é um animal que precisa de um senhor"

No filme de Peter Brook e também no posterior de Harry Hook assistimos outra vez a cenas de pactos não cumpridos (como em *Tosca* e *Onde Começa o Inferno*, no capítulo anterior). O pacto é agora multilateral, assinado ao mesmo tempo por essas trinta crianças náufragas em uma ilha, e é um acordo para organizar uma sociedade civilizada: um contrato social. A alternativa que agora se apresenta diante de nossos olhos é seguir as normas de convivência social ("as regras", como dizem no filme) ou desobedecê-las. O fato de todos acatarem as regras é um ótimo instável (igual aos acordos entre Chance e Burdette ou entre Tosca e Scarpia): por um lado, todos viverão melhor submetendo-se às regras (sua vida, sua dignidade e seus pertences estarão menos expostos), mas Jack descobre que se vive *ainda melhor* se os outros se atêm às regras e ele se permite a liberdade de infringi-las. Roubar os óculos de Piggy ou o fogo de Ralph, ou arrebatar a concha de quem lhe apetecer são atos que lhe dão uma intoxicante e viciante sensação de poder. Afinal de contas, obedecer às regras é uma coisa chata; é preferível viver com liberdade irrestrita, não limitada pelo respeito à liberdade alheia imposta pela sujeição às normas.

Percebemos até que ponto esse ótimo da sociedade civilizada é instável quando Jack contagia a maioria dos garotos com seu modo insolente e indisciplinado de se comportar, e sofrem, com isso, um segundo naufrágio: cair em um equilíbrio ineficiente, a queda em um tribalismo de emoções cruas e elementares, com muita violência e várias mortes pelo caminho. A liderança de Ralph é muito fraca, pouco confiável; está fundamentada em pouco mais que o diálogo e a persuasão racional. Quando a decomposição de sua microssociedade é algo evidente (Jack formou um grupo à parte com seus caçadores e vangloriou-se de seu desacato às regras), a iniciativa de Ralph de fazer uma última tentativa de convocar a assembleia e fazê-los retornar à sensatez parece patética. A essa altura, o que é preciso é uma "espada" hobbesiana, que chega no último momento sob a forma de adultos com uniformes militares; só desse modo o fracasso dessa tentativa de criar uma sociedade civilizada em miniatura não chega a ser completo; mas muito pouco faltou para que ela se consumasse e, de qualquer maneira, o declínio para um primitivismo animal era cada vez mais nítido e flagrante.

Tudo o que aconteceu parece corroborar a pessimista suspeita de Thomas Hobbes: se fizéssemos o experimento mental de imaginar como seria nossa sociedade atual, assim como a vemos, mas despojada de um poder centralizado e temível o bastante, o do Estado, os membros da sociedade civil iriam abandonando pouco a pouco, um após o outro, o cumprimento das normas de tratamento civilizado e acabariam lançando-se pelo precipício do "estado de natureza", essa guerra de todos contra todos que Hobbes apresenta com traços sombrios e tenebrosos.[2] A moral da história do experimento mental hobbesiano é muito clara: temos sorte de dispor desse poder estatal que, com a simples ameaça de utilizar a força, é capaz de fazer os indivíduos renunciarem a um afastamento unilateral do cumprimento das leis; pois essa via de não cumprimento, à qual mais e mais pessoas iriam se direcionar, conduz em linha reta à barbárie. O Estado como instituição coercitiva goza de toda a legitimidade que possa desejar, pois só ele nos separa do despedaçamento mútuo. Os homens são dados a buscar racionalmente o que mais lhes convém, mesmo se com isso causam prejuízo a outros, e só o medo do castigo os afastará dessa tentação e os fará parecer submissos e civilizados, quando na realidade não o são. Prescindamos dessa autoridade amedrontadora e comprovaremos de que madeira torta são feitos os seres humanos, como mostrarão o pior que albergam em seu interior e até que ponto seus apetites podem torná-los lobos para seus semelhantes. Essa visão desencantada e lúgubre acerca da condição humana – condição presente em nós já desde a infância – é a que permeia todo o filme.

Uma concepção assim pessimista acerca do ser humano não é privativa de um pensador político conservador como Hobbes; o muito ilustrado e liberal Immanuel Kant a compartilhava; também ele achava que o homem é um animal que precisa de um senhor que lhe ponha rédeas e o afaste da tentação de ser racional à custa de seus semelhantes. Suas palavras deixam poucas dúvidas a respeito:

> *... o homem é um animal, que, quando vive entre os de sua espécie,* precisa de um senhor*; pois certamente abusa de sua liberdade com relação a seus semelhantes e, embora como criatura racional deseje uma lei que imponha limites à liberdade de todos, sua egoísta inclinação animal o induz a excetuar a si mesmo na primeira oportunidade. Precisa, portanto, de um* senhor *que dobre sua própria vontade e o obrigue a obedecer a uma vontade universalmente válida, de modo que cada um possa ser livre.*[3]

A paz interior de um grupo, reinar nele a lei e a ordem, é um bem compartilhado, e isso qualquer um sabe; como sabe também que, se nada o refrear, sua inclinação natural o levará a se livrar da sujeição à lei, pois sabe que é ainda mais conveniente para ele safar-se de suas amarras esperando, ao mesmo tempo, que os outros não o façam. Por isso, porque conhece sua rapacidade e a de seus semelhantes, e os vê tão inclinados quanto ele a se dispensar de obedecer as leis, estará disposto a renunciar a sua racionalidade em curto prazo em nome de uma racionalidade menos míope e mais previdente: a assinar não só um acordo de união pacífica com os outros, mas também, ao mesmo tempo, um pacto de sujeição a um poder externo ("o senhor" de Kant, "a espada" de Hobbes). Sem esse convênio de sujeição, pelo qual cada particular aceita que o Estado o amarre ao mastro, como fizeram com Ulisses, e o afaste dos cantos de sereia para desobedecer às leis, o pacto de união e de sujeição recíproco às normas de convivência não passaria nunca, por si só, de papel molhado desde o início. Além disso, pensa Kant, a subordinação igual de todos diante da lei representa trocar a liberdade natural por uma liberdade mais segura e concorde; na realidade, por um sistema de interlimitação das liberdades, onde os lotes de liberdade individual sejam iguais para todos e ninguém tenha direito a aspirar a uma porção maior, pois isso representaria menoscabo da liberdade de algum outro. Liberdades iguais, restritas e garantidas pela lei e pelo Estado, é o que propõe Kant como solução superior a uma liberdade natural, irrestrita, perigosa e incerta.

O bastidor da teia social

A mensagem do filme, como a que as palavras de Hobbes e Kant transmitem, é desanimadora: ao que parece, seria de uma estupidez suicida confiar que a lei e a ordem serão espontaneamente obedecidas; dito com palavras cujo significado já conhecemos: a ordem social não é um subproduto coletivo – não totalmente, pelo menos – e precisa de vigilância e supervisão expressas para sustentá-la; até mesmo de uma agência especializada, o Estado, que garanta sua manutenção. O respeito pela vida, pelos bens e pela dignidade dos outros precisa ser garantido, destinando recursos importantes a tarefa tão sensível e de cujo sucesso dependem tantas e tão cruciais coisas. Ninguém falou mais vivamente que Hobbes o que é que se perde quando se perde a paz social:

> *É, por isso, evidente que, durante o tempo em que os homens vivem sem um poder comum capaz de manter todos em respeito, estão naquela condição que se chama guerra; e uma guerra de todo homem contra todo homem. Pois a guerra não consiste só em batalhas, ou no ato de lutar; mas em um espaço de tempo onde a vontade de disputar uma batalha é suficientemente conhecida. E, portanto, a noção de* tempo *deve ser considerada na natureza da guerra; como está na natureza do tempo atmosférico. Pois, assim como a natureza do mau tempo não está em uma chuva ou duas, mas em uma tendência para a chuva de muitos dias em conjunto, assim a natureza da guerra não consiste no fato da luta, mas na disposição conhecida para ela, durante todo o tempo em que não há certeza do contrário. Todo outro tempo é paz.*
>
> *O que pode consequentemente ser atribuído ao tempo de guerra, no qual todo homem é inimigo de todo homem, pode igualmente ser atribuído ao tempo em que os homens também vivem sem outra certeza além da que sua própria força e sua própria inventiva lhes oferece. Em tal condição, não há lugar para a indústria; porque o fruto dela é inseguro. E, por conseguinte, também não para o cultivo da terra; nem para a navegação ou uso dos bens que podem ser importados por mar, nem para a construção confortável; nem para instrumentos para mover e remover os objetos que precisam de muita força; nem para o conhecimento da face da Terra; nem para o cômputo do tempo; nem para a arte; nem para as letras; nem para a sociedade, mas, o que é pior, medo constante e perigo de morte violenta; e para o homem uma vida solitária, pobre, desagradável, brutal e curta.*[4]

Quando há guerra, no muito peculiar conceito de Hobbes acerca da palavra, bens privados (os que a terra ou o setor industrial dão, os artigos importados por mar) não são fabricados, nem bens coletivos (conhecimento da face da terra, cômputo do tempo, criações artísticas e literárias), e até o tecido dos subprodutos coletivos é interrompido ou degenerado; como diz Hobbes, lacônico, a própria sociedade se torna inviável e, com ela, a teia de subprodutos que todos vamos suscitando: divisão do trabalho, mercados, moeda, evolução idiomática... Sem o bastidor rígido fornecido por uma paz interior garantida, todo esse precioso tecido social que se auto-organizou pelas nossas costas paralisa-se e até sofre um colapso. De modo que, se concordarmos com Hobbes, todo esse pano de fundo não político das ordens espontâneas requer uma medula política e é sustentado por ela, isto é, pelo emprego mais ou menos deliberado da força para manter todos os integrantes de um grupo humano sujeitos ao cumprimento da lei. Veremos, depois, o que há de verdade ou não acerca dessa importante afirmação.

Por que ninguém quer comprar um poste de luz?

Não é por acaso que você nunca viu ninguém comprar um poste de luz; refiro-me a um poste de luz da iluminação pública. Tal circunstância não se deve somente ao trabalho de carregar um objeto desses; isso, mesmo sendo bem verdade, aqui é o de menos; o importante, o que esclarece por que ninguém está interessado em ter um artigo desses, é que um poste de luz, quando posto a funcionar em um parque público, dá luz a todos, e ninguém – nem mesmo seu dono – pode impedir que outros desfrutem ou se sirvam dessa luz. Os bens coletivos têm esse nome, "coletivos", por uma peculiaridade presente em seu *consumo*, não em sua produção. Um poste de luz não é um bem coletivo porque foi fabricado por muitas pessoas, mas porque os serviços que oferece podem ser consumidos em conjunto por muitos, sem que ninguém em particular possa excluir o resto. Essa qualidade de não exclusividade ou de livre acesso é o que faz algo ser um bem coletivo.

No caso especial do poste de luz, junto à propriedade de não exclusividade, verifica-se também a de não rivalidade no consumo: um noctívago que passeia pelo parque pode gozar da iluminação que o poste de luz proporciona sem que, por fazê-lo, esteja diminuindo em nada a quantidade de luz disponível para uso e desfrute por outros noctívagos. Nem todos os bens coletivos têm essa feliz propriedade de não rivalidade no consumo: se saímos de carro pela estrada (que é outro bem público ou coletivo) estamos utilizando, a cada momento, uma porção do asfalto e impedindo, com isso, que outros utilizem ao mesmo tempo essa mesma porção. Embora essa restrição possa parecer insignificante, se forem muitos a utilizar ao mesmo tempo a estrada, o efeito cumulativo começará a se fazer sentir de maneira cada vez mais penosa: qualquer novo motorista que se juntar à estrada reduzirá um pouco mais o espaço disponível para os restantes, e o resultado é um congestionamento. De fato, os bens coletivos que apresentam algum nível de rivalidade no consumo são chamados de bens *congestionáveis*. Um museu, uma praia, as camas em um hospital ou as vagas para estudantes em uma faculdade são exemplos de bens públicos congestionáveis.

O problema dos aproveitadores

Mas a propriedade característica dos bens coletivos, o que os torna isso, é a não exclusividade ou livre acesso no consumo. Os bens privados, que são nos quais habitualmente pensamos, carecem dessa característica singular: se você compra um quilo de uvas na quitanda, compra também o direito de excluir de seu consumo qualquer outra pessoa (coisa bem diferente é que, em um arroubo de boa vontade ou simpatia, decida compartilhá-las com outro). Isso não acontece com os bens coletivos; eu não posso dizer: "Este trecho de calçada é meu, eu comprei e só eu piso". De fato, os trechos de calçada, como os postes de luz, não estão à venda em lugar nenhum. Os bens coletivos não são distribuídos pelo mercado, e por uma boa razão: ninguém tem interesse em comprar um poste de luz ou um pedaço de calçada que depois qualquer um vai poder usar, tenha pago por eles ou não. Por outro lado, um comprador paga por um artigo para, assim, poder excluir, se desejar, qualquer outra pessoa de seu consumo; e como ninguém está disposto a pagar por bens que, quando produzidos, ficam ao alcance de qualquer aproveitador (alguém que pode desfrutar da mercadoria sem ter pago por ela), não há mercado para os bens coletivos.

É a presença garantida de aproveitadores que dissuadiria qualquer um de comprar bens coletivos no mercado (mesmo no suposto caso de que houvesse mercado para esses bens). Assim, pois, como esses bens são comprados? Na realidade, não são comprados, não voluntariamente pelo menos; o Estado obriga, mediante o pagamento de impostos, a colaborar em sua produção. A palavra "impostos" é dessas autoexplicativas: os cidadão são forçados, por meio deles, a pagar por bens cuja produção, se tivessem liberdade para escolher, não teria a colaboração de seu dinheiro. Cada um preferirá que os outros paguem os impostos e haja dinheiro público suficiente para custear escolas, hospitais, estradas, esgoto, iluminação pública, estradas de ferro, controle de enchentes, prevenção de incêndios florestais etc., sem, por sua vez, contribuir com esse fundo público; como os outros pensarão a mesma coisa, o resultado previsível será que não haverá recursos para financiar a produção de todos esses bens, e todos ficarão pior por cada um tentar ficar melhor.

Suponho que, a essa altura, você reconheça à distância o aroma do dilema do prisioneiro, pois, efetivamente, o fornecimento de bens públicos representa a dificuldade característica desse jogo, agora jogado de maneira multipessoal, entre muitas pessoas.[5] Veja primeiro que, embora os bens coletivos o sejam pelas características singulares de seu consumo, isso repercute em sua produção: como, depois de elaborado um bem coletivo (um parque público, por exemplo), ninguém pode privar o outro de seu gozo, cada um esperará que outros, e não ele, contribuam com sua produção para, depois de produzido, usufruir dele como os outros. O resultado prático seria que os cidadãos optariam, na alternativa de pagar seus impostos ou não, por esta última alternativa do dilema, e a duras penas se conseguiria fornecer algum bem coletivo. A solução para esse dilema do prisioneiro multipessoal é a hobbesiana: criar uma agência tributária encarregada de cuidar que cada um faça sua parte e ninguém fuja de suas obrigações para com o fisco, utilizando a ameaça de multas e outros meios coercitivos. Trata-se novamente de colocar barreiras ou contenções para indivíduos inteligentes e febris perseguidores de vantagem pessoal. Hobbes acrescentaria que, também aqui, os cidadãos de racionalidade menos míope aceitarão de bom grado que a Fazenda os amarre ao mastro e os afaste da tentação de não pagar seus tributos, pois, se todos seguissem essa tentação, ver-se-iam privados das vantagens de dispor de uma agradável variedade de bens coletivos.

A própria paz e certeza internas (e externas) são bens coletivos, e o fornecimento destes é garantido por funcionários (soldados, policiais, juízes, policiais rodoviários, guarda metropolitana etc.) cujos salários saem do erário público. De fato, e como já vimos, a lei e a ordem são consideradas por Hobbes protobens coletivos, aqueles sem os quais os demais bens coletivos (assim como os bens privados e os subprodutos coletivos) deixariam de ser facilitados.

O Dia da Bandeira

Quando falamos de prover de bens coletivos populações numerosas, verdadeiras multidões, o problema dos aproveitadores – que também aparece quando os que jogam essa variante do dilema do prisioneiro são um grupo reduzido, como o da ilha em que Ralph e seus colegas de infortúnio estão perdidos – adquire características próprias, torna-se mais resistente e de solução mais complicada. Para ilustrar esse ponto recorrerei ao conto da celebração do Dia da Bandeira que Garrison Keillor inclui em *Lake Wobegon Days*.[6] Cada ano, para comemorar o Dia da Bandeira, são distribuídos entre a população de Lake Wobegon gorros azuis, vermelhos e brancos aos participantes, que depois desfilam pela rua principal da cidade. Os demais vizinhos amontoam-se, ansiosos, nos terraços para contemplar a bandeira-mosaico que veem passar a seus pés, uma bandeira humana formada com as cores dos gorros das pessoas que desfilam pela avenida. As pessoas que se aglomeram nos terraços prorrompem em gritos de júbilo: este ano eles se superaram! De onde estamos, a visão panorâmica da bandeira é algo digno de se ver! Um dos componentes da bandeira-mosaico, instigado pelo entusiasmo que as pessoas de cima manifestam, não consegue se reprimir e abandona seu lugar para comprovar o aspecto da bandeira vista de cima, se realmente forma um espetáculo tão bonito como dizem. Afinal de contas, sua ausência mal vai ser notada: ainda restam muitos para completar o mosaico. Quando chega ao alto, percebe que os outros não exageraram: aquilo é formidável! Seus gritos de alvoroço exultante somam-se aos do resto. Um dos colegas que desfila pela rua nota sua ausência e ouve, agora, perfeitamente, os gritos de regozijo do "desertor". Ele também não quer perder o que se vê lá de cima. Além do mais, a falta só de dois membros da bandeira continua sendo pouca coisa... E assim, com o passar dos minutos, cada vez mais gorros vão desaparecendo da bandeira, e, quanto mais componentes do conjunto sobem aos terraços para ver a bandeira, menos bandeira resta para ver, até que, finalmente, a bandeira parece reduzida a uma espécie de trapo esburacado por tiros de canhão; os tiros dos "sabotadores" que abandonaram seu lugar lá embaixo.

De novo, a fragrância do dilema do prisioneiro e o problema dos aproveitadores que acabam afundando a todos em um equilíbrio inferior são perceptíveis nesse divertido e educador episódio contado por Garrison Keillor. A bandeira humana é um bem coletivo, e isso a torna vulnerável ao trabalho abrasivo que nela praticam, em número crescente, os oportunistas que deixam de cumprir sua parte. Uma característica peculiar dessa situação é que nela estão nitidamente separados os que produzem o bem coletivo (os que desfilam pela rua) e os que o desfrutam (os que estão nos terraços). No caso dos bens coletivos habituais, essa separação não acontece, e aqueles que consomem o bem são os mesmos chamados a contribuir com sua produção.

Mas, sem dúvida, o mais instrutivo no exemplo da bandeira é a importância do número de participantes potenciais na obtenção de um bem coletivo para que este seja finalmente levado a cabo ou não. E o que a história da bandeira-mosaico ensina é que, quanto maior for o tamanho do grupo comprometido na produção de um bem coletivo, mais improvável é que o bem seja fornecido, pelo menos voluntariamente, pelos implicados. Há duas razões diferentes que explicam essa tendência. A primeira é que é mais difícil detectar os aproveitadores em grupos grandes, e também é difícil tomar medidas contra eles. A segunda razão do previsível fracasso da produção descentralizada de bens coletivos em grupos numerosos é que a contribuição de um indivíduo para o aumento do valor de um bem coletivo diminui à medida que a dimensão do grupo se amplia.

No caso da bandeira, ambos os motivos podem ter estado presentes no ânimo do primeiro que desertou de seu posto: não achava provável que sua ausência fosse notada entre tantos e, por outro lado, a parte dele na bandeira – talvez só um milésimo do total – era tão insignificante que sua perda mal se poderia dizer que afetaria o valor do que ainda restava. Suponhamos, por contraste, que a bandeira fosse integrada só por quatro cabeças ou gorros; nesse caso, a ausência de um único gorro teria um efeito devastador certo e contundente sobre o valor da bandeira, evidentemente prejudicada, pois cada contribuição individual não é mais uma milésima parte, mas um quarto do valor total; e, então, o oportunista que saiu de seu posto seria identificado imediatamente. Em uma situação assim, no âmbito de um grupo de pequena dimensão, é possível pensar na cooperação *voluntária* das pessoas na obtenção de bens coletivos, tanto porque sua não contribuição seria logo percebida pelos outros, quanto porque o valor que essa contribuição acrescenta ao bem pode mais que compensar o custo de realizá-la, e, com isso, o indivíduo racional não terá que se ver intimado por nenhuma agência hobbesiana externa a fazer sua parte.[7] Isso significa que as instituições coercitivas hobbesianas não são indispensáveis para a manutenção da ordem social e para a provisão de bens coletivos em comunidades de diâmetro muito reduzido, com poucos componentes? Eis aqui o que eu chamaria, sem titubear, de uma ótima pergunta.

Última visita à sala de conferências

Antes de fechar este capítulo, gostaria de regressar pela última vez à sala de conferências de Schelling, que já visitamos no capítulo 4, para desfazer um equívoco muito natural a que tanto o livro de William Golding quanto suas duas adaptações cinematográficas podem ter induzido: o de acreditar que as sociedades em que vivemos atualmente são o resultado de pactos selados entre homens proeminentes do passado, seres humanos específicos que em um momento histórico identificável determinaram as condições e os termos de sua convivência social, para depois transmitir como herança esse legado cultural às gerações futuras, até chegar a nós. Podemos esquecer essa ideia – bastante absurda, basta pensar um pouco – imaginando algo que poderia ter acontecido na sala de conferências depois de concluído o ato oficial, a palestra prevista.

Schelling soube pelos organizadores que a maneira como o público se distribuiu na sala, que parecia obedecer a algum desígnio consciente dos anfitriões, aconteceu, na realidade, de maneira totalmente impensada. Mas

Schelling, talvez por sua formação de economista, é extremamente impressionável pela erupção de fenômenos agregados ou globais que *pareçam* (falsamente) ter estado sujeitos a controle inteligente, e suponhamos que se entregue ao seguinte devaneio:

Que estranho e ao mesmo tempo instrutivo o que acabo de ver! Tive diante de meus olhos, esta noite, uma ordem espacial sem dono, sem autor intelectual algum, erguida por uma multidão de pessoas que não perceberam o que fizeram, mas que, porém, o fizeram. Esse padrão espacial que eu reconheci surgiu passo a passo, de uma maneira evolutiva, crescendo paulatinamente a partir de uma semente inicial (plantada pelo primeiro que chegou), que depois foi se cristalizando e solidificando, até deixar cada vez menos margem para alterações futuras, transformando-se, assim, em uma pauta estável. Suponhamos que, em vez de lhes contar o que contei esta noite, houvesse lhes proposto o seguinte:

– Senhoras e senhores, hoje tinha preparado para vocês um discurso que já li em outros foros, e começo a me cansar de repeti-lo. Em vez disso, proponho-lhes algo mais interessante: que façamos um experimento coletivo. Talvez vocês não percebam (mais ainda, tenho certeza de que não percebem), mas a forma como se sentaram, e que agora tenho diante de mim, é um passatempo para a inteligência: vocês deixaram as doze primeiras filas da plateia sem uma alma e se aglomeraram no resto da sala. Sei que nenhum de vocês o fez de propósito nem imaginou que isso aconteceria quando entrou e tomou assento, mas as coisas são como estou dizendo. Ignoro, para ser franco, se estão de acordo com a maneira tão especial em que se distribuíram pela plateia, mas proponho-lhes fazer algo para comprovar. Vou lhes pedir que tornem a sair da sala e discutam entre vocês, agora que sabem *como se sentaram, se estão de acordo com isso e se tornariam a repetir,* mas a partir deste momento deliberadamente*; isto é, se, ao entrar de novo na sala de conferências, tornariam a se sentar de modo que a configuração global que vocês, sem pretender, ofereceram da primeira vez se repetisse ponto por ponto, ou se prefeririam adotar uma*

disposição espacial conjunta diferente. Peço-lhes, ainda, que, quando estiverem debatendo o assunto, o façam – e isso é muito importante – como se não soubessem de vocês mesmos coisas como estas: se têm boa visão, uma audição muito acurada ou uma atenção dispersa. Perguntem-se, todos e cada um de vocês: "Caso eu não soubesse que sou míope, hipermetrope ou tenho uma visão perfeita, caso eu desconhecesse ser meio surdo ou ter um ouvido de tuberculoso..., tornaria a sentar – mas agora conscientemente – *como fiz antes, ou escolheria outro assento?". Mais ainda, troquem impressões e constatem se todos estão de acordo em, após se sentar, oferecer uma mesma estrutura espacial ou se têm diferenças de parecer acerca desse ponto. Perguntem-se, por último, se, no caso de todos concordarem em se sentar oferecendo uma mesma visão espacial, essa visão coincidiria ou não com a que, sem intenção, apresentaram de fato ao entrar um por um esta noite. Já sei, já sei que tudo isso lhes soa um pouco estranho, mas acreditem se lhes digo que tenho muito interesse nesse experimento social, e conheço um colega da Universidade de Harvard que está ainda mais interessado que eu nessas questões.*

Aqui acaba o devaneio de Schelling. Os filósofos chamam de "experimentos mentais" a esse tipo de devaneio; para dar-lhes uma aparência mais respeitável, suponho. De fato, o devaneio ou experimento mental de Schelling é o mesmo a que os contratualistas se entregam, filósofos políticos preocupados se a ordem social que têm diante de si, e que emergiu ao longo da história com pouca ou nenhuma direção consciente, seria a mesma que os membros dessa sociedade escolheriam *no caso de* terem tido oportunidade de discutir o assunto antes entre eles e depois tomar decisões bem pensadas e conjuntas.

O colega de Harvard a que Schelling se refere é, sem dúvida, John Rawls, um eminente filósofo político de tendência contratualista (morto em novembro de 2002), especialmente interessado em averiguar se a estrutura básica da sociedade que ele conhecia (a dos Estados Unidos na segunda metade do século XX ou, falando em termos mais gerais, a própria de uma democracia liberal) seria a que teriam escolhido pessoas racionais e inteligentes, e se a teriam considerado *justa*. Por "estrutura básica da sociedade" Rawls entendia as instituições mais importantes, tais como a proteção legal da liberdade de consciência e de pensamento, os mercados, a propriedade privada dos meios de produção ou a família monogâmica.[8] Essa enumeração é parcial e indicativa, e Rawls não tem problema em reconhecer que é um pouco vago seu conceito de estrutura básica da sociedade, mas considera que as instituições que fazem parte dela são, dito com suas próprias palavras, aquelas que "distribuem direitos e deveres fundamentais e determinam a divisão das vantagens da cooperação social". Pela relação incompleta e paradigmática que Rawls faz de algumas dessas instituições básicas, podemos inferir que a maior parte delas, ainda que não todas, é um subproduto coletivo ou foram modificadas a partir de subprodutos coletivos, de modo que a pergunta de Rawls ("A estrutura básica da sociedade que observamos é justa?") é igual à de Schelling em seu devaneio, e pode ser traduzida nesses termos: "Vocês escolheriam *conscientemente* as mesmas instituições básicas erguidas *inconscientemente* ao longo da história de sua sociedade?".

Além disso, Rawls está interessado em uma propriedade específica dessa estrutura básica, se é *justa* ou não. E tenta resolver a questão transformando a pergunta pela justiça social em um caso de justiça puramente processual, isto é, não se propõe a indagar diretamente que estrutura social básica é justa, mas a estabelecer um procedimento que, se for seguido, faria os que decidem sob ele escolherem uma estrutura básica justa, e não outra coisa.[9] Para conseguir fazer que a pergunta pela justiça social se transforme em um caso de justiça puramente processual é preciso impor aos decisores – preocupados como estão em elucidar que tipo de sociedade é a mais justa – que escolham sob o que Rawls chama de um "véu de ignorância". Não saberão sobre si mesmos coisas tão básicas quanto seu sexo, seu nível de força, beleza ou inteligência, se nasceram em uma família rica ou pobre, nem em que geração dessa sociedade vai começar sua vida. Por outro lado, estarão a par de questões mais gerais, como os princípios básicos da psicologia humana, que em toda sociedade há uma escassez moderada de recursos (que não há riqueza ilimitada de tudo para todos);[10] também se supõe que todos os que escolhem sob o véu da ignorância dispõem dos conhecimentos básicos acerca da organização econômica e política de uma sociedade qualquer.[11]

"Para que tanto capricho teórico, tanto dotar ou privar de saberes as pessoas em uma situação tão rara como essa do véu de ignorância?", você deve estar se perguntando com um pouco de impaciência. Esse seletivo véu de ignorância tem por função principal, para Rawls, desativar o egoísmo dos decisores e transformá-los em decisores imparciais e, ao mesmo tempo, competentes ou qualificados. Nisso, o véu da ignorância de Rawls é similar ao mais tosco que Schelling propõe em seu delírio aos presentes na sala de conferências, mas com a mesma intenção. Se a pessoa sabe de si mesma que vai usufruir de um ouvido ultrassensível e de uma acuidade visual perfeita, não lhe importará que as pessoas se sentem muito afastadas do palestrante, mas, se desconhecer esses fatos, sua escolha pode ser bem outra. O véu de ignorância de Schelling foi pensado para averiguar se a maneira imprevista como o público se acomodou na sala de conferências coincidiria ou não com a que esse mesmo público adotaria se lhe dessem oportunidade de escolher "pela segunda vez", de maneira racional e pensada, mas ao mesmo tempo desconhecendo dados cruciais acerca de si mesmos, para que, assim, sua escolha não fosse distorcida pelo egoísmo e pela insistente busca de vantagem pessoal. Se o público "voltasse a se sentar" na sala de conferências exatamente como o fez inopinadamente da "primeira vez", mas agora depois de ter pensado com esmero sobre como fazê-lo sob esse "véu de ignorância" que Schelling lhe propôs, então isso significa que considera boa a maneira irreflexiva e espontânea como tomaram assento "no começo", e elevam, assim, à categoria de "justo" o que na realidade sempre foi um subproduto coletivo. (Não se esqueça que, na história real, rara é a oportunidade de "segundas vezes", e que é só no âmbito do devaneio contratualista de Schelling que acontece a segunda ocupação da sala de conferências pelo mesmo público.)

De um modo parecido, e voltando a Rawls, se a pessoa souber que seu sexo é o masculino, talvez escolha viver em uma sociedade machista, onde gozará de vantagens significativas; mas se, pelo contrário, desconhecer seu sexo, optaria certamente por viver no seio de uma sociedade onde não existisse discriminação sexual de nenhum tipo. Se souber que será rica, preferirá viver em uma sociedade sem Estado do Bem-estar; mas se ignorar se será rica ou pobre, talvez se mostre mais precavida e inclinada a uma existência em uma sociedade com um sistema fiscal progressivo que alimente os cofres de um Estado-babá.[12] Esses exemplos começarão a esclarecer o porquê dessa extravagante (à primeira vista) insistência de Rawls em "complicar" a vida dos decisores com o véu da ignorância.

Repare particularmente que Rawls dá por certo, como um fato básico da psicologia humana, que as pessoas tendem a ser egoístas e a perseguir racionalmente aquilo que mais lhes interessa. Só agirão *como se* não fossem racionalmente egoístas se, pelas circunstâncias sob as quais decidem (o véu de ignorância), desconhecerem o que lhes convém; se seu egoísmo não tem nada específico a perseguir, escolherão como pessoas equitativas e imparciais o fariam. A escolha da estrutura básica de uma sociedade justa terá se tornado, desse modo, um exemplo de justiça puramente processual: o resultado obtido (a estrutura básica preferida pelos decisores) será justo *porque* o procedimento empregado (escolher sob um véu de ignorância) terá tornado, queira ou não, imparciais aqueles que tomaram as decisões. A justiça do resultado fica garantida pela limpeza que reinou em um processo no qual se afastou qualquer vislumbre de interesse particular; ainda que esse processo – convém não esquecer – seja ele mesmo imaginário.

A teoria do contrato social de Rawls (mas o mesmo vale para a maior parte dos contratualistas) não visa averiguar como surgiram as instituições fundamentais de uma sociedade, mas esclarecer algo muito diferente: se essas instituições, já dadas e desenvolvidas, são ou não instituições legítimas, racionalmente válidas.[13] Se aceitamos como certo que aquilo que as pessoas egoístas e racionais teriam escolhido, mas submetidas a um véu de ignorância, coincide e se acomoda o suficiente com as instituições básicas da sociedade que temos diante de nós, essa sociedade terá sido intelectualmente coonestada, declarada justa; senão, se a estrutura escolhida sob um véu de ignorância se afastasse muito da estrutura institucional que observamos, essa sociedade seria injusta.

De qualquer maneira, a pergunta pela origem e pelo modo de formação das instituições sociais é muito diferente da pergunta por sua legitimidade ou não. Podemos ser evolucionistas para responder a primeira pergunta e contratualistas para abordar a segunda. Evolucionistas e contratualistas movem-se em meios teóricos diferentes e estão interessados em resolver questões diferentes e, em boa medida, independentes entre si.[14] Por outro lado, tanto o contratualismo quanto o evolucionismo são incompatíveis intelectualmente com posturas utópicas ou teocráticas, pois tanto utopistas quanto teocratas buscam dar resposta, *ao mesmo tempo*, às questões da origem e da legitimidade de uma ordem social (que para eles se confundem em uma única grande questão, visto que, segundo seu modo de entender as coisas, é a origem adequada que *confere* legitimidade), e suas respostas são totalmente diferentes e inconciliáveis com as oferecidas por evolucionistas, por um lado, e contratualistas, por outro.

NOTAS

1 Estou em dívida com Ildefons Aparicio Candela por ter me facilitado as duas versões cinematográficas do magnífico romance de William Golding. Após algumas dúvidas, optei pelo filme de Peter Brook, *Lord of the Flies*. Ainda que os dois filmes contenham essencialmente a mesma coisa, o de Peter Brook é mais fiel ao relato de Golding, artisticamente melhor que *O senhor das moscas*, de Harry Hook, e, o que é mais importante, nele destacam-se com maior nitidez os aspectos de interesse filosófico.

2 Por isso, não é de estranhar que a teoria hobbesiana do contrato social tenha sido apresentada como um avatar *ante litteram* do dilema do prisioneiro.

3 Immanuel Kant, "Ideas para una historia universal en clave cosmopolita", em *Ideas para una historia universal en clave cosmopolita y otros escritos sobre Filosofía de la Historia,* Madri, Tecnos, 1987, p. 12 [Edição brasileira: *Ideia de uma história universal de um ponto de vista cosmopolita,* São Paulo, Martins Fontes, 2004].

4 T. Hobbes, *Leviatán,* op. cit., p. 223 e 224.

5 Se puder, dê uma olhada no artigo de Russell Hardin, "Collective Action as an Agreeable *n*-Prisoner's Dilemma" [Ação coletiva como um dilema de n-prisioneiros conveniente], em B. Barry e R. Hardin, *Rational Man and Irrational Society?,* Beverly Hills, Sage, 1982, p. 121-137.

6 Tomei conhecimento desse conto por meio de Jon Elster, *Nuts and Bolts for the Social Sciences* [Parafusos e porcas para as ciências sociais], Cambridge University Press, Cambridge, 1989, p. 124 e 125.

7 Embora ambos os motivos tendam a aparecer juntos, são, evidentemente, analiticamente separáveis. Mancur Olson enfatiza mais o segundo, o peso da contribuição marginal variável de um indivíduo ao valor de um bem coletivo, conforme o tamanho do grupo, maior quanto menor for o grupo para esclarecer por que se espera mais a ajuda voluntária na consecução de bens coletivos em comunidades pequenas que nas grandes ou enormes. Consulte seus livros *The Logic of Collective Action*, Cambridge (Massachusetts), Harvard University Press, 1965, p. 28-36; e *Power and Prosperity*, Nova York, Basic Books, 2000, p. 71-79.

8 John Rawls, *A Theory of Justice*, op. cit., 1971, p. 7.

9 Relembre, pela última vez, a distinção entre *justiça processual perfeita*, *justiça processual imperfeita* e *justiça puramente processual* que apareceu pela primeira vez no capítulo 3, tratando da questão da divisão do ouro entre Ben Rumson e o Sócio em *Os Aventureiros do Ouro*. Lembre-se, afinal de contas, que estamos diante de um caso de justiça puramente processual quando dispomos de um método com propriedades tais que tudo o que é alcançado por essa via ou método só pode ser justo; e, além disso, o método seguido é o único modo de saber o que conta como justo em tais circunstâncias. Consulte John Rawls, *A Theory of Justice*, op. cit., p. 84-85 e 120.

10 Se existisse essa riqueza, as reclamações de justiça nem sequer chegariam a existir. É pela necessidade de repartir o pouco que saber o que contaria como uma divisão justa se torna uma pergunta urgente. Mas, do mesmo modo e na outra ponta, se a escassez for extrema e rigorosa, também não cabe dirimir questões de justiça. Tudo isso já vimos ao comentar *O Voo do Fênix*.

11 John Rawls, *A Theory of Justice*, op. cit., p. 136-138.

12 Esse Estado-babá não tem por que produzir, por si mesmo, os bens coletivos, podendo seu trabalho ficar limitado, em muitos casos, a financiar essa produção.

13 Acabamos de ver, por exemplo, que Hobbes era um contratualista em busca de resposta à questão de ser o Estado uma instituição legítima e justificável em uma sociedade, e constatamos sua grande convicção de que era, nunca até ele expressa com tanto brio e genialidade.

14 Mas não totalmente independentes. Como já vimos, se julgarmos que uma instituição descarrilou ou tomou um curso irracional, perigoso ou injusto, isso pode, em certos casos, constituir um sério convite à intervenção e correção de seu rumo

histórico. Poucos evolucionistas sociais têm um interesse puramente teórico ou contemplativo naquilo que estudam, e costumam preocupar-se também com a qualidade moral, jurídica, política ou econômica das instituições sociais; e com vias disponíveis para melhorar essa qualidade, se ela se encontrar deteriorada.

A CRIATURA
Lili

"Cioran indica em algum lugar que todo aquele que diz 'nós' mente."
Fernando Savater, Ética como amor-próprio

Lili, o filme de Charles Walters, é uma das mostras mais acabadas e memoráveis do poder de encantamento do cinema: um longa-metragem que em mais de uma oportunidade fica à beira do inverossímil e até do brega e ridículo é, não obstante, muito capaz de capturar a imaginação e remexer e amolecer as entranhas dos mais empedernidos. Claro que com tudo isso contribui, de maneira impossível de engrandecer, a magia incomparável que naquele tempo irradiava o rosto de Leslie Caron, aqui no papel da órfã Lili Daurier.

De como uma órfã conseguiu trabalho em Paris

Depois que o pai morreu, Lili Daurier, com apenas dezesseis anos, vai para Paris, onde fica sob a tutela de um grupo ambulante de artistas, nos quais gruda como uma sombra após comprovar que um velho amigo de seu pai – com cujo auxílio contava – morrera havia um mês e ela estava sozinha no mundo, no mais completo desamparo.

Entre esses artistas está o mal-humorado Paul Berthalet (Mel Ferrer), que em tempos não tão distantes foi um excelente bailarino, mas que agora, depois de sofrer um acidente de guerra que o deixou inválido, vê-se reduzido a carregar um teatro de marionetes em uma companhia itinerante de atrações circenses. Seu acidente deixou-o manco da perna direita e com um caráter adusto e difícil; mas essas arestas vão se arredondando pouco a pouco, pelo menos da porta para dentro, por conta do contato com a garota que os companheiros do circo quase adotaram, com Lili, com a encantadora candura de seu rosto, com sua irresistível bondade, que nela é quase uma segunda natureza.

Paul descobre por acaso que Lili é um extraordinário complemento para seu teatro de marionetes, onde estão Carrot Top, o gigante Golo, a raposa Reinaldo e Marguerite. Carrot Top é esperto, de trato mundano, grande conversador e pacificador de ânimos. Golo é tímido com as garotas, com um coração tão grande quanto seu corpo, coisa que o impede de assustar qualquer um, por mais que queira. Reinaldo é amigo do alheio e um Don Juan, muito orgulhoso por seus rasgados e atraentes olhos. Marguerite, por último, é uma moça de certa idade, mas que não renuncia a se comportar como a atraente e petulante jovenzinha que um dia foi.

Lili se envolve a fundo nos constantes atritos e desavenças dessas marionetes – orquestradas por Paul, evidentemente, atrás da cortina – e fala com eles como se fossem pessoas reais, de carne e osso, cujos conflitos a tocam. Não é que Lili seja uma idiota de carteirinha que confunda a tal ponto as coisas, mas é que sua exuberante bondade a leva a se apoderar e viver como próprias as enxurradas de sentimentos que o titereiro Paul faz seus bonecos – entre os quais reparte sua complexa e torturada personalidade – passarem com verdadeira maestria. Ele é todos e nenhum especificamente; sua afetividade, trancada a sete chaves quando é o ser humano Paul, expande-se e abre-se em leque quando interpreta seus personagens. Por sua vez, Lili não interpreta, vive a fundo as turbulências anímicas de seus amigos de pano, e esse é, para o público, o verdadeiro espetáculo. É verdade que Paul é um mago com as marionetes, mas é a credulidade da garota, movida por essa arte de grande ilusionista de Paul, que torna o número único. Os roubos de Reinaldo e suas infidelidades em relação a Marguerite, a timidez e reservas que o bom gigante Golo tem com ela, suas conversas com o inteligente e gentil Carrot Top: pelo menos a metade dos sentimentos de Lili está empenhada nesses contatos, para ela íntimos e pessoais, mas que acontecem à vista de todos, para regozijo do público. E não falo só das crianças: os adultos também ficam fascinados com tão singular espetáculo, por ver como a capacidade de empatia de uma menina prestes a se tornar mulher lhe permite saltar a barreira entre ficção e realidade e fazer das ficções que Paul lhe prepara uma parte substancial de sua vida; e o contrário também é verdade: Lili transfere seus conflitos pessoais com os seres de carne e osso para o teatro de marionetes, e os compartilha com elas.

Puxar a cortina

O número da garota e das marionetes fascina e encanta a tal ponto que dois empresários se aproximam de Paul para lhe oferecer trabalho em um teatro de primeira linha em Paris. O problema agora é que Lili quer abandonar o grupo, pois se apaixonou por um ilusionista, um mago, e acaba de descobrir que ele é casado. Quando já se encontra a caminho da saída com suas malas, as marionetes – seus amigos mais queridos deste mundo – tentam retê-la a seu lado, pedem-lhe que não vá, dizem-lhe que não poderão viver sem ela. Lili hesita diante das demonstrações de carinho tão reais de seus amigos fictícios. Mas, em determinado momento, quando seus olhos já estão banhados em lágrimas de dor por seus amigos e por ela própria, percebe de repente sua condição de seres de fantasia, dá um brusco puxão na cortina e descobre o apaixonado Paul Berthalet manipulando-os, fazendo suas marionetes dizerem o que ele nunca se atreveu a dizer a Lili.

> *– Fui uma tonta, uma idiota – reconhece Lili, envergonhada por sua própria inocência –, sofrendo e suspirando com Reinaldo e Carrot Top. Devo estar louca! Mas... cheguei a amá-los de tal modo que me sugestionam e... E até chego a me esquecer que é você! É você? É? Que tipo de homem você é? Um monstro sem sentimentos? Por que nunca diz uma palavra gentil? Por que se esconde atrás desses bonecos?*
>
> *– São minha personalidade! – defende-se, um tanto encurralado, Paul. – Eu sou Carrot Top: desembaraçado, esperto, resolvido, capaz de dirigir a vida dele e a sua como a de qualquer um. Sou Golo, o gigante: covarde, idiota, ansioso por amor, desajeitado, desconsolado. E sou Marguerite: burra, ciumenta, fascinada por si mesma, olhando-se no espelho: "Meu cabelo está*

caindo? Meus dentes são brancos?". E sou Reinaldo, o ladrão, o encrenqueiro complacente e embusteiro. Tenho fraquezas como qualquer outro ser! Todas essas e outras tantas mais! Tenho que criar outro boneco para essa parte de meu ser que você viu: o monstro, o irritado, o bailarino desvalido, mancando, ancorado na terra, com uma perna e um coração?

Uma maravilhosa declaração de amor, em minha opinião, das mais bonitas que eu já vi no cinema; e uma destinatária que demora a compreender: Lili só percebe as implicações de tudo o que ouviu quando já está há um bom tempo carregando suas duas malas fora do recinto. Mas seus passos se tornam cada vez mais lentos, até que finalmente se detêm e ela volta para falar com Paul, a alma desse teatro de marionetes que ela tanto ama...

Ventriloquia política

Não vem ao caso continuar com filme tão delicioso, pois o que tenho a contar, embora use aspectos dele, não tem nada de delicioso, justamente o contrário. Não devemos rir muito cedo da ingenuidade de Lili, visto que vamos constatar que muitos seres humanos continuam, ainda hoje, acreditando que há existências mais importantes que a sua trancadas em carcaças que nem sequer têm aspecto humano, como os marionetes, mas a cujo serviço decidiram se colocar, instigados pelas artes da sugestão de ventríloquos políticos. No restante deste capítulo, quero falar de *poder*; das quantidades enormes e perigosas de poder que alguns seres humanos acumularam utilizando artifícios similares aos de Paul: poderes de sugestão, capacidade de dotar de voz, paixões e aflições verossímeis seres que nem sequer são de pano.

No capítulo anterior, vimos que a produção e fornecimento de bens coletivos exige, em um momento ou outro, e mais em grupos grandes que em pequenos, o uso da força para afastar os indivíduos de sua inclinação a agir como oportunistas e aproveitadores no tocante à facilitação desses bens coletivos; sem uma "espada" hobbesiana ou um "senhor" kantiano torna-se difícil conseguir fornecê-los. Agora, você entenderá melhor algo que já comentamos anteriormente: que onde os subprodutos coletivos conseguem contribuições espontâneas e impensadas dos indivíduos para o bem-estar de um grupo é uma ociosidade impertinente pretender trocá-los por produtos ou bens coletivos que, mesmo que pudessem substituí-los em suas funções, o fariam a um custo, em termos de liberdade, que todos poderíamos ter economizado; para não dizer que é algo em si mesmo duvidoso que, por exemplo, o mercado possa ser suprido na totalidade pelo Estado em sua incumbência de regular a atividade econômica de uma sociedade, ou que a divisão do trabalho possa ser substituída com proveito por decretos emanados de uma tirania de sábios, como pretendia Platão.

Mas vejamos, agora, quais são os procedimentos seguidos para conseguir convencer as pessoas de que essas aspirações faraônicas de engenharia social em grande escala, consistentes em transformar subprodutos em produtos coletivos, são benéficas para todos. Como os dirigentes políticos totalitários conseguem persuadir as massas de que esses perigosos experimentos sociais de magnitude desmedida e empenho megalômano são a mais exata expressão do bem comum? Parte da resposta é: criando um *indivíduo coletivo*.

Muitos políticos e muitos teóricos da política acham que, além dos indivíduos específicos, de carne e osso, que integram um grupo humano, existe algo diferente deles que é a *sociedade* ou a *nação*, ou o *povo*. E esses indivíduos coletivos (a sociedade, a nação, o povo) têm, por acréscimo, temores, pensamentos, desejos... Em suma, uma rica vida anímica em cujo íntimo julgam estar os líderes políticos que se permitem dizer coisas como "a Espanha *precisa* de mais infraestrutura", "A sociedade *sofre* uma crise de valores", "O povo basco *quer* a autodeterminação", "A Catalunha *se sente* espoliada", "A Catalunha *reclama* um novo quadro institucional para *se sentir* confortável".[1] Quando a Espanha, o povo basco, a Catalunha ou a sociedade são apresentados como entidades com capacidade de sentir que estão sendo espoliadas, que querem a autodeterminação, que precisam de mais infra-estrutura ou que sofrem uma crise de valores, transforma-se a Espanha, a Catalunha, o povo basco ou a sociedade em indivíduos coletivos com uma medula psíquica própria: com desejos, pensamentos, necessidades etc., diferenciáveis dos pensamentos, desejos e necessidades dos indivíduos que integram essas entidades coletivas. E, comprove você mesmo, esse modo de falar é um péssimo costume que logo quase todos os políticos adquirem, tenham ou não presunções totalitárias: começar a falar *por trás* de indivíduos coletivos, como Paul Berthalet falava escondido atrás de seus bonecos.

Neste ponto você pode se sentir tentado a dizer: "Mas, vejamos, você não tentou me persuadir, ao longo de boa parte deste livro, a acreditar que os subprodutos coletivos têm propriedades singulares e *emergentes*, e que tais propriedades não estão nos indivíduos que, sem querer, as insuflaram? Não esteve me dizendo que o todo é um pouco diferente da soma das partes? Qual o problema, então, de falar que *existe* uma entidade coletiva como algo diferente de seus componentes?".

Admito que, se essa fosse sua réplica, seria muito boa, que merece ser levada em conta. Pois bem, tem razão, os subprodutos coletivos são compostos que exibem características e traços que não estão em seus componentes; é verdade, por exemplo, que um caminho se formou a partir de tudo o que fizeram muitos transeuntes, mas que, com relação a cada uma dessas contribuições individuais, está em outra ordem de magnitude, é simplesmente outra coisa, algo diferente dos transeuntes e suas ações, embora tenha surgido a partir deles.

Até aqui, tudo bem, mas este é o momento de relembrar algumas coisas essenciais. A primeira é que o caminho não tem existência *própria*, *independente* da existência dos transeuntes e de tudo o que fizeram; não existiria esse caminho se pessoas específicas não houvessem passado ao longo dele. É verdade, evidentemente, que o caminho tem propriedades específicas e diferentes das dos indivíduos que o foram configurando: o caminho será, muito provavelmente, mais longevo que essas pessoas, subsistirá quando muitas delas já estiverem mortas; e também possuirá uma largura e, principalmente, um comprimento que nada terão a ver com a largura e o comprimento dos que fizeram alguma coisa por seu surgimento. Tudo isso é muito verdadeiro, como também o fato de que não haveria entrado no mundo, no inventário do mundo, se não houvessem existido essas pessoas que transitaram por ali. Sua existência depende da existência dos transeuntes e é impensável independente dela.

A *segunda* coisa que é preciso relembrar é que, do mesmo modo que o caminho tem qualidades que os caminhantes não têm, estes têm propriedades que o caminho não tem nem pode ter; em especial, e com ênfase, o caminho carece de vida interior, de experiências mentais. O que pensaríamos de alguém que nos dissesse com toda a seriedade: "Este caminho *quer* chegar até a capela que há no alto da montanha"? Se isso for algo mais que uma inocente metáfora ou uma um tanto extravagante *façon de parler*, então teríamos direito de questionar seriamente a saúde mental de quem assim falasse. Como diabos ele sabe o que o caminho quer? Como pode sequer pensar que o caminho quer alguma coisa? Mas se, pela razão que for, esse estranho "intérprete da vontade do caminho" conseguisse convencer os outros de que, efetivamente, o caminho quer tal coisa e é preciso atender a seus desejos, então isso equivaleria a *instar-nos* a prolongar o caminho até a capela que há no alto da montanha, a caminhar nessa direção de um modo consciente e premeditado. O "intérprete" teria criado, assim, um "indivíduo coletivo" (o que até então havia sido um subproduto coletivo, torna-se, a partir desse momento, um produto coletivo *com* vida espiritual independente) que obriga os indivíduos não coletivos a fazer coisas. Importaria, agora, mais a "vontade do caminho" que a vontade, até esse instante fraca, dispersa e distraída, dos caminhantes.

A partir de agora chamarei um indivíduo coletivo, assim criado, de "a Criatura". Parece o título de um filme de terror, não é?[2] Pois bem, alguns dos piores e mais sangrentos filmes de terror – de terror político, entenda-se – começaram com a fabricação de uma Criatura, de uma marionete coletiva por trás da qual um ventríloquo (como Paul Berthalet por trás de suas marionetes) falava, que se vangloriava de saber o que a Criatura queria, de conhecer, em primeira mão e com exclusividade, suas entranhas espirituais. Também, como no caso do filme de Charles Walters, a existência da Criatura depende, de modo crítico, da credulidade das pessoas, de o público aceitar, como Lili fazia, que os bonecos coletivos têm uma vida psíquica independente, e até superior, que é preciso atender e alimentar.

Sacerdotes leigos

Pelo que sabemos, Platão foi o primeiro a deixar um documento escrito, *A República*, no qual inventava uma Criatura política, a cidade ideal, montava um teatro de marionetes para ela e lhe emprestava voz – a sua, a de Platão – para mostrar aos outros as necessidades da Criatura. Os românticos europeus do século XIX eram muito dados, também, a confeccionar Criaturas: Johann Gottfried Herder (1744-1803) acreditava no *espírito do povo* alemão (e, em geral, que os povos têm, cada um, seu espírito peculiar);[3] Georg Wilhelm Friedrich Hegel (1770-1831), Hegel para os íntimos, achava que a história tinha um sentido ou propósito, e esse vírus intelectual foi, depois, inoculado – por outros conceitos – no muito ilustrado Karl Marx. Essas ideias visionárias foram depois desenvolvidas, após uma multiplicidade de passos intermediários, pelos nacional-socialistas alemães e pelos comunistas de metade do mundo, com as infaustas sequelas por todos conhecidas, mas por muitos esquecidas.

As transições, nesse perigoso modo coletivista de falar, são insensíveis, difíceis de separar entre si: começa-se dizendo (corretamente, até aqui) que uma sociedade é uma realidade diferente do conjunto dos indivíduos que a integram, para depois passar a afirmar (e, a partir desse ponto, dá-se curso a desvarios de cada vez mais grosso calibre) que a sociedade tem uma existência independente e separada dos indivíduos; que essa existência possui maior dignidade metafísica – seu ser pesa mais – que a dos indivíduos que a formam; que a sociedade tem uma essência espiritual própria, vísceras anímicas, e que se colocar a serviço delas e sacrificar-se em sua honra é o máximo a que uma pessoa pode aspirar. O contrário – antepor os interesses pessoais às reclamações da Criatura –, isso é mesquinho, egoísta, o cúmulo da vulgaridade espiritual, a apoteose da visão estreita. A essa altura, e se nada a impediu, a Criatura (a sociedade, o povo alemão, a história da humanidade, uma determinada língua... ou a forma específica que a Criatura adotar, pois tem várias) terá se transformado em uma entidade voraz que toma para si, sem nem pedir licença, a vida e as vontades dos sujeitos.

São políticos-ventríloquos que falam por trás de uma Criatura coletiva, e dessas estranhas vísceras dedicam-se a sequestrar as vontades dos membros do público para seu serviço, *tanto o da Criatura quanto o de seu ventríloquo*, pois tudo o que há por trás desse espetáculo de marionetes político não é nada além das aspirações megalômanas de um indivíduo que se autoproclamou porta-voz dos interesses de uma coletividade personificada, seu intérprete privilegiado. Evidentemente, as coisas não podem ser de outro modo: *não há, nem pode haver* coletividades personificadas, *não há, nem pode haver* intérpretes privilegiados de suas aspirações; mas os nacional-socialistas ou os comunistas que assolaram a história do século XX deixaram, em algum momento, de ver o evidente: estavam tão hipnotizados quanto Lili com o teatro de marionetes coletivas; não percebiam o ventríloquo que operava por trás dos bastidores (chame-se Hitler, Stalin, Mao ou Pol Pot) e achavam, com a mesma inocência de Lili, que as Criaturas (o povo alemão, o russo, o chinês, o cambojano... quase sempre algum povo) tinham substância própria e que suas exigências eram sublimes.

Os líderes totalitários, os políticos-ventríloquos, parecem-se muito com sacerdotes leigos, pois põem em prática modos de persuasão conhecidos há muito tempo por teocratas de toda sorte. Também eles forjam uma Criatura, Deus, com inteligência e vontade desmedidas, que não se conforma com menos que a entrega incondicional dos fiéis, seu sacrifício sem reservas; pois somente a Criatura sabe como se deve viver, dá ordens taxativas a respeito e intimida com castigos desproporcionais, que chegarão até o além-túmulo se forem desobedecidas.[4] Por outro lado, para apoderar-se de maneira mais completa e sem fissuras da imaginação e da vontade do público, é preciso dotar o teatro de marionetes religiosas de um certo dramatismo: é preciso pôr em cena, junto com a Criatura, seu Inimigo, o Maligno, incansável para urdir conjuras para desencaminhar os desventurados e dar-lhes a condenação se o seguirem. Qualquer titereiro conhece a importância dessas doses de dramatismo; o próprio Paul Berthalet inventava dissensões entre seus bonecos (entre Reinaldo e Marguerite, principalmente), e essas desavenças angustiavam por demais a pobre Lili.

Comparados com os dos teocratas, os teatros de marionetes erguidos pelos dirigentes totalitários são algo quase insípido. Também eles suscitam um boneco recheado de estopa que enfrenta a Criatura e disputa a vontade do público menos avisado. Para os nazistas, esse boneco perverso eram os judeus; para os comunistas, era a burguesia internacional e a economia de mercado, que, como todo mundo sabe, são feitas da pele do diabo (e isso é quase a única coisa que alguns sabem e querem saber sobre essas coisas). Essa pendência do mais alto nível no teatro de marionetes coletivista acaba por embargar a atenção dos espectadores e facilita o rapto de suas liberdades pela e para a Criatura. Tanto aparato e colosso no espetáculo (o suposto enfrentamento entre entidades sobre-humanas) são, evidentemente, parte essencial para capturar a disponibilidade dos congregados, ao fazer que se sintam pequenos e insignificantes diante do que ali transcorre.

Com truques tão absurdos e de tão baixa qualidade intelectual, líderes monoteístas, nacionalistas e marxistas têm, ainda hoje, as vontades de milhões de pessoas dominadas em todo o mundo. A coisa seria para levar na brincadeira, não fosse o fato de já sabermos como é perigoso todo esse teatro montado por titereiros intelectuais empenhados em nos fazer acreditar na existência de Criaturas coletivas e sobre-humanas, e no fato de que sua vida e suas paixões não apenas existem, mas são infinitamente mais valiosas que as das pessoas de carne e osso; você e eu, sem ir mais longe. Por mais pueris e primitivas que sejam essas artimanhas, não podemos desdenhá-las (entre outras coisas, porque até quem manipula as marionetes chega a acreditar nelas): demonstraram sua efetividade, seu poder para que os donos do teatro de bonecos pastoreiem multidões inteiras e as confrontem com outras multidões.

Por mais imponente que seja o modo como os ventríloquos da política (ou da religião) apresentam seu espetáculo, por mais prosopopeia que derramem para preparar seu *show* para o público, nunca se esqueça de que aquilo é um teatro de marionetes recheadas de estopa. E faça como Lili: puxe com força a cortina e descubra que sempre há um ventríloquo por trás, mais ou menos interessado em sustentar o engano, mais ou menos interessado em apoderar-se de sua vontade para alimentar a dele, já bastante inchada. Se quer me ouvir, livre-se de Platão e de todos que fizeram e fazem da política uma variante da arte da ventriloquia; e corra, corra mais que suas próprias pernas.

NOTAS

1 As duas últimas frases foram citadas no magnífico artigo de Félix Ovejero, "El precio de las naciones", publicado por *El País* em 26 de junho de 2005. Todos os grifos são meus. Reconheço, evidentemente, que, às vezes, essa forma de falar é inofensiva e útil para economizar enfadonhos circunlóquios. Mas, na maior parte das vezes, vemo-nos diante de insidiosas demonstrações de ventriloquia política.

2 *Creature* (*O Exterminador da Ilha*) é o título de um filme de terror de William Malone; e Eloy de la Iglesia dirigiu, em 1977, um longa-metragem chamado assim, *La Criatura*; para não citar *Creature from the Black Lagoon* (*O Monstro da Lagoa Negra*), o eterno clássico de Jack Arnold.

3 Um precursor das ideias de Herder foi Johann Georg Hamann (1730-1788), nascido em Konigsberg, como o ilustre e ilustrado Kant. Isaiah Berlin escreveu, sobre ele, uma monografia intitulada *El Mago del Norte* (Madri, Tecnos, 1997), um livro de leitura mais que recomendável.

4 Não pretendo sugerir que os sacerdotes monoteístas inventam as crenças e práticas religiosas – pois estas são subprodutos coletivos –, nem sequer que dotam de inteligência, vontade e outras propriedades anímicas a Criatura; mas o que realmente fazem é proclamar a si mesmos os únicos hermeneutas autorizados de tudo o que acontece nas entranhas espirituais da Criatura.

Créditos

Antonia Nájar Ruiz, Jorge Mínguez Díez e Francisco Lapuerta Amigo leram o esboço completo deste livro e me fizeram todo tipo de sugestões no tocante ao conteúdo e à forma. É a esses amigos, a seus conhecimentos, perspicácia e bom senso que mais devo este livro. Teresa Clavel Lledó revisou, ainda, o original de ponta a ponta, com o olhar atento para que não fossem cometidos atentados contra o castelhano. Também agradeço a Jesús Martínez Gómez por sua profunda análise do capítulo 1.

Informaram-me da conveniência de ver determinados filmes ou os colocaram a meu alcance Miguel Aguilar, Joan Solà Buscallà, José María Clemente, Lina Rubio Escuder, Francisco Lapuerta Amigo, Isabel Lapuerta Amigo (que encontrou para mim uma valiosa raridade), Antonia Nájar, Félix Ovejero, Anna Roig Pérez, Jacques Roldán (*Superjacques*) e Cristina Sánchez Belmonte.

Menção à parte merece Ildefons Aparicio Candela, que conquistou o título de "O grande conseguidor". Obrigado, Ilde.

Em matéria bibliográfica ajudaram-me Miguel Aguilar, Carmen Corral, Jorge Mínguez Díez, Lina Rubio Escuder e, especialmente, Joaquín Trigo Portela (o que teria sido deste livro sem sua generosidade?).

Também estou em dívida com todos os leitores de *O que Sócrates diria a Woody Allen* que me escreveram para sugerir filmes para ver, dar-me ânimo e parabéns ou fazer reprovações; coisas todas que muito lhes agradeço e que espero continuem fazendo.

Relação dos filmes comentados

Aventureiros do Ouro, Os (Paint Your Wagon, 1969), de Joshua Logan.

Dama de Shanghai, A (The Lady from Shanghai, 1947), de Orson Welles.

Dorado, El (1967), de Howard Hawks.

FormiguinhaZ (1998), de Eric Darnell e Tim Johnson.

Inferno nº 17 (Stalag 17, 1953), de Billy Wilder.

Lili (1953), de Charles Walters.

Lord of the Flies (1963), de Peter Brook.

Loucuras de Milionário (The Million Pound Note, 1953), de Ronald Neame.

Preço da Glória, O (Battleground, 1949), de William A. Wellman.

Rapa Nui – Uma Aventura no Paraíso (1994), de Kevin Reynolds.

Onde Começa o Inferno (Rio Bravo, 1959), de Howard Hawks.

Rio Lobo (Rio Lobo, 1970), de Howard Hawks.

Senhor das Moscas, O (Lord of the Flies, 1990), de Harry Hook.

Trapaceiros (Small Time Crooks, 2000), de Woody Allen.

Voo do Fênix, O (The Flight of the Phoenix, 1965), de Robert Aldrich.

Este livro foi composto em Aparajita
para a Editora Planeta do Brasil
em março de 2013.